btb

Buch

Im November 1991 schrieb Stefan Heym, der große alte Mann der deutschen Nachkriegsliteratur: »Ich habe mich immer eingemischt; erst 1933 gegen die Nazis; dann in Amerika mit meinen Büchern; dann mit Flugblättern während des Krieges, und von 1953 an in der DDR. Und ich werde mich wohl auch weiterhin einmischen, einfach weil ich glaube, daß nichts so bleibt, wie es ist, und daß wir über die Richtung, in der sich das Ganze bewegt, mitentscheiden.« Der letzte Band mit Gesprächen, Reden und Essays von Stefan Heym erschien 1990 – nun sollen zum 90. Geburtstag des Schriftstellers im April 2003 die wichtigsten publizistischen Arbeiten der letzten zwölf Lebensjahre der Öffentlichkeit vorgelegt werden. Einmischung ist auch hier das Leitmotiv: der Band ist Dokumentation der Ausflüge des Schriftstellers in die Politik – die berühmte Rede aus dem Jahr 1994, als Stefan Heym als Alterspräsident den Deutschen Bundestag eröffnete, ist hier abgedruckt – wie auch der temperamentvollen und ungeduldigen Auseinandersetzung mit der Gesellschaft, in der er lebte und seine Bücher schrieb.

»Offene Worte in eigener Sache« ist Bilanz und Summe eines Lebens im Widerspruch, Hoffnung, Würde und Nicht-Anpassung. Die Lust an der Gegenrede und am offenen, klaren Wort geht hier einher mit der Abgeklärtheit des Alters und einer manchmal ironischen, immer sympathischen Gelassenheit.

Autor

Stefan Heym (1913–2001) floh vor der Nazidiktatur nach Amerika, verließ das Land in der McCarthy-Ära und lebte seit 1952 in der DDR. Seine trotzig-kompromißlose Kritik an Selbstherrlichkeit, Unterdrückung und Zensur machte ihn dort zur Symbolfigur. Als Romancier und Publizist wurde er international bekannt. 1994 eröffnete Stefan Heym mit einem engagierten Plädoyer für Toleranz als Alterspräsident den Deutschen Bundestag.

Stefan Heym

Offene Worte in eigener Sache
Gespräche · Reden · Essays
1989–2001

*Ausgewählt und herausgegeben
von Inge Heym, Heiner Henniger und
Ralf Zwengel*

btb

Originalausgabe

Umwelthinweis:
Alle bedruckten Materialien dieses Taschenbuches
sind chlorfrei und umweltschonend.

btb Taschenbücher erscheinen im Goldmann Verlag,
einem Unternehmen der Verlagsgruppe Random House GmbH.

1. Auflage
Copyright © 2003 by Inge Heym
Alle Rechte der deutschsprachigen Ausgabe 2003
by Wilhelm Goldmann Verlag, München
Umschlaggestaltung: Design Team München
Umschlagfoto: Britta Lauer
Satz: Uhl + Massopust, Aalen
CV · Herstellung: Augustin Wiesbeck
Made in Germany
ISBN 3-442-73080-5
www.btb-verlag.de

Inhalt

Rede in der Erlöserkirche in Berlin
Meeting »Gegen den Schlaf der Vernunft«
28. Oktober 1989 11

Rede auf der Demonstration Berlin, Alexanderplatz
4. November 1989 13

Rede am Dies academicus in Bern
Verleihung der Ehrendoktorwürde der
Theologischen Fakultät
1. Dezember 1990 15

Rede zum 1. Mai
DGB-Kundgebung in Frankfurt am Main
1991 20

Gott ist jemand, mit dem ich mich abfinden kann
Interview »Welt am Sonntag«
15. März 1992 27

Über die Wirkung von Literatur
Interview »Mitteldeutsche Zeitung«
10. Juli 1992 36

In eigener Sache
»*Berliner-Zeitung-Magazin*«,
11./12. September 1992 42

Rede zum Tag der deutschen Einheit in Schwerin
3. Oktober 1992 49

Über engagierte Literatur
Interview in »neue deutsche literatur«
12/1992 52

Die Akte IM Frieda
Januar 1993 62

Rede zur Verleihung des
Literatur-Preises in Jerusalem
17. März 1993 69

Warum kandidiere ich?
Februar 1994 78

Machen Sie's nun, Herr Heym, oder nicht
Interview »Die Woche«
17. Februar 1994 80

Zum Tod von Walter Janka
»Berliner Zeitung«, 18. März 1994 85

Spieglein, Spieglein an der Wand,
wer ist der Stalinist im Land?
Offener Brief an den »Spiegel«
April 1994 88

Noch einmal zur Kandidatur für den Bundestag
Interview »Freitag«
Juni 1994 92

Rede zur Eröffnung des
13. Deutschen Bundestages
November 1994 110

Über Heine
Düsseldorf, April 1995 117

Befreiung
»Berliner Zeitung«, 8. Mai 1995 122

Erklärung zur Niederlegung des Bundestagsmandats
29. September 1995 127

Fünf Jahre Einheit
»Neues Deutschland«, 30. September 1995 128

Gedenken an Heinar Kipphardt
Rede im Residenztheater München
8. März 1997 136

Stephan Hermlin
Rede auf der Gedenkveranstaltung im Berliner Ensemble
29. April 1997 142

Ich möchte mich immer noch einmischen
Interview »Mitteldeutsche Zeitung«
Juni 1997 146

Erinnerungen an den 17. Juni 1953
50 Jahre »Stern«
10. November 1997 156

Jurek Becker
Rede auf der Gedenkveranstaltung in der
Akademie der Künste Berlin
25. Oktober 1997 163

Die Rückkehr der Gespenster
»Berliner Zeitung«, 6. Mai 1998 168

Gib's ihnen, Helmut!
Juni 1998 175

Über ein Leben in drei deutschen Staaten
Interview »Der Spiegel«
28. Dezember 1998 178

Der Schriftsteller als kritische Instanz
Interview »Zeitschrift«
Heft 1, Jg. 2/1999 191

Wir wollen auch unsern Kaiser wieder
»Der Tagesspiegel«, 28. Februar 1999 200

Der 4. November
August 1999 203

4. November 1989 – zehn Jahre danach
Interview »Freitag«
8. Oktober 1999 206

Zehn Jahre später
»Frankfurter Rundschau«, 18. Oktober 1999 214

Über den Roman »Die Architekten« über den Untergang des Kommunismus
»Rheinischer Merkur« 45/2000 216

Leitkultur
»Super-Illu-Magazin«, 16. November 2000 224

Judentum, jüdische Identität und
sozialistische Bewegung
Gespräch mit Barbara Sørensen,
Institut für Germanistik, Universität Kopenhagen
7. Mai 2001 226

Erinnerungen an die Mutter
Interview »Allgemeine Jüdische Wochenzeitung«
5. Juli 2001 240

Rede zum 100. Jahrestag des Nobelpreises
Konferenz »War and Peace«, Tromsø
September 2001 247

Der falsche Krieg
»Neues Deutschland«, 15. November 2001 252

Rede über Heine
New York, 15. Januar 1950
Internationale Konferenz in Jerusalem,
13. Dezember 2001 257

Postskript
Unveröffentlichtes Manuskript aus dem Nachlaß
3. Dezember 2001 273

Rede in der Erlöserkirche in Berlin
Meeting »Gegen den Schlaf der Vernunft«

28. Oktober 1989

Eine große Verwirrung ist ausgebrochen im Staate DDR. Nach dem Stühlerücken und den Deklamationen, die den ärgsten Ärger auffangen und dem großen Lümmel, dem Volk, bedeuten sollen, daß die oben wirklich über seine Nöte nachdächten. Auch nach dem Wechsel bleibt das Wort des Tages: Glaubwürdigkeit. Nach so vielen Jahrzehnten der ewig gleichen Sprüche, das beweisen die mit den Herbstferien sprunghaft wieder gestiegenen Zahlen der über Ungarn Geflüchteten, ist das Mißtrauen der Bürger der DDR ihren Machthabern gegenüber so groß wie je. Die Leute fürchten, daß die Genossen, auch wenn sie jetzt freundlich lächelnd die Zähne zeigen, damit noch zuschnappen könnten bei passender Gelegenheit. Und man würde gern wissen, wer die Fehler untersuchen soll, die da gemacht wurden in Wirtschaft, Politik und im Umgang mit den Menschen, und die Verantwortlichen dafür feststellen – waren es nur drei? Und wer die Reformen durchführen soll und die neuen Maßnahmen? Und wie es möglich sein soll, daß die Großredner von gestern die Texte von morgen ehrlichen Herzens sprächen? Entweder logen sie damals oder sie lügen jetzt. Glaubwürdigkeit erwirbt man durch Taten, nicht durch Worte, seien sie noch so rührend. Glaubwürdig würden sie werden, die Genossen, an dem Tag, da die Polizei wieder ihrem eigentlichen Zweck diente – dem Schutz der Bevölkerung und nicht deren Überwachung. Und da die Mauer nur noch Zollgrenze wäre und nicht ein Alptraum auf der Brust der Menschen. Und da in den Schulen der Fortschritt der Schüler nicht vom Verhalten ihrer Eltern abhängig gemacht wird. Und die Lehrer die simple Wahrheit lehren dürfen, statt irgendwelcher immer noch unbewiesener Thesen. Und da vor Gericht es gleich ist, ob einer zur Partei gehört oder nicht, und in den Krankenhäusern dito. Und da in Zeitung und Rundfunk und Fernsehen die Welt dargestellt wird, wie sie ist und nicht, wie irgendeiner sie gesehen haben möchte. Und da Staatsbeamte und Parteifunktionäre sich als Diener des Volkes betrachten und nicht als dessen Herren und Meister. So einfach ist das – und doch so schwierig. Und wenn die, die jetzt nach Honecker noch in den Positionen der Macht sind, sich diese Glaubwürdigkeit nicht schaffen können, dann werden andere an ihre Stelle treten müssen. Denn bestehen wird nur ein Staat, der glaubwürdig ist, mit einer Regierung, der man vertraut. Jeder andere, besonders hier in Deutschland, würde zugrunde gehen – unweigerlich.

Rede auf der Demonstration
Berlin, Alexanderplatz

4. November 1989

Freunde! Mitbürger!

Es ist, als habe einer die Fenster aufgestoßen nach all den Jahren der Stagnation, der geistigen, wirtschaftlichen, politischen, den Jahren von Dumpfheit und Mief, von Phrasengewäsch und bürokratischer Willkür, von amtlicher Blindheit und Taubheit.

Welche Wandlung: Vor noch nicht vier Wochen die schöngezimmerte Tribüne hier um die Ecke mit dem Vorbeimarsch, dem bestellten, vor den Erhabenen – und heute Ihr, die Ihr Euch aus eigenem freien Willen versammelt habt für Freiheit und Demokratie und für einen Sozialismus, der des Namens wert ist. In der Zeit, die hoffentlich jetzt zu Ende ist, wie oft kamen da die Menschen zu mir mit ihren Klagen: dem war Unrecht geschehen, und der war unterdrückt und geschurigelt worden, und allesamt waren sie frustriert. Und ich sagte: So tut doch etwas!

Und sie sagten resigniert: Wir können doch nichts tun.

Und das ging so, in dieser Republik, bis es nicht mehr ging. Bis sich soviel Unbilligkeit angehäuft hatte im Staate und soviel Unmut im Leben der Menschen, daß ein Teil von ihnen weglief, die andern aber, die Mehrzahl, erklärten, und zwar auf der Straße, öffentlich: Schluß! Ändern! Wir sind das Volk!

Einer schrieb mir, und der Mann hat recht: Wir haben in

diesen letzten Wochen unsere Sprachlosigkeit überwunden und sind jetzt dabei, den aufrechten Gang zu erlernen. Und das, Freunde, in Deutschland, wo bisher sämtliche Revolutionen danebengegangen und die Leute immer gekuscht haben, unter dem Kaiser, unter den Nazis und später auch.

Aber sprechen, frei sprechen, gehen, aufrecht gehen, das ist nicht genug. Laßt uns auch lernen, zu regieren. Die Macht gehört nicht in die Hände eines einzelnen oder ein paar weniger oder eines Apparats oder einer Partei. Alle müssen teilhaben an dieser Macht, und wer immer sie ausübt und wo immer, muß unterworfen sein der Kontrolle der Bürger, denn Macht korrumpiert, und absolute Macht, das können wir heute noch sehen, korrumpiert absolut.

Der Sozialismus, nicht der Stalinsche, der richtige, den wir endlich erbauen wollen zu unserem Nutzen und zum Nutzen ganz Deutschlands, ist nicht denkbar ohne Demokratie. Demokratie aber, ein griechisches Wort, heißt Herrschaft des Volkes.

Freunde! Mitbürger! Übernehmt die Herrschaft.

Rede am Dies academicus in Bern
Verleihung der Ehrendoktorwürde der
Theologischen Fakultät

1. Dezember 1990

Wäre ein Engel des Herrn in all seiner Glorie mir plötzlich in meinem Arbeitszimmer erschienen mit einer persönlichen Botschaft von oben in der Höhe, ich hätte nicht überraschter sein können als bei Erhalt der Nachricht, daß die theologische Fakultät der Universität Bern beschlossen habe, mir den Titel eines Doktors *honoris causa* zu verleihen.

Den Ehrendoktor – für einen Typ wie mich, der bisher mit Ehren nicht überschüttet wurde, da jene, die gewöhnlich solche Ehren vergeben, die mir innewohnende Respektlosigkeit vor irdischen Größen gemeinhin mißbilligen und die anti-autoritäre Haltung, welche in meinen Büchern zum Ausdruck kommt, für subversiv halten und der öffentlichen Ruhe und Ordnung abträglich.

Und einen Ehrendoktor nicht etwa der Philologie, wie bei Dichtern der frömmeren Denkungsart üblich, sondern der Theologie – welch Einfühlungsvermögen in Dichtung überhaupt und in die meine speziell, welch Weisheit und Güte zeigen sich da im Urteil der Fakultät, denn dies ihr Urteil wäre ja kaum so ausgefallen, hätten die Mitglieder nicht gespürt, daß bei aller mir eigenen Skepsis aus den zwei Romanen, um die es ihnen hauptsächlich gegangen sein wird, dem »König David Bericht« und dem »Ahasver«, ein sehr enges, fast brüderliches Verhältnis zum lieben Gott spricht.

Das mag manchen sonderbar klingen; gelte ich doch, da Sozialismus und Atheismus gerne als Zwillingsbrüder gehandelt werden, als a- oder gar antireligiös. Aber auch ich bin nicht frei von Ängsten, die den Rest der Menschheit umtreiben und die die Geburtshelfer sind von Jahweh und Elohim und allen anderen Göttern auf Erden; unser Anfang wie Ende liegen in erschreckendem Dunkel, und das einzige Licht in dieser Dunkelheit ist eben das von uns selbst geschaffene, der einzige erlösende Gedanke der von uns selbst erdachte: Gott.

Dieser Gott bedarf keiner Betbank und keines Beichtstuhls, obwohl beides nützliche Gegenstände sind, er ist weniger noch als ein Hauch und füllt dennoch das Universum, besonders das in meinem Schädel, und überhaupt ist er sehr brauchbar im Leben und stets zur Hand mit Trost wie Tadel, je nach Bedarf; im »König David Bericht« werden Sie das dargestellt finden in seinem Verkehr mit dem Hirtenjungen wie dem greisen König; ungefähr so, nur etwas weniger autoritär, stelle ich mir auch seinen Umgang mit meiner Person vor und gehe daher ganz getrost meinem ersten direkten Treffen mit ihm entgegen, hinter dem vierten weißen Wölkchen links von der Mitte am Himmel oben.

Nun handeln, wie jeder bestätigen wird, der diese Bücher gelesen hat, weder der »König David Bericht« noch »Ahasver« ausschließlich von Gott und dessen Verhältnis zum Menschen, wobei unklar, wer wessen Geschöpf; es wird darin von sehr weltlichen Dingen berichtet, von Macht und Geist, von Regierungsmethoden, von Krieg und Korruption und Glück in der Liebe und großem Leid; aber all das steht dennoch im Zusammenhang mit Religion, denn was ist denn Religion wenn nicht das Abstraktum unsrer Ängste und der Mittel, die der Mensch erfunden hat, ihnen zu wehren? Religion ist wie andere Ideologien auch, Religion, in ihrer organisierten Form besonders, mit Priestern und Opferaltären und Bankinstituten und Funktionärsseminaren, justifiziert was alles wir anwenden, um zu obsiegen über unsre Feinde: jede Ränke, jeden Betrug, den Dolch im Gewande, die geheime Verschwörung, den blutigsten Krieg und die grausamste Folter, Hexenverbrennungen, Pogrome; nicht umsonst nennen sich so viele politische Parteien Christlich, oder auch Demokratisch, Sozialistisch oder gar Nationalsozialistisch; es sind sämtlich auf verschiedene Art aufgeputzte Mythensysteme, die dem Menschen sein Heil versprechen, notfalls im Jenseits. Religion sanktifiziert die Macht und die Ordnung, die vorhandene natürlich, und sie lügt den lieben Gott um in einen Polizeibüttel, wo er doch viel lieber, wie ich ihn kenne, ein Revolutionär wäre. Und Religion garantiert dem sündhaften Menschen, daß er, wenn er sich ihr nur verschreibe mit heiligem Eid und Blutsiegel, sich stets auf der Seite des Rechts finden wird, jede seiner Dummheiten und Schurkereien gewiß des göttlichen Segens.

Was mich betrifft, so war ich schon in jungen Jahren wenig geneigt, mitzutun bei dem Theater. Ich meinte vielmehr, daß ein Gott, der auf der von ihm geschaffenen Erde Zustände zuläßt, wie wir sie täglich erleben, jeglichen Kredit verspielt habe, und daß, was da besteht, unterzugehen verdiene. Wie der verstoßene Engel Ahasver, der Haupthcld meines gleichnamigen Romans, und dessen Kollege Luzifer erkannte ich: eine total mißlungene Schöpfung! – aber während Luzifer sie zu beseitigen plante, indem er die von Gott als dieser Schöpfung höchster Sinn und Krone extra geschaffenen Menschen einfach weiterwirtschaften ließ wie gehabt, waren ich, und mit mir der Engel Ahasver, des Glaubens, die Sache wäre vielleicht noch zu retten, wenn man nur diese Menschen dazu brachte, sich zu bessern. Auch Jesus und einige der namhafteren Propheten, so meinte ich aus der Bibel herausgelesen zu haben, waren auf den gleichen Gedanken schon gekommen, nur hatte Jesus die Sache vom falschen Ende her aufgezäumt; man änderte die Menschen nicht dadurch, daß man für sie starb; eher war da ein rächender, strafender Gott vonnöten, um die Prügel zu applizieren, die die Leute verdienten.

Also ließ ich Gott beiseite und beschäftigte mich mit der Veränderung der Welt, und der Menschen, direkt. Das waren lange, anstrengende Bemühungen, und stets erfuhr ich, daß jeder Ansatz zum Besseren, bei dem ich, in aller Bescheidenheit, ein wenig mitgewirkt zu haben glaubte, sich auch wieder als Versager erwies; kaum hatte eine Verbesserung sich gezeigt, führte sie alsbald in das alte Elend zurück, auf etwas höherer Ebene vielleicht, aber so groß war der Unterschied nun doch nicht, daß der viele Schweiß wirklich gelohnt hätte. Die Hoffnungsschimmer verblaßten regelmäßig; und das Schlimmste: das Ziel, das große, das Ideal, das auch dem lieben Gott am Anfang wohl vorgeschwebt hatte, wurde immer utopischer, und ich, und die an meiner Seite, die sich für eine vernünftigere Ordnung auf Erden eingesetzt hatten, wurden immer unglaubwürdiger.

Als einzig wirksame Attraktion für das Volk und letzter Maßstab geistlichen Erfolgs blieb der Konsum, blieb Coca Cola, in der Dose.

Und dennoch, und dennoch... In jedes Menschen Leben schlägt die Stunde, da er zu rätseln beginnt: woher bin ich gekommen und wohin gehe ich? Und was überlebt von mir und meinen Tagen, wenn überhaupt etwas? Und was war der Sinn des Ganzen? Da mögen die klügsten Gelehrten mit ihren raffiniertesten Instrumenten noch so weit vorgedrungen sein ins Innerste des Kerns, zu den Quarks und Neutrinos und wie sie alle heißen, die Teilchen, von denen sich nicht länger sagen läßt, ob sie Licht sind oder Materie, und vorgestoßen bis hin zu den äußersten Bereichen von Zeit und Raum, den schwarzen Löchern und fernen Nebeln: es bleiben doch die letzten Fragen, die Fragen nach Ursprung und Ende allen Lebens, des eigenen eingeschlossen, und der Herkunft der Gewalten, die dieses Leben vernichten können nach Belieben oder eine Gnadenfrist noch gewähren – Fragen, auf die wir ebensowenig Antwort wissen wie unsere Vorfahren vor Jahrtausenden, welche nicht anders, als wir es tun, dem großen Mysterium den Namen *Gott* gaben und sich Bilder von diesem Gott machten, ob auf der Osterinsel, in Mykene oder an den Wänden der christlichen Dome des Mittelalters.

Gott ist die Antwort auf die Frage, die sich nicht beantworten läßt, er ist wider die Vernunft und doch eminent vernunftgemäß, existent nur in uns und durch uns und solange wir existieren: der dünne Faden, gesponnen in unserm eignen Hirn, um uns aus dem Labyrinth zu führen, in dem wir umherirren.

Wenigstens ist das der Gott, mit dem ich mich beschäftigt habe, und wenn die Berner Theologen in diesem Gott einen Abglanz des Gottes erblicken, den sie in ihrem Herzen tragen, und das der innere Grund sein möchte, weshalb sie mir ihren Doktor der Theologie h. c. verliehen, um so lieber ist's mir, und ich werde mich freuen, die Ehre weiterzureichen an den Gott in meinen Romanen, den Gott des Königs David und des Ahasver, des armen Schusters, welcher dem Jesus auf dessen Weg nach Golgatha den Schatten seines Haustors verweigerte und darum verdammt wurde, auf Erden zu wandern bis zur Rückkehr des Gekreuzigten am Jüngsten Tag.

Rede zum 1. Mai
DGB-Kundgebung in Frankfurt am Main

1991

Vor etwas über hundert Jahren, 1886, rief die Federation of Organized Trades and Labor Unions of the United States and Canada, wie der Verband der amerikanischen Gewerkschaften damals hieß, für den 1. Mai zu einem allgemeinen Streik für den Achtstundentag auf. In Chicago ruhte die Arbeit in vielen Betrieben, 25 000 Arbeiter, eine Riesenzahl für jene Zeit, demonstrierten auf Straßen und Plätzen. Zwei Tage später kam es vor den McCormick-Werken für Erntemaschinen zu Zusammenstößen zwischen Arbeitern auf der einen und Polizei und Streikbrechern auf der anderen Seite; die Arbeiter wurden blutig zusammengeschlagen. Daraufhin rief der Gewerkschaftsverband der Stadt, die Central Labor Union, zu einer Protestdemonstration auf; diese fand statt auf dem Haymarket von Chicago und verlief durchaus friedlich, sogar der Bürgermeister nahm an ihr teil.

Kaum aber hatte der sich entfernt, explodierte eine Bombe und tötete einen Polizisten. Bis heute weiß niemand, wer diese Bombe geworfen hat; wohl ein Provokateur; aber die Behörden des Staates Illinois nahmen die Sache zum Anlass, um die bekanntesten Gewerkschaftsführer von Chicago zu verhaften und vor Gericht zu zerren, wo vier von ihnen, drei Deutsche, Spies, Engel und Fischer, und der gebürtige Amerikaner Parsons, zum Tod durch den Strang verurteilt wurden.

Ich lese Ihnen aus der Zeitung »Vorbote«, die damals in Chicago erschien, den Bericht vom 12. November 1887 über die Vorgänge im dortigen Gefängnis:

Um 11.50 ertönten dumpfe Schritte durch den Corridor. Deputy Bailiff Cahill ersuchte die Anwesenden, ihre Häupter zu enthüllen, und kaum war dieses geschehen, als auch schon die Prozession sichtbar wurde. Durch die Fenster fielen die Sonnenstrahlen auf die Häupter der Märtyrer, und wie ein Glorienschein sah es sich an, als dieselben die Stufen emporstiegen.

Mit festem Schritt stellte sich Spies unter die erste Schlinge, dann kam Fischer, dann Engel, und zuletzt Parsons. Hinter jedem derselben stand ein Deputy, der ihnen die Schlinge um den Hals legte. Fischer und Engel warfen einen lächelnden Blick auf die Umstehenden, Spies und Parsons standen ruhig und gefaßt da. Nicht ein Muskel bewegte sich in ihren Gesichtern, als ihnen der Strick um den Hals gelegt wurde. Parsons sagte hierbei: »Die Schlinge ist zu fest.« Als man ihnen die Kappe über den Kopf zog, neigte sich Fischer zu Spies und flüsterte ihm etwas ins Ohr, während Engel lächelnd dem hinter ihm stehenden Deputy »goodbye« sagte.

Da erscholl Spies' kräftige Stimme: »Angesichts der Würger des Gesetzes wird mein Schweigen fürchterlicher sein als irgendwelche Worte, die ich äußern könnte.« Eine Pause, die durch Engels Stimme unterbrochen wurde, »Hurrah für die Anarchie!« – »Dies ist der glücklichste Tag meines Lebens!«, rief Fischer aus, und dann hörte man Parsons Stimme: »Soll ich sprechen, dann: Ihr Männer und Frauen Amerikas!« Hier unterbrach ihn der Henker, worauf er ausrief: »Soll die Stimme des Volkes nicht – «

Ein Krachen. Der Mord war begangen.

Wenig später beschlossen die Gewerkschaften Amerikas und Europas, zum Gedenken an diese Männer und diese Ereignisse, und als Ansporn im Kampf um den Achtstundentag und um gerechten Lohn und für die anderen Ziele der Gewerkschaftsbewegung, den 1. Mai zum Feiertag der Arbeiter zu erheben; und ich erzähle Ihnen die Geschichte hier, weil ich glaube, daß viele von Ihnen sie längst vergessen oder auch niemals gehört haben – und weil das, was die Arbeiter an jenem 1. Mai vor mehr als hundert Jahren bewegte, uns heute immer noch bewegt: der Kampf um soziale Gerechtigkeit, konkret, für die Rechte derer, die nichts zu verkaufen haben als die Geschicklichkeit ihrer Hände und die Ideen in ihren Köpfen.

Wie viele sind gefallen in diesem Kampf, wie viele Opfer wurden gebracht, zu allen Zeiten und in allen Ländern, manches wurde erreicht, manches wieder verloren; und nach wie vor geht es, wenigstens im Westen Deutschlands, um Löhne und Arbeitsbedingungen, also um einen halbwegs gerechten Anteil am Produkt Ihrer Hände und Ihrer Gehirne; aber im Osten unseres Landes schon nur noch sehr bedingt um dieses, sondern um Arbeit schlechthin.

Welcher Fortschritt, der plötzlich über uns gekommen ist dank der Gier einiger nach schnellem Profit: eine drohende Arbeitslosigkeit, unerhört in der Geschichte der Neuzeit – 50 Prozent, die Hälfte aller Arbeitsfähigen in den sogenannten neuen Bundesländern, ohne Beschäftigung und angewiesen auf das, was die Regierung Ihnen hier, meine Freunde, so Sie selber noch in Arbeit und Brot stehen, für den guten Zweck aus der Tasche zieht.

Denn glauben Sie doch nicht, daß Sie in der alten Bundesrepublik ungeschoren davonkommen werden. Nachdem die Regierung nämlich, in Gestalt der Treuhand, das Vermögen des Volkes – das gab es im Osten ja, volkseigenes Land, volkseigene Gebäude, volkseigene Betriebe, in welchem Zustand auch immer – dem Volk, welches dieses Vermögen zu großen Teilen mit eigener Hand geschaffen, unter dem Hintern wegeskamotiert und billig verschachert oder gar zerstört hat, werden *Sie* jetzt zur Kasse gebeten, und zwar, weil es zwischen den Ost- und den Westbürgern Deutschlands, hören Sie den O-Ton des großen Vorsitzenden Dr. Kohl, auf das menschliche Miteinander ankommt.

Die Krise, die der Dr. Kohl nicht wahrhaben möchte und die aus einer ostdeutschen zu einer gesamtdeutschen zu werden scheint – wirtschaftlich, sozial und moralisch –, ist nicht, ich wiederhole, *nicht* die Folge der unblutigen Revolution, die in der DDR das alte Regime hinwegfegte, und der Vereinigung der beiden deutschen Staaten, die darauf mit historischer Logik, und mit Gorbatschows Hilfe, zustande kam; sondern der Art und Weise, wie diese Vereinigung durchgeführt wurde.

Statt den Brüdern und Schwestern die Chance zu geben, ihr zugestandenermaßen ziemlich ramponiertes Haus ein wenig in Ordnung zu bringen, bevor man gemeinsame Sache mit ihnen machte, wurden Haus und Bewohner, wie von einem Riesen-Bulldozer, ins Wirtschaftswunderland hineingeschaufelt, eine einzige Konkursmasse, abgespeckt, abgewickelt, abgewrackt, Menschen und Werte, beides, und nicht einmal der Ostmarkt, der ja bleiben sollte, wird bleiben; denn wer keine Arbeit hat, fällt bekanntlich nicht nur als Prozent, sondern auch als Käufer aus.

Und Sie, meine Freunde, werden die Entwicklung noch viel härter als bis dato zu spüren bekommen: denn wer drüben im Osten jüngeren Jahrgangs ist und die Kraft hat und die Initiative, der wird sein Bündelchen schnüren und, nicht länger gehemmt von irgendwelchen Mauern und Grenzposten, hierher zu Ihnen kommen, als Pendler, als Schwarzarbeiter, als Lohndrücker, als Streikbrecher gar, als Konkurrent jedenfalls, und die relativ anständigen Bedingungen, die Ihre Gewerkschaften in langen Jahren zäher Bemühung sich erkämpft haben, werden zerbröckeln, wenn Sie der Bedrohung nicht sofort begegnen.

Wenn die Vereinigung der zwei deutschen Staaten eines unter Beweis gestellt hat, dann die enorme Kapazität der westdeutschen Industrie und Landwirtschaft, und ihre rücksichtslose Geschäftstüchtigkeit. Gehen Sie in irgendeinen Laden in der ehemaligen DDR, irgendein Warenhaus, eine Kaufhalle, und betrachten Sie die Regale: Sie werden kaum etwas finden, was örtlich produziert wurde; sogar die Westhühner müssen für den Osten mitlegen – von Elektronik, Kleidung, Automobilen gar nicht zu reden.

Es hat sich seit der Einführung der gemeinsamen deutschen Währung etwas gezeigt, was bis dahin kaum bedacht wurde: daß nämlich bei einigem Fleiß und guter Organisation Sie hier in Frankfurt am Main und Ihre Kollegen in der alten Bundesrepublik mit Ihren Waren und Gütern den ganzen Osten mitversorgen können, mit Ausnahme von ein paar Diensten vielleicht, die dort noch an Ort und Stelle geleistet werden müssen. Es stellt sich heraus, daß nach der Einführung der freien Marktwirtschaft in die ehemals durch die Mauer geschützten Gebiete so gut wie die gesamte arbeitende Bevölkerung dort im Grunde überflüssig geworden ist; in den Köpfen der entscheidenden Leute in Industrie und Wirtschaft zählt sie nur noch als Markt, und entsprechend stiegen ja auch im vergangenen Jahr die westlichen Umsätze.

Aber bedenken Sie: das sind ja Menschen, die da mitsamt ihren Betrieben und Institutionen plattgewalzt werden! Millionen Menschen, die früh nicht mehr zur Arbeit gehen dürfen und am Monatsende keinen Lohn mehr nach Haus bringen, Männer wie Frauen, die von einem Tag zum nächsten selbst die bescheidene Befriedigung entbehren müssen, die für den einzelnen durch Betätigung in Gemeinschaft mit anderen entsteht. Statt Arbeit, die einen Sinn für Zusammengehörigkeit erzeugt und die anerkannt wird durch Lohn und Gehälter: Nichtstun und Vereinsamung und das tötende Gefühl der Nutzlosigkeit. Die Hälfte der arbeitsfähigen Menschen in der Ex-DDR – verurteilt zu dieser Art von Mangelexistenz, materiell und seelisch!

Ich bin alt genug, um die Wirtschaftskrise, die 1929 begann, bewußt miterlebt zu haben, samt ihren fürchterlichen menschlichen und politischen Folgen: Faschismus und Weltkrieg. Und dabei war der Prozentsatz der Arbeitslosen in der Weimarer Republik erheblich niedriger, als er dieses Jahr noch im Osten des Landes sein wird. Und ich gestehe Ihnen, ich habe Angst, und ich wünschte, daß bei den Vereinigungsverhandlungen im Vorjahr wenigstens einer den Mut gehabt hätte, das Recht auf Arbeit, das in der Verfassung der DDR festgeschrieben war, auch für das Grundgesetz des neuen vereinten Deutschland einzufordern. Wie anders stünden wir dann heute da!

Was ist zu tun?

Als ich 1935 nach Amerika kam, lief noch das Arbeitsbeschaffungsprogramm, WPA genannt, das Präsident Roosevelt in den USA eingeführt hatte, um dort die Arbeitslosigkeit zu bekämpfen, die noch größer gewesen war als die in Deutschland damals. Ohne den Kapitalismus mit seiner Marktwirtschaft, der die Krise herbeigeführt hatte, abzuschaffen, trat der Staat als der große Arbeitgeber auf, gab den Menschen Brot und schuf, von Staudämmen bis zu Kleinstadttheatern, alle möglichen guten und nützlichen Dinge, die sonst nie entstanden wären. Statt Almosen, die sowieso nur spärlich oder gar nicht flossen, staatlich bezahlte produktive Arbeit – ist das nicht besser?

Private Investitionen kamen dann später; aber da war das Land schon gerettet. Vielleicht wäre zu überlegen, ob man dem Beispiel nicht folgen könnte: öffentliche Beschaffung produktiver Arbeit, den kleinen Blüm in der Rolle des großen Roosevelt; aber es hat schon Absurderes in der Geschichte gegeben, und auf jeden Fall wäre eine solche Maßnahme, auf wie lange Zeit auch immer, besser als die absolute Konzeptionslosigkeit, die heute in Bonn herrscht. Natürlich dürfte man dann nicht fortfahren, die restlichen Werte, soweit noch vorhanden in der früheren DDR, absichtsvoll zu zerstören.

Und Solidarität.

Solidarität ist ein Arbeiterwort; und es ist schon sehr komisch, es jetzt dauernd aus dem salbungsvollen Munde saturierter Bonner Staatsmänner zu hören. Aber das bedeutet nicht, daß man Solidarität nicht noch brauchte, und zwar vor allem zwischen den Arbeitern in Deutsch-Ost und denen in Deutsch-West. Es darf nicht sein, daß man Ihnen, meine Freunde hier, eines Tages zuruft: Kain, wo ist dein Bruder Abel?

Zur Zeit wird Bruder Abel, sowieso unterbezahlt, auch noch abgewickelt, oder besser gesagt, zu Hunderttausenden ins Nichts gestoßen, mit allen Folgen, die sich daraus für ihn und seine westdeutschen Brüder ergeben. Es gibt nur *eine* Organisation, die ihn, und Sie, davor bewahren kann: die Gewerkschaften. Nur die Gewerkschaften können den notwendigen Druck auf die Regierung erzeugen, um diese zu veranlassen, statt auf die Rendite eines Unternehmens auf die Menschen zu schauen; nur die Gewerkschaften sind stark und fest genug, um, in Solidarität der Arbeiter Ost und West, die Veränderungen in den politischen Strukturen zu veranlassen, die notwendig sind, um aus einem Lande, zur einen Hälfte Profitjagdgebiet und zur anderen Armenhaus, ein blühendes Gesamtdeutschland zu machen.

Gott ist jemand,
mit dem ich mich abfinden kann
Interview »Welt am Sonntag«

15. März 1992

Es scheint, als habe in der ehemaligen DDR jeder jeden bespitzelt. Müssen Sie auch damit rechnen, in den Stasi-Strudel hineingezogen zu werden?
Ich kann nur für die Schriftsteller sprechen. Der größere Teil von ihnen hat nichts mit der Stasi zu tun gehabt und ich sowieso nicht. Meinen Lebenslauf kann jeder nachlesen.

Hatten Sie denn keine Gespräche mit der Stasi?
Nein. Aber offensichtlich die Stasi mit mir. Vor ein paar Wochen kam ein junger Mann zu uns in die Wohnung. Der beichtete uns, daß er mehrere Male im Auftrag der Stasi bei uns gewesen wäre.

Er war also auf Sie angesetzt?
Ja. Ich habe lächeln müssen, weil er so zerknirscht war. Er war wie einer, der im Beichtstuhl sitzt, und ich war der Beichtvater, und meine Frau, wenn es so etwas gibt, die Beichtmutter. Die Krönung des Ganzen war, daß er uns gestand, auch für den Bundesnachrichtendienst gearbeitet zu haben. Er war nicht der einzige, wie wir inzwischen wissen, der bei uns spionierte. Einige, die sich damals unter Vorwänden hier herumtrieben, waren sehr ungeschickt. Einer hat seine Kladde vor der Haustüre verloren. Ich bin aber überzeugt, daß in den höheren Rängen der Staatssicherheit auch

gescheitere Menschen saßen, die in der DDR schon längst einen Umsturz hätten herbeiführen können. Aber die Kerle waren zu feige dazu. Und vermutlich haben sie sich auch gegenseitig zu sehr überwacht, als daß sie zu einer gemeinsamen Konzeption für einen Umsturz gefunden hätten.

Was wäre denn das für ein Staat geworden, wenn die Stasi geputscht hätte?

Das Politbüro war doch ein Sammelsurium von ziemlichen Dummköpfen. Diese Stasi-Leute aber kannten die Stimmung im Volk besser. Und sie wären nach einem Umsturz auf Unterstützung des Volkes angewiesen gewesen wie jede neue Macht. Aber das ist alles reine Spekulation. Es ist anders gekommen, und ich wollte nur einmal die Möglichkeit erwähnt haben.

Haben Sie nie daran gedacht, die DDR zu verlassen, immerhin durften Ihre Bücher ja nicht erscheinen?

Wer in der DDR etwas ändern wollte, mußte bleiben; ändern kann man ja nur schlecht von außerhalb. Meine Leser mußten wissen, wenn der Heym einmal rausgeht, dann kommt er auch wieder zurück – was ich auch regelmäßig getan habe. Ich war ein verläßlicher Mensch für die Mitbürger in der DDR.

Nun, Sie hatten ja auch Privilegien?

Ich konnte reisen. Aber ich war ja Rentner, schon seit vielen Jahren. Ich hätte auch ohne irgendwelche besonderen Genehmigungen reisen können. Und was ich sonst an Privilegien hatte, das habe ich mir erkämpft – es wurde mir nichts geschenkt.

Können Sie Beispiele nennen?

Daß ich im Ausland publiziert habe, beispielsweise. Ich

habe das einmal durchgefochten, als ich meinen Roman »Collin« in Westdeutschland veröffentlichte. Ich bin zwar wegen Devisenvergehens verurteilt und entsprechend bestraft worden. Irgendwie haben dann die Herren da oben entschieden, mit dem ist schlecht Kirschen essen, und mich in Ruhe gelassen.

Fürchteten die Herrschaften da oben das internationale Spektakel, wenn sie sich an Ihnen vergangen hätten?
Die einzige Sicherheit, die ich in der DDR hatte, bestand darin, daß ich ein bekannter Mann war, und zwar in der internationalen Öffentlichkeit, da meine Bücher ja nicht nur in Westdeutschland, sondern auch in anderen westlichen Ländern veröffentlicht wurden. Das verschaffte mir natürlich eine Sicherheit, die andere Leute nicht hatten.

Aber warum, Herr Heym, wollten Sie dem abgestandenen Kommunismus der DDR auch 1989 noch eine Chance geben und haben vor der Wiedervereinigung gewarnt?
Ich glaube nach wie vor, daß ein Sozialismus möglich ist, ein demokratischer Sozialismus, den wir in der Tat in der DDR nicht hatten. Nur weil die ersten praktischen Experimente schiefgegangen sind, muß man ja nicht gleich die ganze Idee über Bord werfen. Allerdings respektiere ich die Auffassung von Menschen, die mir geschrieben haben, daß man von ihnen nach vierzig Jahren sozialistischer Experimente nicht erwarten könne, weitere Experimente mit ungewissem Ausgang mitzumachen. Das habe ich verstanden. Na gut, habe ich mir gesagt, da müssen sie halt ihre Erfahrungen selber machen mit dem Kapitalismus, von dem sie nur die Waren in den Intershops kannten. Die Regierung der DDR hat ja dankenswerterweise den Leuten damit ein sehr schmeichelhaftes Bild vom Kapitalismus gegeben. Die Kehrseite des Kapitalismus lernen sie jetzt kennen, und da gibt

es manch Heulen und Zähneklappern. Ich bin sehr interessiert daran, noch zu sehen, wie sich das entwickeln wird. Ich hoffe, daß ich lange genug lebe, um das tun zu können.

Sie haben gelegentlich die Meinung vertreten, daß es wünschenswert gewesen wäre, die staatliche Einheit der DDR zu erhalten? Warum eigentlich?

Ich hätte mir gewünscht, daß die beiden Unterhändler bei dem Einheitsvertrag sich anders verhalten hätten: De Maizière und Krause. Jedenfalls haben diese beiden Herren nicht die Interessen der DDR-Bevölkerung so vertreten, wie ich es mir gewünscht hätte. Man hätte auf einer Anzahl von Selbständigkeiten bestehen müssen. Die Akademie der Wissenschaften hätte man erhalten müssen, und die Universität wäre nicht so bedroht, wie sie jetzt bedroht ist, und viele andere Institutionen auch, und selbstverständlich auch Rundfunk und Fernsehen, die Herr Mühlfenzl nun abgewickelt hat. Wäre der doch lieber in Oberbayern geblieben.

Und der Schriftstellerverband?

Ach, der Schriftstellerverband, den schenke ich Ihnen mit einem Strauß Gänseblümchen.

Sind Sie aber wieder aufgenommen worden?

Ja, man hatte mich sogar zum Ehrenpräsidenten ernannt. Ach Gott.

Haben Sie sich denn mit dem ehemaligen Präsidenten einmal getroffen zur Aussprache?

Mit Herrn Kant, meinen Sie? Nein, mit Herrn Kant habe ich mich nicht getroffen. Ich habe ihn ein- oder zweimal bei Veranstaltungen gesehen, aber nicht mit ihm gesprochen.

Aus Ihren Worten, Herr Heym, spricht doch eine gewisse Wehmut, wenn Sie an die DDR denken. Ist das so?

Ich betrachte heute die DDR als etwas, was ich erlebt habe, jahrzehntelang erlebt habe, und was interessant war und was mich auch gefordert hat, mehr gefordert hat, als wenn ich im Westen geblieben wäre. Ich bin ja hier freiwillig hergekommen. Ich glaube, die meisten Menschen werden finden, daß ich mich hier gegen einige Widerstände doch eigentlich recht gut geschlagen habe.

Sie sind aus dem amerikanischen Exil zurückgekehrt? Warum haben Sie Amerika verlassen?

Daran ist der schreckliche Senator McCarthy schuld. Ich galt als Kommunist, obwohl ich nie Parteimitglied war. Ich hatte lediglich große Sympathien für die Sache, und ich glaubte an die Zukunft des Kommunismus. Ich hatte aber ursprünglich gar nicht die Absicht, als ich 1952 in die DDR kam, auf alle Zeit wegzubleiben von Amerika, dem ich viel verdanke, das mir Schutz vor den Nazis gewährt und Arbeit gegeben hat. Aber dann ergab es sich so, daß ich hier wieder anfing und auch glaubte, gebraucht zu werden. Und so bin ich langsam in der DDR, sagen wir einmal, festgewachsen, aber ich habe immer noch starke Bindungen an Amerika und schreibe auch fast jeden Tag noch etwas auf Englisch.

Sie hatten doch in Amerika, wo sie über Prag hingeflüchtet waren, als Schriftsteller bereits einen gewissen Erfolg. Sie haben Ihren ersten Roman veröffentlicht, der ein gewisses Aufsehen erregt hat. Sie hatten allen Grund anzunehmen, daß Ihnen in Amerika eine glänzende Karriere bevorstand.

Wahrscheinlich hätte ich in Amerika, wenn ich mich gefügt hätte und von meinen linken Meinungen abgerückt wäre, erfolgreiche Bücher veröffentlichen können. Ob sie wichtig gewesen wären, das ist eine zweite Frage.

Es ist verwunderlich, daß ein Mann wie Sie, von dem doch allerlei pazifistische Äußerungen überliefert sind, mit einigem Hurra in die US-Armee eingetreten ist.

Hurra kann man nicht sagen. Eher mit sehr positivem Gefühl. Schließlich waren die Nazis ja unser aller Feinde.

Wann sind Sie denn Pazifist geworden?

Ich bin nie ein wirklicher Pazifist gewesen. Ich hatte immer Sinn dafür, daß ein Volk sich auch wehren muß. Es kommt immer darauf an, gegen wen und unter welchen Umständen.

Sie waren als Unterleutnant in der psychologischen Kriegsführung tätig. Was ist denn das überhaupt?

Wir hatten die Soldaten auf der Gegenseite davon zu überzeugen, daß sie ihre Waffen niederlegen und mit erhobenen Händen zu uns herüberkommen sollten. Und wir hatten die Aufgabe, diese Leute, die eigentlich nur Nachrichten aus Naziquellen kannten, davon zu überzeugen, daß das, was sie von ihren Offizieren und ihren Zeitungen erfuhren, im wesentlichen gelogen war. Eine Aufgabe, die ich als sehr lohnend ansah und der ich mich intensiv gewidmet habe, auch in der Absicht, Menschenleben zu retten. Denn wer nicht mehr schoß, der konnte nicht mehr morden, war aber auch selber nicht in Gefahr, erschossen zu werden.

Einer Ihrer Ausbilder bei dieser psychologischen Kriegsführung war der deutsch-jüdische Schriftsteller Hans Habe. Politisch das Gegenteil von Ihnen.

Das sehe ich anders. Ich erinnere mich sehr wohl daran, wie er mir einmal den Arm um die Schulter legte und sagte: Wissen Sie, Heym, ich bin eigentlich ein viel besserer Kommunist als Sie. Das war natürlich Blödsinn; er war ein Rechter, und uns einte der Haß auf die Nazis. Und er war auf dem Gebiet der psychologischen Kriegsführung hervorragend, außerdem ein guter Journalist, glänzend ausgebildet, wie diese Budapester und Wiener Journalisten es alle waren. Er hatte seine Eigenheiten psychologischer Art, über die ich hier nicht zu sprechen brauche, es ist bedauerlich, daß er doch relativ früh gestorben ist. Eines jedenfalls hatten wir gemeinsam, Habe und ich. Wir bejahten diesen Krieg gegen Nazideutschland; denn er war notwendig. Und da ist auch hinterher nichts zurückzunehmen. Schließlich haben die Nazis mich vertrieben und nahezu meine ganze Familie ausgerottet.

Ihre Familie, war das ein typisch jüdisch-bürgerliches Elternhaus?
Nein. Außer an den Feiertagen war nichts Jüdisches da. Aber es war ein gutbürgerliches Haus. Ich fühlte mich geborgen und beschützt, bis ich vor den Nazis fliehen mußte.

Sie haben mit einem Anti-Militär-Gedicht mit dem Titel »Exportgeschäft« als Schüler erstmals auf sich aufmerksam gemacht. War das die erste linke Regung?
Das war eine Revolte gegen alles, was da existierte und mich bedrohte. Denn das war natürlich etwas Bedrohliches, dieser Nationalismus. Ich weiß nicht, ob das besonders in meiner Geburtsstadt Chemnitz so deutlich war, das kann der Fall sein – es war eine Industriestadt mit großen sozialen Spannungen. Ich hatte zu dieser Zeit schon viel linke Literatur gelesen, vor allem Kästner und Tucholsky.

Das sind wohl die Leitfiguren Ihres jungen Lebens?
Das waren sie, stimmt. Vor allem für Kästner hatte ich eine große Bewunderung. Das war ein amüsanter und für mich sogar väterlicher Gesellschafter. Vor ihm hatte ich großen Respekt, denn der Mann hatte Courage. Ich bewunderte an ihm vor allem seinen Gleichmut. Ich habe Kästner nie erregt gesehen, obwohl er Situationen durchlebt hat, wo eine

gewisse Erregung natürliche Folge gewesen wäre. Ich weiß nur: wenn man zu ihm kam, waren das immer sehr ruhige und angenehme Stunden. Im übrigen habe ich fast dasselbe Gefühl auch Böll gegenüber gehabt – diese Ruhe, diese Ausgeglichenheit des Mannes, obwohl er gerade mit mir auch Dinge besprochen hat, die sehr aufregend und für ihn ärgerlich waren. Gleichmut – das schätze ich an Menschen.

Das ist ein Charakterzug, der bei Ihnen wohl nicht sonderlich ausgeprägt ist.
Ich bin in den letzten Jahren ruhiger geworden.

Sind Sie von Natur aus ein Heißsporn?
Ein Heißsporn wäre zuviel gesagt. Aber ich reagiere oft zu eilig, zu rasch, muß auch alles rasch erledigen, wo es besser wäre, 24 Stunden zu warten. Auch dieses Gedicht, von dem wir vorhin sprachen, war so ein Schnellschuß und hat meinen Vater in schwere Bedrängnis gebracht.

Für Ihren weiteren Lebensweg war dieses Gedicht jedoch eine Weichenstellung?
Es war zufällig auch eine gute. Denn, wenn ich nicht in diese Verlegenheit gekommen wäre, dann wäre ich wahrscheinlich ruhig in Chemnitz weiter in die Schule gegangen, hätte gewartet, bis man mich verhaftet, wie viele andere Leute mit dem gelben Stern auch verhaftet wurden, und wäre, wie ich das einmal beschrieben habe, als Wölkchen über Auschwitz geendet. So sitze ich hier immer noch mit Ihnen und rede über das Leben.

Ihren Vater haben Sie offensichtlich sehr geliebt, obwohl Sie eine große Distanz zu ihm hatten.
Nach seinem Tod habe ich gemerkt, wie sehr ich ihn geliebt und respektiert habe. Ich erinnere mich noch an einen Spa-

ziergang, den ich mit ihm gemacht habe, als er mich in Prag im Exil besuchte. Als ich an seinem Handgelenk die Narben eines Selbstmordversuches bemerkte, habe ich plötzlich einen fürchterlichen Druck auf dem Herzen gespürt und ein großes Mitleid mit dem Mann und eine große Furcht, daß er das noch mal tun könnte – und dann hat er es noch einmal getan, aber darüber möchte ich nicht sprechen.

Was haben Sie denn für eine Charaktereigenschaft von Ihrem Vater mitbekommen?
Das ist sehr schwer zu sagen, der Mann ist schon sehr lange tot. Ich weiß nur, daß ich manchmal hier sitze oder in den Wald gehe und mir vorstelle, er wäre bei mir. Ich möchte mit ihm reden, und das Furchtbare ist, daß ich nicht mehr mit ihm reden kann. Er schweigt. Er ist da oben.

Ich dachte, Sie seien Atheist?
Ich habe im Laufe der Jahre ein ganz besonderes Verhältnis zu Gott bekommen, ich möchte sagen, ein sehr direktes. Gott ist mir wie jemand in meiner Familie, nicht gerade eine Respektsperson, aber doch jemand, mit dem man sich abfinden kann. Ich wünschte manchmal, er hätte etwas mehr Sinn für Humor.

Ist es der christliche Gott?
Das weiß ich nicht. Ich bin ja zugleich auch Atheist, denn ich bezweifle sehr, daß es diesen Gott gibt. Aber als Gesprächspartner ist er doch sehr nützlich. Und als einer, an den man sich wenden kann, in seiner Not: Nun hilf mir doch schon Gott – Du weißt doch, daß ich hier in einer unangenehmen Situation bin, nun greif bitte schon endlich ein, Gott.

Interview: Felix Schmidt

Über die Wirkung von Literatur
Interview »Mitteldeutsche Zeitung«

10. Juli 1992

Es ist wohl gar nicht so selten, daß Literatur das Leben ihrer Autoren grundsätzlich verändert. Was aber kann sie, Ihrer Meinung nach, bei den Lesern bewirken?

Ich glaube nicht, daß sie einen direkten Einfluß auf sie hat. Es ist eher so, daß etwas von dem, was jemand gelesen hat, in seinem Gedächtnis bleibt und zum Nachdenken anregt. Insofern kann Literatur schon einen entscheidenden Einfluß auf den Menschen ausüben, kann sie ihm helfen, Entscheidungen zu treffen und sein Leben zu gestalten. Dies ist, glaube ich, der Einfluß, den man ihr zuschreiben kann. Ganz abgesehen vom ästhetischen Genuß, den gute Bücher bereiten.

Sie haben sich, wo immer Sie lebten, zum Zeitgeschehen geäußert. Zumindest kritisch. Texte dieser Art unterliegen der Gefahr, schnell zu veralten. Worauf führen Sie zurück, daß das für viele Ihrer Essays, Betrachtungen und Reden nicht gilt?

Wenn ich die Texte durchsehe, die ich als Beiträge zur Zeit geschrieben habe, bin ich mitunter selbst überrascht, wie aktuell sie noch immer sind. Vielleicht, weil sie – Gegenwart und Vergangenheit zusammenbringend – Ausblicke wagen. Natürlich gibt es einige Arbeiten, von denen ich das nicht uneingeschränkt sagen kann. Aber inzwischen habe ich mich auch geändert, aufgrund neuer Erfahrungen, und ich wäre ein Narr, wenn ich darauf beharrte, daß das, was ich vor zwanzig oder dreißig Jahren gesagt habe, noch hundertprozentige Gültigkeit hat. Im allgemeinen aber glaube ich, daß fast alle diese Beiträge bis heute nicht nur lesbar, sondern in den Grundzügen auch von Bestand sind.

Ist nicht vor allem Lebenserfahrung die Quelle, aus der man beim Erarbeiten solcher Texte schöpft?
Das ist schon wahr. Ich beispielsweise bin im Lauf der Jahre etwas weniger vorwitzig geworden. Ich sage mir, wenn ich schreibe, daß es auch danebengehen kann. Diese Erfahrung erwirbt man mit den Jahren, daß man beim Schreiben weiß, ob ein Text entsteht, der für die Zukunft bleibt. Man möchte sich ja auch nicht vor der Nachkommenschaft lächerlich machen.

Die Frage nach der Lebenserfahrung war vor allem von einem Essay angeregt, den Sie jüngst zum Thema Ausländerhaß geschrieben haben. Da greifen Sie auf eigene Erlebnisse zurück, ziehen Vergleiche, deuten Anzeichen und belegen, daß Hoyerswerda beileibe kein DDR-, ja nicht einmal nur ein deutsches, sondern ein Weltproblem ist.
Das höre ich überhaupt sehr gern, die DDR wäre an allem schuld... Ja, ich sehe die Parallelen, kann mit der Vergangenheit vergleichen, Jüngere können das nicht. Und im Laufe der Zeit habe ich eine Witterung für diese Dinge entwickelt.

Aus Ihrem »Nachruf« ist herauszulesen, daß Helmut Flieg – aus dem 1933 auf einem Prager Postamt Stefan Heym wurde – mit dem Namen nicht die Eigenschaft abgelegt hat, stets den Kopf oben zu behalten. Was empfinden Sie, wenn Sie sehen, daß heute nicht wenige Menschen enttäuscht und mutlos sind?

Ich möchte gerade dieser Mutlosigkeit, die ich durchaus verstehe, gern gegensteuern. Meine Erfahrung im Leben ist, daß sich alles verändert; nichts bleibt auf ewig, wie es ist. Auch das nicht, worunter viele Menschen heute leiden. Aber wir müssen schon versuchen, selber etwas zu tun und zu zeigen, wer wir sind. Ich bin überzeugt, dann wird sich etwas ändern. Zu seufzen und zu jammern ist nicht genug.

An Polemik fehlt es in Ihrem neuen Buch »Filz« tatsächlich nicht. Was hat sie herausgefordert?
Das tägliche Leben. Ich sehe doch, was geschieht im Lande, spreche mit den Leuten. Da merke ich schon, was viele quält. Aber ich merke auch, wie lächerlich so manches ist; diese Diskussion über die Hauptstadt beispielsweise oder die Denkmalstürmerei. Das schreit geradezu nach Satire.

Was sagen Sie zu der Kritiker-Meinung, Ihre Polemik käme aus Enttäuschung darüber, daß Ihre Träume sich nicht erfüllten?
Ich frage mich, woher diese Leute so genau wissen, was ich mir erträumt habe. Vielleicht habe ich mir von Anfang an schon gesagt, wo die Grenzen liegen.

Aber hofften Sie während der Wende nicht auf eine bessere DDR? In einer Rede haben Sie damals gesagt »Eine demokratische Ordnung in der DDR, ich glaube, das läßt sich schaffen« ...
Ja, ich habe damals geglaubt, man könnte nach dem Sturz der Honecker-Regierung in der DDR etwas erreichen, was mit Demokratie und Gerechtigkeit zu tun hat. Das ist fehlgeschlagen. Die Menschen wollten zunächst haben, was sie in den Jahren der SED-Herrschaft entbehren mußten; materielle und geistige Dinge – auch meine Bücher. Ich kann sie

dafür nicht tadeln. Aber weil sie sich zu sehr auf das Aufholen von Versäumtem konzentrierten, vergaßen viele, sich mit der Zukunft zu beschäftigen.

Sind Sie nun enttäuscht von den ehemaligen DDR-Bürgern?
　　Die Frage erinnert mich an die Antwort Bertolt Brechts auf den Aufruf des Dichters Kuba, der nach dem 17. Juni 1953 gesagt hatte, nun müsse das Volk sich aber sehr schämen und ganz brav sein, um die Regierung dafür zu entschädigen, was es ihr angetan hätte. Damals sagte Brecht, daß es vielleicht besser wäre, die Regierung wählte sich ein anderes Volk. Ich bin nicht Kuba. Auch wenn ich mit manchem, was die Menschen sagen und tun, nicht ganz einverstanden bin, so sind sie es doch, mit denen ich lebe. Und ich kann analysieren, warum sie so sind wie sie sind: Wenn man jahrelang getan hat, was erwartet oder angewiesen wurde, ist es nicht leicht, von einem Tag auf den anderen selbständig zu denken und zu handeln. Und doch glaube ich, daß diese Menschen jetzt, da andere, unerwartete Schwierigkeiten aufgetreten sind, imstande sein werden, mit neuen Gedanken und neuen Mitteln zu erreichen, daß sich etwas ändert – nun nicht mehr nur in der DDR, sondern in ganz Deutschland.

Was hat Sie an Mark Twains Tom Sawyer beispielsweise so gereizt, daß Sie ihn auf die Bühne brachten?
　　Daß er ein wacher junger Mensch ist, der das Leben sieht und feststellt, es stimmt nicht alles so, wie man es ihm erzählt. Er versucht, erst für sich und dann auch für die anderen, es irgendwie richtigzurücken. Daraus entsteht der Konflikt. Aber er macht das doch zum Teil sehr listig und sehr lustig, dieser Tom Sawyer. Mich hat das immer interessiert, denn die Wurzeln zu allem, was mich betrifft, liegen in der Erkenntnis, daß sich bei einem Vergleich dessen, was einem

immerzu vorgesetzt wird, mit dem wirklichen Leben gewisse Differenzen zeigen. Sie bringen zum Nachdenken und – aus diesem Denken heraus – auch zum Handeln.

Zu Büchern wie »Fünf Tage im Juni« oder »Collin« oder »Schwarzenberg« beispielsweise. Der Schriftsteller hat wirksamere Möglichkeiten zur »Einmischung« als andere Bürger...

Ja. Aber juckt es Sie nicht, wenn Sie mal festgestellt haben, dieses und dieses ist falsch und wird uns doch immer wieder erzählt, einfach aufzustehen und zu sagen, daß weiß immer noch weiß und schwarz immer noch schwarz ist. Und nicht lila. Allerdings, wenn man sich einmal in diese Position gebracht hat, kommt man nicht wieder aus ihr heraus. Oder man muß von sich selber sagen, daß man versagt hat.

Da Sie nie farbenblind waren, wurden Sie in der DDR vom Vorzeigeautor zur Unperson. Weshalb haben Sie sie dennoch nicht verlassen?

Eigentlich aus zwei Gründen. Da ich schon mehrmals aus einem Land in ein anderes umgezogen war, wollte ich es nicht noch einmal tun, damit das nicht zur Gewohnheit wird. Zum zweiten aber auch aus Trotz. Die Kerle werden mich doch nicht vertreiben, die doch nicht, habe ich mir gesagt. Und nach langer Zeit haben sie eingesehen, daß mit mir nicht gut Kirschenessen ist und haben die Schikanen zum Teil gelassen. Und Sie sehen ja, ich bin noch da, wenn auch etwas angeschlagen, und die sind nicht mehr da. Also werde ich auch jetzt unterstützen, was gut ist für die Menschen hier. Auf welchem Gebiet genau, kann ich nicht sagen. Man darf auch nicht vergessen, ich bin im sogenannten biblischen Alter. Da sind meine Möglichkeiten etwas begrenzt.

Aber die der Feder doch nicht?
Ja, die Feder. Wenn ich gefordert werde oder wenn mir etwas besonders Gutes einfällt, werde ich schon zu ihr greifen.

Auf dem Schriftstellerkongreß in Lübeck haben Sie nach dem »Balzac unserer Tage« gefragt, der unser Leben in dieser Zeit beschreibt. Haben Sie ihn inzwischen entdeckt?
Vielleicht gibt es ihn, und ich habe seine Stories nur nicht zu Gesicht bekommen. Aber unter den Büchern, die ich in der letzten Zeit gelesen habe, war keins vom Niveau eines Balzac. Ich bin jedoch überzeugt, daß er auftauchen wird. Die Dinge hier sind viel zu konfliktreich und unsere Erlebnisse viel zu dramatisch, als daß sich nicht einer finden würde, der das adäquat darstellt.

Interview: Renate Voigt

In eigener Sache

»Berliner-Zeitung-Magazin«, 11./12. September 1992

Es war zu erwarten gewesen. Und Schlimmeres noch.

Aber als es dann kam und ich dastand und spürte, wie mir das Blut übers Gesicht lief, fühlte ich mich doch eher überrascht als bestätigt.

Mag sein, daß ich einen Moment lang das Bewußtsein verloren hatte. Als sie mich dazu im Marienkrankenhaus befragten, konnte ich mich nicht genau erinnern. Nur ein Wort blieb mir im Gehirn, während der Arzt, ein Inder aus Kerala, Hautfetzen unter dem Auge wegschnitt – blieb dort klar und dreidimensional wie die Inschriften auf den französischen Kriegerdenkmälern, an denen ich in den darauffolgenden Wochen häufig vorbeikam: das Wort Wieder.

So, mit dem Fausthieb ins Gesicht, hatte es angefangen damals, 1931, im Staatsgymnasium zu Chemnitz; ich war noch keine achtzehn gewesen, als ich mir den Haß der Nazis im Orte zuzog durch ein paar Verse gegen die Offiziere der deutschen Reichswehr. Und wie üblich, wo kein Argument gegen das Wort sich findet, ob dies nun gereimt oder ungereimt, kommt Gewalt ins Spiel; in manchen meiner Nächte seh' ich die Burschen noch jetzt, Hitler-Jugend, wie sie drohend auf mich zutrotteten.

Und nun wieder, gegen Ende meines Lebens, das gleiche noch einmal: das verzerrte Maul, die Fäuste, der Schlag.

Als habe sich ein Kreis geschlossen.

Was täten Sie, wenn Sie des Abends mit Frau und Freunden in einem reputierlichen Restaurant beim Essen säßen, und es träte einer durch die Tür, der geradewegs auf Sie zukäme und Ihnen sagte, nicht einmal besonders laut: »Ihr Drecksäue, euch Verbrecherbande sollte man den Schädel einschlagen!«, und danach noch ein paar Sätze, großenteils unverständlich – und der dann weiterginge, zu einem andern, etwas entfernteren Tisch, wo er Platz nähme bei zwei Herren, beide gutaussehend und ebenso elegant gekleidet wie er.

Die Terminologie war mir vertraut. Gelegentlich erhalte ich Post ähnlichen Inhalts, besonders jetzt, nach der großen deutschen Vereinigung; aber dies hier war nicht anonym dahingekritzelt, sondern direkt gesprochen worden, und der Kerl, der uns derart bedroht hatte, saß sichtbar und greifbar in der Nähe, und wir befanden uns auch nicht in irgendeiner Kaschemme, sondern im Domhotel zu Köln.

Klaus Poche – nachdem ich als amerikanischer Soldat in Omaha Beach gelandet, hatte er, gerade sechzehn damals, mir auf der andern Seite gegenübergestanden und war, Jahrzehnte später, mein Freund geworden, den man zusammen mit mir aus dem Schriftstellerverband der DDR ausschloß –, Klaus Poche also rief den Oberkellner und verlangte, der möge jemanden von der Direktion herbeiholen. Nach längerer Zeit kam dann ein etwas verwirrter junger Mann, welcher versprach, nachdem er unseren Bericht angehört, das Notwendige zu unternehmen.

Es vergingen etwa zwei Stunden; ich hatte die Sache fast vergessen; die Rechnung war gebracht worden – da spürte ich jemanden an unserm Tisch vorbeistreichen in Richtung Ausgang.

»Das war er«, erwähnte meine Frau.

Der Mann befand sich bereits, seinen Begleitern folgend, halb in der Tür, als er sich plötzlich umdrehte, mit ein paar

Schritten bei uns war, sich vor mich hinpflanzte und, jetzt sehr laut, sagte: »Is' was?!«

Diesmal nahm ich ihn wirklich wahr: Gestalt, Haltung, Ausdruck, Haarschnitt; das freche Lächeln zu einem arroganten Blick; nur die Uniform und die SS-Stiefel fehlten, die auf Hochglanz polierten: So hatte ich sie vor mir gehabt im Krieg zum Verhör, Dutzende Male, und ihre unnachahmliche Stimme gehört, der man nur eines entgegensetzen konnte, die militärische Schärfe und den blanken Hohn.

So stellte ich denn die Routinefrage, mit der man derlei Gespräche beginnt: »Wie alt sind Sie?« und ich sah ihn zusammenzucken, genau wie die damals es getan, und ich wußte, der würde nicht zuschlagen. Aber ich hatte eines übersehen: Wir befanden uns nicht mehr in einem Gefangenenlager der US-Armee, er der Gefangene, ich der Verhörer; wir waren im Domhotel zu Köln, im Deutschland des Jahres 1992, und er wußte, daß nicht ich, sondern er zu den Siegern gehörte.

Und er schlug zu.

Der Tisch stürzte um, Tassen und Teller zerschellten, Poche suchte den Mann abzuwehren; Poches Frau, die aufgestanden war, wurde ins Gesicht getroffen; dann, ohne besondere Eile, verließ der Angreifer das Restaurant.

Meine Frau lief ihm nach. »Wie heißen Sie? Ich will wissen, wie Sie heißen!«

Er wandte sich ihr zu. »Sie wollen wohl auch ein paar abhaben!« Seine beiden Begleiter kamen und redeten auf ihn ein. Gleichzeitig stellten sie sich meiner Frau entgegen.

Der Mann ging an der Rezeption vorbei. Meine Frau schrie: »Rufen Sie die Polizei! Halten Sie den Mann fest!«

Doch der verschwand bereits im Dunkel vor dem Hotel, unbehindert. Die andern Gäste im Restaurant hatten sich irgendwie verdrückt, stumm und eilig.

Ich entsinne mich der zwei Polizisten, die dann in dem Durchgang zum Restaurant standen und mich, während das Blut mir immer noch bis zum Kinn herunter- und aufs Hemd tropfte, umständlich verhörten. Ob ich den Täter kenne. Nein, aber die Herren hier neben uns müßten ihn ja kennen; sie hätten zwei Stunden lang mit ihm zusammengesessen und getrunken.

Wir kennen ihn nicht, erklärten diese; auch wären sie keine Denunzianten. Ihre Namen, bitte, so der eine Polizist. Beide verweigerten die Aussage. Und sie behaupteten, keine Papiere, weder Ausweis noch Führerschein, bei sich zu haben. Ihre Rechnung hatten sie in bar bezahlt.

Zwei Weißgekleidete meinten, sie könnten nicht länger warten, ich müßte zum Arzt. Poche fuhr mit. Der Oberarzt, der sich nach einer Weile im Aufnahmezimmer blicken ließ, diagnostizierte: das Übliche, eine Wirthausprügelei. Aber hören Sie, sagte Poche, dies ist ein politischer Fall! Der Arzt lachte.

Ich schlief nur wenig in dieser Nacht.

Was hatte ich mir denn eingebildet? Daß der Haß, den ich, besonders von rechts, aber auch von links, so oft zu spüren bekommen hatte meiner Bücher und Reden wegen, sich aufgelöst haben sollte, nur weil die Mauer verschwunden war? Nein, jetzt erst recht glaubten Leute wie dieser Mann, ihren Haßgefühlen tätlichen Ausdruck verleihen zu können und Beifall damit bei ihren Kumpanen zu erhalten. Fanden denn nicht auch die Blätter von »Spiegel« bis »FAZ«, von Springer bis Burda ihr Vergnügen daran, ihre kleinen Sottisen und großen Verleumdungen gegen Leute meiner Art loszulassen, die sie zu Honeckers Zeiten gar nicht genug als tapfere Dissidenten hofieren konnten? Ja, am Morgen des gleichen Tags sogar, an dem der Zwischenfall im Domhotel sich ereignete, war von Ernest Cramer, den ich noch aus seiner Zeit als Hilfskraft der britischen Psychological Warfare kannte, eine ziemlich bösartige Glosse dieser Art in der »Welt am Sonntag« erschienen.

Nein, das ist keine Verschwörung und keine geheime Kommandosache; es braucht diesen Leuten keiner in Bonn oder sonstwo zu sagen, schreib dies oder schreib jenes. Das tun sie, seit Jahren eingestimmt auf bestimmte Feindbilder, instinktiv.

Und dazu paßt das Verhalten der Gäste im Domhotel an jenem Abend.

Ich bin nicht der einzige, der in diesem Sommer von irgendwelchen Typen mißhandelt wurde. Prominente Opfer sind allerdings eher die Seltenheit – noch –, meistens sind es irgendwelche Ausländer, an denen man sein Mütchen kühlt; und wer's zufällig sieht, blickt angelegentlich weg; nur nicht sich einmischen, nur nicht versehentlich auf die Seite der Schwächeren geraten.

Wir fuhren dann weiter, meine Frau und ich, nach Frankreich, in die Normandie und die Bretagne. Ich wollte noch einmal nach Omaha Beach und Isigny und St. Lô und Caen und St. Malo und Le Mans; an die Stätten, wo wir damals gekämpft hatten mit Gewehr und Feder um eine bessere, freiere, weniger blutige Welt.

Aber der Abend im Domhotel, so sehr ich's auch versuchte und so sehr meine Frau mir auch half, ließ sich nicht vergessen. Überall, nicht nur vor den weißen Grabstätten, fragte man sich: Hatte es sich gelohnt? Ja doch, sicher – aber wieviel war geblieben von den alten Scheußlichkeiten, und wie viele neue waren hinzugekommen?

In Berlin auf dem Schreibtisch lag die Post, als wir zurückkehrten, viel Post, mit guten Wünschen und mit Ausdrücken des Abscheus zumeist über die Weise, wie mir mitgespielt worden war. Und lag die Presse. Auf Sensation aufgemacht ein Großteil, aber ein paar der Blätter schienen doch auch nachdenklich gestimmt: Dies denn, bei allem, was politisch einzuwenden sei gegen den oder jenen Schriftsteller, sei wohl doch nicht das rechte Verfahren im Umgang mit ihm und seinesgleichen.

Deutlich aber bei vielen Zeitungen auch die Tendenz, die Angelegenheit herunterzuspielen. Der Täter war inzwischen gefunden und ausgiebig interviewt und sein Foto, in verschiedenen Lebensaltern, veröffentlich worden; aus der DDR stammend, lebte er nun in den USA; und eigentlich hätte er gar nicht richtig gewußt, wer dieser Mann da im Domhotel gewesen war, auf den er losgegangen, und er beabsichtige sogar, diesem aus Kalifornien eine Entschuldigungskarte zu schicken; dazu sei er auch noch todkrank, Aids im letzten Stadium, und sei in der Tat nur nach Deutschland gereist, um von seinen Schwestern letzten Abschied zu nehmen, deren eine eine begeisterte Leserin des von ihm ins Gesicht geschlagenen Autors; kurz, im Grunde könne ich gar keinen besseren Freund haben als ihn.

Für Aids im letzten Stadium, das kann ich aus meiner Erfahrung mit seiner Faust belegen, war er in hervorragender physischer Kondition gewesen. Aber auch sonst würde ich den Instinkten seines goldenen Herzens eher mißtrauen. Denn seine Karte kam tatsächlich.

Auf der Adresse stand zu lesen:
STEFAN HEYM
ROTER ACTIVIST-SCHRIFTSTELLER
BERLIN-GRÜNAU
Und der Inhalt:
Herr Heym!
Machen Sie sich keine Sorgen um den Virus. No bodily fluids were exchanged. In other words, ich habe Sie nicht in den Arsch gefickt. Unterschrift

Im übrigen besitzt er mehrere Seelenbrüder.

Einer von ihnen ließ sich um ebendiese Zeit folgendermaßen vernehmen.

Scheiß Roman Schriftsteller
Stefan Heym
DU ROTES JUDENSCHWEIN
Jetzt bist du dran!

Wir haben dich im Visier mit dem Judenschwein Gysi. Go to the hell. Your Ende is near.

Rede zum Tag der deutschen Einheit in Schwerin

3. Oktober 1992

Der Bundeskanzler hat einmal für sich die Gnade der späten Geburt in Anspruch genommen. Damit meint er, daß er noch ein Kind war, als das deutsche Volk sich von den Nationalsozialisten regieren ließ und für Krupp und IG Farben in den Krieg zog, und daß er für die Millionen Opfer, die das kostete, und für die Teilung Deutschlands, die eine der Folgen des Krieges war, nicht mitverantwortlich gemacht werden kann. Mitverantwortlich kann man ihn nur machen für die Art und Weise, in welcher die beiden deutschen Staaten auf den Tag genau vor zwei Jahren wieder zusammengefügt wurden, und für die Folgen, die sich daraus ergaben.

Ich dagegen habe die Gnade der frühen Geburt. Ich war alt genug, schon die Weimarer Republik bei politischem Bewußtsein zu erleben und die Gelegenheit zu haben, gegen den Nationalsozialismus zu kämpfen, erst mit der Feder, dann mit der Waffe in der Hand, und den deutschen Kapitalismus schon kennenzulernen, als die meisten von ihnen noch nicht einmal ein Zwinkern im Auge ihres Herrn Vaters bzw. Großvaters waren.

Ich wußte also bereits vor sechzig Jahren, was sieben Millionen Arbeitslose in einem Lande bedeuten, welches Elend, welch seelischen Jammer, und habe damals bereits erlebt, wie Menschen, besonders junge, in ihrem Frust und ihrer Ratlosigkeit sich dem brutalsten Nationalismus zuwandten und die falschen Feinde verfolgten, damals die Juden, wie es heute die Zigeuner sind und Dunkelhäutige überhaupt, Feinde, die ihnen mit Bedacht vor die Nase gesetzt und zugewiesen wurden von denen, die ihre wahren Feinde sind; und wie sie ihren Führern folgten, bis dann in Stalingrad und Omaha Beach die große Abrechnung begann und die deutschen Städte in Schutt und Asche gelegt wurden.

Ich sehe die Schrift an der Wand, und ich erkenne sie; und ich gestehe, ich habe Angst. Nicht um mich, was soll mir noch geschehen, sondern um die in ihren besten Jahren heute und um die Kinder.

Wie stolz waren wir im November '89, die Million auf dem Alexanderplatz zu Berlin, als wir riefen: »Wir sind das Volk!« und die alten Herrn zwangen, abzutreten. Doch statt der alten Herren kamen neue, mit einer saftigen Buschzulage, und statt des Politbüros, das Mißwirtschaft trieb mit dem Eigentum des Volkes, kam die Treuhand, die dieses Eigentum verschleuderte oder plattmachte; im Westen wurden die Reichen noch reicher durch derart Geschäfte, und im Osten durften die Arbeiter zusehen, wie ihre Arbeitsplätze verschwanden.

Trotzdem, wir wollen nicht klagen, und keiner von uns, auch ich nicht, ich ganz besonders nicht, würde die alten Zustände zurückwünschen. Wir sind frei; wir können reisen, wann und wohin es uns gefällt, und kaufen, was uns Freude macht, von BMW und Chinchillamantel bis zu Banane und Sechskornbrot, die Konsumgesellschaft macht's möglich. Nur, wie lange reichen die Ersparnisse, die wir vor zwei Jahren in DM umtauschten, und wie lange werden die Westcousins und -cousinen ihr Erarbeitetes mit uns noch teilen wollen; und warum macht man es uns so schwer, selber das Geld zu verdienen, das wir brauchen, um zu essen und uns zu kleiden, und für die Mieten, und die Zinsen, und Wasser und Heizung und Müllabfuhr und eine Tasse Kaffee gelegentlich? Sind wir dümmer, fauler, ungeschickter als die drüben? Oder wäre es möglich, daß etwas nicht stimmt mit dem System, das uns die Herren Krause und de Maizière und Kohl und Schäuble in solcher Eile übergestülpt haben im Sommer 1990?

Ich muß die blühenden Landschaften nicht beschreiben, die uns beschert wurden, und das versprochene Wohlergehen – Sie leben hier in dem Bundeslande, das wohl am schlimmsten von allen betroffen wurde. Ich will auch lieber nach vorne schauen als zurückblicken, obwohl sich vielerlei lernen läßt aus der Vergangenheit.

So wie es ist, kann es nicht weitergehen. Aber was tun?

Wenn Sie die Frage stellen an unsere Regierenden, erhalten Sie so viele Rezepte wie Minister herumsitzen und Staatssekretäre und Abgeordnete und Leitartikler. Aber wenn Sie mich fragen, dann sage ich Ihnen: Sie sind das Volk. Sie haben doch schon einmal eine unfähige Regierung überredet, sich davonzumachen. Warten Sie nicht auf Weisheiten von irgendwoher, auch von mir nicht, denn ich bin nicht klüger als Sie. Überlegen Sie selber. Überlegen Sie nicht nur im Kämmerlein, sondern auch gemeinsam. Ich weiß, in der alten Zeit, in dem real existierenden – wie hieß das Ding gleich? – war es nicht üblich, selber zu denken. Aber jetzt ist eine neue Zeit da, die neues Denken erfordert, und neues Handeln.

Zwei Jahre Phrasen und Selbstgefälligkeit der Politiker sind genug.

Konfrontieren wir die Herren – und Damen – mit den Tatsachen unseres Lebens und verlangen wir von ihnen, daß sie uns die Möglichkeit geben, uns selber zu helfen.

Über engagierte Literatur
Interview »neue deutsche literatur«

12/1992

Herr Heym, Sie schreiben eine Literatur, die das Engagement zu einem Element der Literatur zählt. Sie erzählen Geschichten aus der Wirklichkeit. Mir ist ein Satz von Heinrich Mann in Erinnerung; in seinem Tagebuch-Essay von 1940 sagte er, daß sich nach dem 1. Weltkrieg das Schreiben für ihn verändert habe: »Der Kunst des Wortes um ihrer selbst willen wurde das Ende gesetzt im August 1914.« Ich denke, dort wurde ein für unser Jahrhundert sehr moderner Typ von Literatur konstituiert, in dessen Tradition ich Sie sehe. Er ist Ihnen immer wieder, sehr heftig auch von außen, bestritten worden, und die Situation dauert an. Wie hält man das ein Leben lang aus?

Ich weiß nicht, ob das, was ich schreibe, eine besondere Art von Literatur ist. Ich bemühe mich, die Welt darzustellen, in der ich lebe, und selbst meine historischen Romane geben ein Spiegelbild dieser Welt. Ich bemühe mich, diese Welt so realistisch wie möglich zu zeigen, ohne das Künstlerische sozusagen zu kurz kommen zu lassen. Überhaupt gibt es ja keinen Gegensatz zwischen dem Realistischen und dem Künstlerischen. Eine solche Literatur hat es lange, lange vor Heinrich Mann schon gegeben. Man könnte sogar sagen, auch Homer war schon ein sehr realistischer Autor, der sich mit seinen Erzählungen eingemischt hat, und so ist es durch die ganze Geschichte der Literatur hindurch gegangen;

selbst auf den Stelen, auf den Steinsäulen der Alten, stand realistische Literatur.

Wie weit wird das aber in die Zukunft reichen?
Die Frage ist doch, wieweit wir überhaupt noch eine Zukunft haben werden. Wenn wir eine Zukunft haben, dann werden wir eine Literatur haben, und dann wird das eine Literatur sein, die die Welt widerspiegelt.

Könnte man vielleicht auch sagen, wenn wir eine Literatur haben, werden wir eine Zukunft haben?
Das ist eine einfache Umkehrung. Natürlich werden wir in der Zukunft auch eine Literatur haben, und wenn wir keine Zukunft haben, werden wir keine Literatur haben.

Was Sie geschrieben haben, hat ja die Kraft der Literatur, sich einzumischen, sehr praktisch unter Beweis gestellt. Ich rechne jedenfalls Ihren Romanen und Essays, Ihrer Publizistik, Ihren Reden und Interviews keinen geringen Anteil an den Veränderungen zu, die in diesem Lande vor sich gegangen sind, an der Wende von 1989. Aber wo sind wir nun angekommen?
Es ist sehr schmeichelhaft, wenn Sie mir sagen, daß das, was ich geschrieben habe, einen Anteil hatte an den Veränderungen in diesem Teil von Deutschland. Sie haben auch recht, wenn Sie die Frage stellen: Was ist daraus geworden? Aber: Die Verantwortung für das, was daraus geworden ist, muß ich ablehnen, denn die Sache ist doch viel, viel komplizierter. Wir haben erreicht, daß das Regierungssystem, das es hier gab, verändert werden mußte, aber wir haben nicht erreicht, daß ein Regierungssystem gekommen ist, das mir akzeptabel erscheint. Denn das, was wir statt des real existierenden Sozialismus bekommen haben, wozu wir zurückgekommen sind, ist der nackte Kapitalismus, und damit

sitzen wir jetzt auf eine Weile fest. Die Frage ist: Hätte es auch anders gemacht werden können? Ich glaube, der historische Fehler war, daß es unter dieser ziemlich dummen DDR-Diktatur nicht möglich war, eine wirkliche politische Opposition zu entwickeln, die ein Modell hätte aufstellen können, das man dann durchsetzen konnte. Statt dessen standen wir am Abend des 4. November da: Das Alte war weg, es war nicht mehr möglich, aber es war nichts grundsätzlich Neues da, das hätte an seine Stelle treten können, und das lag daran, daß es keine Gruppierung gab, keine politische Partei oder auch nur Fraktion, keinen Verein, keinen Klub wie in der Französischen Revolution, oder wie die Bolschewiki 1917, mit einem Gegenmodell. Und so sitzen wir eben mit dem West-Modell fest. Nun können Sie sagen, das Volk hat das gewollt, aber das hieße wieder einmal, das Volk für das, was falsch gemacht wurde, zu tadeln. Wir können uns – Brecht hat davon gesprochen – kein anderes Volk wählen. Das Volk ist eben in den Tagen, als es möglich war, die Dinge zum Positiven zu verändern, nach drüben gegangen zu Aldi, in die Läden, um sich die lange gehegten Konsumwünsche zu erfüllen, und das war alles, was sie im Kopf hatten. Aber das ist ja nicht die Schuld des Volkes, das ist die Schuld der Leute, die dieses Volk vierzig Jahre lang erzogen haben – und zwar nicht zum Denken, sondern zum Gehorchen. Darauf gehen auch die Schwierigkeiten und blutigen Ereignisse zurück, die wir jetzt erleben.

Eine kritische sozialistische Alternative auszubilden, ist ja durch eine Kette von schrecklichen Ereignissen immer wieder unterbrochen worden – die Prozesse von 1937, der Stalinismus, die Ereignisse von 1956, 1968, hier das 11. Plenum, die Reihe ist unendlich lang –, und manchmal wundere ich mich, wie lebenskräftig und notwendig doch der sozialistische Gedanke gewesen sein muß, daß er all diese

Belastungen so lange aushielt. Noch in dem Scheitern von 1989 war er lebendig, denn die Wirklichkeit wurde von großen Gruppen von Menschen an der Idee gemessen, und diese Differenz wurde eingeklagt.

Sie haben recht, aber das ist die Angelegenheit einer Minderheit gewesen. Die Hauptsache, die eingeklagt wurde, war der mangelnde Konsum, das waren die Reisen, all die Dinge, die der Kapitalismus so reichhaltig offerieren konnte, wobei natürlich der bekannte Pferdefuß dabei war, den wir jetzt in den fünf neuen Bundesländern sehr stark zu spüren bekommen: Um konsumieren zu können, muß man sich erst einmal nach der Decke strecken, und das ist sehr schmerzlich, wenn ein Drittel bis die Hälfte der Bevölkerung gar nicht die Möglichkeit hat, irgendeine Decke zu erreichen, nach der sie sich strecken könnte.

Dieses Nebeneinander von Verhalten ist ja charakteristisch, und es ist schon recht oberflächlich, wenn eine Schriftstellerin wie Monika Maron die Leute, die hier leben, als eine dumpfe Masse vorführen zu können meint, die auf süßen Wein und dicke Fleischpakete aus ist. In diesem ehemaligen Land lebt viel mehr, da ist Arbeitslosigkeit für die Menschen ebensowenig selbstverständlich wie die Tatsache, daß viele Frauen keine Chance mehr haben sollen, berufstätig zu sein, oder daß eine Theaterkarte unerschwinglich werden soll.

Der Mensch ist kein einfaches Geschöpf. An einem Tag kann er sich wie ein Tier benehmen, das eben unbedingt zur Tränke möchte – wenn Sie nicht trinken können, sterben Sie –, und anderentags benimmt er sich doch wieder wie ein vernunftbegabtes Wesen, das geistig und seelisch über das hinaus möchte, was ihm bisher geboten wurde. Es ist die Aufgabe des Schriftstellers, glaube ich, den Menschen in all seiner Komplexität darzustellen, das muß uns gelingen. Ich habe wenigstens gelegentlich versucht, das zu tun.

Ihre Bücher sind voller Entwürfe von Zukunft und von Lebensmöglichkeiten, die ich nicht einfach »Utopien« nennen würde, gehen sie doch von sehr realen sozialen, seelischen und politischen Bedürfnissen der Menschen aus. Es hat ja in der Diskussion diese große Verdammung der »Utopien«, der Entwürfe gegeben, nun aber, nicht zuletzt angesichts der Rostocker Ereignisse, mehren sich die Stimmen, die sagen, es geht nicht, daß Menschen in einer Gesellschaft nur materieller Werte leben können.

Es hat eine nach meiner Meinung bewußt geführte Kampagne gegen dieses Etwas gegeben, das man als Utopie oder – schon abwertend – als Utopismus bezeichnet hat. Aber ich halte die Utopie für etwas, auf das man nicht verzichten kann. Aller Fortschritt in der Geschichte der Menschheit wurde durch Leute erzeugt, die an Utopien geglaubt haben. Der erste Mensch, der das Feuer geschaffen hat, hat an die Utopie geglaubt, daß man nicht auf einen Blitz vom Himmel warten muß, sondern daß es bessere, praktischere Wege geben muß, um sich die Hände und den Hintern zu wärmen. Das war auch eine Utopie. Jeder Fortschritt ist auf diese Weise zustande gekommen. Die Frage ist: Was wollen wir? Was wollen wir haben in unserem eigenen Leben, was wollen wir aus unserem Leben machen, und was wollen wir machen aus dem Leben der ganzen Gesellschaft? Darüber muß man sich unterhalten, und das kann man nur tun, wenn man glaubt, daß der Mensch und die Gesellschaft sich entwickeln können. Es gibt natürlich Leute, die wünschen, bewußt oder unbewußt, daß sich nichts verändert. Das sind Leute, die auf dem, was sie besitzen, weiter hocken möchten, und die darauf hoffen, daß der Zinsfuß so hoch ist, daß sie bequem vom Kuponschneiden leben können. Wenn ich genügend Kapital besäße, würde ich auch sagen, das soll mal so bleiben, ich brauche keine Veränderung. Aber die Mehrheit der Menschen gehört nicht zu dieser Klasse von Kuponschneidern, sie gehört auch nicht zu den Politikern, die sich von ihren Diäten und ihrem Einfluß sehr gut ernähren können, und mit dieser Mehrheit der Menschen möchte ich, daß dies und jenes noch verbessert wird, und gelegentlich äußere ich mich dazu.

Literatur fragt ja, was machen wir aus unserem Leben, und stört Leute, die keine Veränderung möchten.
Wir haben ja vierzig Jahre ein System erlebt, das sich nicht sehr gern verändern wollte...

...und da ist der Dissens mit der Literatur natürlich gewesen.
Dabei haben sie die ganze Zeit davon geredet, was sie für eine wunderbare Literatur haben möchten. Nur ist es so, daß sie *dennoch* auch etwas Literarisches erreicht haben, Literatur vorwärtsgebracht haben – das war eben eine sehr dialektische Entwicklung. Diese Kerle haben ja immerhin auch – innerlich widerstrebend – eine Sache wie das Brecht-Theater finanziert, was die jetzigen Herrschaften nicht können, sie haben viele kulturelle Dinge gefördert, natürlich um sich eine Reputation zu schaffen, aber das hatte ja auch seine gute Seite. Man muß die Dinge also von verschiedenen Gesichtswinkeln her betrachten und nicht einseitig aburteilen, genau wie man heute das bestehende System nicht einseitig ablehnen kann, sondern es sich auf seine Möglichkeiten hin ansehen muß, etwa in der Frage der Wahlen. Natürlich sind auch das keine wirklichen Wahlen, aber doch: man kann schon jemanden abwählen, was im System der DDR kaum möglich war. Solche Möglichkeiten sind außerordentlich vorteilhaft, und man soll sie nutzen, soll überhaupt alles nutzen, was die bürgerliche Demokratie zu bieten hat an Mitteln, das Leben zu verbessern.

Was mir an der gegenwärtigen Debatte über die deutsche Situation auffällt, ist auch, daß sie im östlichen Bereich eigentlich nur von wenigen Stimmen bestritten wird. Wenn ich so sagen darf, sind Sie, Stefan Heym, nach wie vor der Einzelkämpfer, der Sie schon in der Vergangenheit waren.

Was mich betrifft, so kann ich nur sagen, ich habe damals versucht, zu sagen, was ich für richtig halte, und ich versuche das heute auch. Ich bin einmal gefragt worden, wie ich mich selber betrachte, und ich habe geantwortet: Ich glaube, ich bin das, was man als einen Regimekritiker bezeichnet hat. Ich war ein Regimekritiker damals, und ich bin ein Regimekritiker heute, nur das Regime ist ein anderes jetzt.

Es ist ja nicht nur so, daß Betriebe plattgemacht werden, ich sehe auch zunehmend die Möglichkeiten, sich artikulieren zu können, geringer werden. Wir kommen bei einer monologischen Situation an, wo die eine Seite spricht und gelegentlich jemand hinzukommen darf, damit es sich nicht ganz so häßlich anschaut.

Sagen wir einmal ganz deutlich: Die Linke hat nur noch wenige Möglichkeiten, sich zu artikulieren. Aber das war immer so, auch in den vierzig Jahren DDR hatte die Linke so gut wie keine Möglichkeit, sich zu artikulieren. Ich mußte das meiste, was ich zu sagen hatte, sozusagen über die Bande transportieren, um einen Begriff aus dem Billardspiel zu verwenden. Ich mußte meine Sachen dem westlichen Radio und Fernsehen zuspielen, damit die das wieder zurückspielten an die Bevölkerung der DDR, und das war nicht immer leicht. Und so ist es auch heute, man muß Mittel und Wege finden, das, was man für richtig hält, auch zu transportieren. Es kostet eine Menge List, wenn man derlei in den offiziellen Medien machen will, aber wo haben es denn die Schriftsteller, die geistigen Arbeiter und die Leute, die etwas Neues zu sagen haben, je leicht gehabt? Wir können uns da, glaube ich, nicht allzusehr beschweren. So schwer es heute ist, so ist es doch leichter, als es war. Natürlich kann sein, daß man in einiger Zeit gar nichts mehr sagen kann. Wir haben ja schon einmal in Deutschland eine Rechts-Diktatur gehabt, und so etwas kann auch wiederkommen, aber im Augenblick ist es noch nicht soweit. Natürlich: Eine Zeitlang war der »Spiegel« sozusagen mein Leib-und-Magen-Organ, ich habe eine Menge Themen dort behandeln können; aber dann war zu, absolut zu, da haben die ihre Linie geändert, und da paßte der Heym nicht mehr ins Bild. Da muß ich halt sehen, wie ich meine Sprüche woanders sagen kann.

Dieses Mundtot-Machen ist nicht nur ein Problem der Intellektuellen, es sieht ja so aus, daß die sozialen Erfahrungen der Menschen eines ganzen Teils von Deutschland, ihre Lebensläufe, ihre Interessen und Ansprüche, außerordentliche Schwierigkeiten haben, in die Öffentlichkeit zu kommen, in die Entscheidungsprozesse, in die Politik. Ich glaube, ein großer Teil der gegenwärtigen Konflikte hängt damit zusammen, daß auf die Dinge, wie sie hier sind, nicht gehört wird.

Ja, genau so ist es. Man muß aber versuchen, das zu ändern. Man muß versuchen, Organisationen, Strukturen zu schaffen, die Stimme der Vernunft – nennen wir es einmal so – hörbar zu machen. Das erfordert natürlich ein bißchen Klugheit, ein bißchen Energie; und Leute, die lange Zeit damit verbracht haben, immer nur gehorsam zu sein, werden es auch jetzt nicht schaffen, denn sie werden auch jetzt wieder versuchen, sich einzugliedern, auf opportunistische Weise mit dem Rücken an die Wand zu kommen. Aber andererseits gibt es eben auch Leute, die ich als meine Bundesgenossen empfinde und die gar nicht so entmutigt sind.

Es ist ja nicht nur ein Problem des Mutes, sondern auch der vorhandenen Möglichkeiten, ich sehe sie hier im Osten schwinden und schwinden...

Das ist richtig, und Sie gehen natürlich von den Fakten *Ihres* Lebens aus, davon, daß Ihre Zeitschrift, die ndl, in ihrer Existenz bedroht ist; das wäre eine Möglichkeit weniger, etwas zu sagen. Sie haben auch völlig recht: das wäre ein Verlust, und wir alle würden es zu spüren kriegen. Aber trotzdem muß man sehen, daß man weiterkommt, daß man Stellen findet, wo man reden kann, und wenn es abends die Kneipe ist, und man sagt denen an der Theke, so und so und so ist es, und überlegt euch mal...

Wenn die Rede ist, daß die Kluft in Deutschland sich vertieft, liegt es wohl auch daran, daß das, was im Osten geschieht, so wenig in seiner wirklichen Gestalt zu Wort kommen kann.

Wenn die Leute sich nicht artikulieren können, dann werden sie Häuser anzünden. Und wenn man ihnen nicht eine demokratische Lösung anbieten kann, eine linke Lösung, dann werden sie nach rechts gehen, werden wieder dem Faschismus folgen, das ist die ganz große Gefahr, die ich sehe, und diese Gefahr wird dadurch noch vergrößert, daß die entscheidenden Medien zusammen mit der Regierung eine ganz merkwürdige Politik treiben, eine Politik, die darin besteht, daß man den alten ökonomischen Mustern unter allen Umständen folgt – auch wenn diese breiten Teilen der Bevölkerung zum Nachteil gereichen –, solange nur eine gewisse Schicht ihre Profite macht. Das wird auf die Dauer nicht gutgehen, damit wird auch die herrschende Schicht Bankrott machen. Wir müssen sehen, was an die Stelle der vorhandenen Strukturen gesetzt werden kann, und mein Vorschlag ist: Neben allem, was man zu den gegenwärtigen Fragen sagt und schreibt, muß man auch darüber nachdenken, was man in der Zukunft machen sollte, also über die künftigen Strukturen. Die Schwierigkeit dabei ist nur, daß alles, was irgendwie nach Sozialismus aussieht, durch das, was in der DDR so lange geherrscht hat, diskreditiert ist. Wir müssen vorurteilsfrei feststellen, was damals brauchbar war, und wir müssen untersuchen, wo die Fehler gelegen haben. Wir müssen herausfinden, was man wieder oder von neuem anwenden kann und was für die Zukunft nicht brauchbar ist. Das wird sehr schwer sein, weil der Mensch dazu tendiert, Fehler zu wiederholen. Und man muß auch gleichzeitig darüber nachdenken, welche neuen Strukturen durch die neuen Entwicklungen in Wirtschaft und in Politik erforderlich werden, und diese dann durchzusetzen versuchen. Das ist, glaube ich, alles, was man zu dem Thema sagen kann.

Interview: Werner Liersch

Die Akte IM Frieda

Januar 1993

Ich war gewarnt worden. Lassen Sie das Zeug lieber ruhen, hatte mir ein höherer Beamter gesagt, der es wissen mußte: Sie werden keine Freude daran haben. Und der Herr Gauck selber, den ich um Einsicht in meine Akten zu einer Zeit schon bat, als es die DDR, unter de Maizière damals, noch gab, informierte mich, wir lebten nunmehr in einer Demokratie, und da käme keiner außer der Reihe an die Reihe, auch ich nicht.

Diese Verzögerung erwies sich besonders insofern als bedauerlich, als nun, nachdem die Geheimnisse der Normannenstraße allen möglichen Leuten zugänglich geworden, neben den zahlreichen prall gefüllten Bänden, die meine MfS-Registriernummer XV/334/66 tragen, auch 37 leere Aktendeckel stehen.

Inzwischen ist die Lektüre der Akten des Ministeriums für Staatssicherheit der einstigen DDR und die zugehörige öffentliche Empörung über deren Inhalt und über das kriminelle Tun ihrer Verfasser zu einem neuen Beruf geworden; kein Bürgerrechtler, der etwas auf sich hält, kein Pastor, der ansonsten gelangweilten Ohren predigt, kein nach Publizität strebender Bänkelsänger ohne entsprechend erregte Auftritte in den elektronischen Medien und tiefsinnige Interviews in den Journalen, und die Demaskierung der inoffiziellen Mitarbeiter, speziell unter der Intelligenzia, hat sich zum allgemeinen Hobby entwickelt.

Dabei war die Stasi, wie man sie abgekürzt nannte, wirklich eine Horrorinstitution, die ins Leben eines jeden im Lande eingriff, spionierend, manipulierend, lähmend und erdrückend. Dieses Gebilde, Mafia und Staat in einem, verdient es, von wirklicher Meisterhand dargestellt zu werden, auch und gerade in seinen Details: wie es hervorkroch und aus welchem Schleim, und tröpfchenweise sein Gift verspritzte bis in die letzten Winkel der Seele, und zunichte machte mit List und Bedacht, was einst als ein weltgeschichtliches Experiment geplant war.

So lese ich denn die Akte XV/334/66 weniger als ein Stück mich betreffenden Klatsches – welchen Geheiminformanten sie mir zugeschickt und welche Amateur-Spionin sie mir ins Bett praktiziert und welchen meiner Freunde sie abgeschöpft und wie viele meiner Briefe sie abgefangen und was für Gespräche sie mitgehört haben –, denn als eine Fallgeschichte, die Teil ist der Geschichte des Zusammenbruchs eines großen sozialen Versuches, der, mit viel Glück und Weisheit und Freundlichkeit, vielleicht hätte gelingen können.

Dem Denken der Stasi liegt eine Art Massenparanoia zugrunde, die Tausende von wohlbezahlten, relativ gut ausgebildeten Polizeioffizieren und deren Untergebene ergriffen hatte. Paranoia, laut Lexikon eine »Wahnkrankheit (Liebes-, Größen-, Verfolgungswahn), bei der die Kranken oft in ihrer Persönlichkeit wohlerhalten sind. Der Wahn«, so heißt es da weiter, »ist meist zu einem in sich logischen System ausgebaut und durch Gegeneinwände nicht zu entkräften.«

In meinem Fall ist das Objekt dieser Paranoia ein Autor, dem man, für den Dienstgebrauch, den Decknamen »Diversant« gegeben hat und dem man nachzuweisen bemüht ist, daß er, in seinen Schriften, Reden, Interviews und sonstigen Äußerungen, ja sogar in seinem Schweigen, Hochverrat begeht an der DDR und deren Führung, und am Sozialismus. Immer wieder findet sich in seiner Akte der Vermerk, der und der verbrecherische Tatbestand sei nun aber erfüllt, und es werden die Paragraphen aufgezählt, denen zufolge man ihn vor Gericht stellen und aburteilen könne.

Daß man mich nur zweimal zu Geldstrafen verurteilte – einer geringfügigen und einer sehr viel höheren –, sich sonst aber damit begnügte, mir und den Meinen Schwierigkeiten zum Teil sehr übler Art zu machen und zu versuchen, unser persönliches Leben zu zerstören, liegt wohl daran, daß ich mich nie gescheut habe, mich meiner Haut zu wehren, und daß mir gute Menschen, auch mir unbekannte, zur Seite standen, und daß ich, als Autor wie als politischer Mensch, einen Ruf besaß, der über die Grenzen des Landes hinausging.

Und daß man wußte, daß ich, trotz allem, an den Grundgedanken des Sozialismus festhalten würde.

Als ich, einige Zeit nach den blutigen Ereignissen in Ungarn, Georg Lukacs in Budapest besuchte, sagte er mir, ich sei der erste Schriftsteller aus der DDR, der es gewagt hätte, zu ihm zu kommen. Wir saßen in seinem Arbeitszimmer in dem Haus am Kai, mit dem Ausblick auf die Berge am andern Donauufer und auf das Siegesdenkmal – er hinter und ich neben dem Schreibtisch –, und warteten auf den Tee. Alsbald brachte die Haushälterin, ein sichtlich vom Dorf stammendes Weiblein bereits in den Jahren, Kanne und Tassen und stellte alles auf den Tisch.

»Das ist«, sagte Lukacs, »meine Aufpasserin von der Geheimpolizei.«

»Und warum«, fragte ich ihn, »werfen Sie sie nicht hinaus?«

»An diese bin ich gewöhnt«, antwortete er, »und die nächste wäre auch wieder von der Behörde.«

Nach diesem Gespräch mit Lukacs kann ich nur staunen, daß in sieben langen Jahren, bis zum Ende ihres Arbeitsverhältnisses bei uns, weder meiner Frau noch mir je der Gedanke kam, daß unsere Frieda außer uns beiden noch eine andere Dienstherrschaft haben könnte und daß sie, wie die in meiner Akte sorgfältig bewahrten Quittungen zeigen, zwei Gehälter erhielt, dazu reichlich dosierte Leistungsprämien, und gelegentlich auch Sachwerte aus dem Haushalt, die sie sich allerdings selber verschaffte.

Wie tumb, könnte der Leser nun fragen, muß einer sein, daß er nicht merkt, welch Laus er da in seinem Pelz sitzen hat?

Zu meiner Entschuldigung kann ich nur anführen, daß es in der DDR jederzeit Arbeit für alle gab, und daß man daher froh war, eine Person gefunden zu haben, die brav jeden Morgen kam und den Haushalt tagsüber ein bißchen in Ordnung hielt, sodaß das Ehepaar H. seine eigentliche Arbeit, das Schreiben von Büchern respektive Filmen, verrichten konnte. Außerdem war, wie der Leser der Akte IM Frieda, die wiederum Teil der Akte XV/334/66 ist, feststellen wird, besagter IM Frieda (ein IM ist immer ein Maskulinum, die Stasi war ein Männerverein), von seinen Führungsoffizieren darauf abgerichtet worden, das Vertrauen besonders des Hausherrn zu erringen, sodaß, selbst als meine Frau unsere Perle schon loswerden wollte, ich immer noch sagte »Aber was willst du, sie klauen doch alle!« und »Wenigstens läßt sie sich nicht dauernd krankschreiben«. Denn, das bekam meine Frau – Deckname »Film« – natürlich eher zu spüren als ich; je länger IM Frieda im Hause tätig war, desto weniger tat sie. Frieda entwickelte einen begreiflichen Stolz auf ihren zweiten, ihren Agentenberuf, und die Genossen Führungsoffiziere bestärkten sie noch in ihrem neuen Standesbewußtsein: wie konnte man rechtens von Mata Hari fordern, daß sie den Scheuerhader schwinge?

Das Bemerkenswerte an der Akte IM Frieda ist ihre sozusagen naturgegebene literarische Form. Hier ist eine abgerundete Geschichte, in sich geschlossen; das hat Anfang und Ende; da ist Aktion, die ohne Firlefanz erzählt wird und ohne Getue und Gerede, und es wird ein wirklicher Charakter gezeigt in seiner Entwicklung, von unbedarfter Kleinbürgersfrau zur Spionageagentin, und zwar einer Agentin mit respektabler Eigeninitiative und selbständigen analytischen Fähigkeiten. Fast möchte man sympathisieren mit ihr und ihren Auftraggebern, als die Sache plötzlich in sich zusammensackt – und zwar, wie auch besonders betont wird, ohne Schuld der Hauptperson.

Es war alles so perfekt gelaufen, bis meine Frau sich durchsetzte und ihr kündigte; die Genossen Führungsoffiziere trafen sich regelmäßig mit ihr und empfingen die gesammelten Schnipsel aus dem Papierkorb und die gesammelten Neuigkeiten über Feste und Gäste; und nun, plötzlich, war es aus mit der Gemütlichkeit und man mußte, um »Film« und »Diversant« weiter unter OPK, unter operativer Kontrolle, zu halten, neue, komplizierte Maßnahmepläne erdenken; und tatsächlich wurden die Maßnahmen der Behörde nach IM Friedas Abgang auch immer bösartiger.

Denn dies war nicht irgendeine Polizei. Dies war ein Verein psychologisch geschulter Leute, die, um die Menschen zu beherrschen, mit deren Emotionen hantierten, mit ihren Ängsten, ihren Wünschen, ihrem Ehrgeiz – weshalb die Akten und Aufzeichnungen der Stasi auch heute noch für soviel Konfliktstoff sorgen.

IM Frieda ist da ein Musterfall. Natürlich spielte Geld eine Rolle, Geld erfüllt Sehnsüchte. Aber viel wichtiger noch als Geld ist der Auf- und Umbau der Persönlichkeit, der vorgenommen wird, damit diese für die Zwecke der Behörde verwendbar werde. Der Satz, der am Anfang eines jeden Berichts über eine Zusammenkunft des Führungsoffiziers mit dem IM steht, »Der IM war während des Treffs aufgeschlossen und ging auf alle aufgeworfenen Fragen bereitwillig ein«, ist mehr als Formelkram; er ist ein psychologischer Befund.

Bis zu ihrer Entdeckung durch die Behörde war Frieda ein Vakuum gewesen, ein weißes Blatt, auf welches ihr unerfülltes Leben ein paar allgemeine Ressentiments eingezeichnet hatte, kaum mehr. Die Genossen schenkten ihr als erstes etwas, was ihrem Herzen wohltat: Vertrauen. Man war zugleich Priester und väterlicher Freund und augenzwinkernder Mitverschworener, man vertraute ihr an, welch Probleme der Abschnittsbevollmächtigte der Polizei hatte in ihrem Kiez, und fragte beiläufig, ob sie, die doch auch nur das Wohl der Bevölkerung wünschte, da nicht mit ein paar Informationen aushelfen könnte, streng vertraulich, aber ja. Und nach und nach erfährt sie immer mehr von den Sorgen ihrer neuen Bekannten, und der Staat, mit dessen Vertretern, netten und verständnisvollen Leuten, wie sie doch sähe, sie hier spräche, wäre doch eigentlich ihr, der einfachen Menschen, Staat, der leider mitunter gefährdet sei von Typen, die sich wer weiß wie groß und bedeutend vorkämen und nicht genug kriegen könnten von den guten Dingen des Lebens und immer weitere Privilegien forderten und im Grunde nur solch ehrlichen Arbeitern wie ihr auf der Tasche lägen, Typen also ganz ähnlich denen, in deren Haus sie nun die niederen Dienste versähe.

Man markierte also Klassenbewußtsein, und traf bei dem prospektiven IM, Frieda geheißen, auf einen Nerv, der bereits sensibilisiert war, durch frühere Erfahrungen vielleicht, oder durch unerfüllte Begierden, oder irgendeine seelische Verletzung, die sie einst erlitten; wer will das wissen.

Und systematisch motiviert man sie weiter; man zeigt ihr, wie sie gefahrlos erfahren und beschaffen kann, was die Behörde interessiert, man lobt ihre Gelehrigkeit, man geizt auch nicht mit materieller Anerkennung; vor allem aber läßt man sie erleben, wer sie nun ist: eine Vertrauensperson der Staatsmacht, eine Kämpferin an der geheimen Front.

Und wirklich scheint es, als hätte ihre neue Dienstherrschaft in der Tat ein schlechtes Gewissen ihr gegenüber: man behandelt sie nämlich ganz anders, als sie es erwartet hat, man bittet, statt anzuordnen, man ißt mit ihr am gleichen Tisch, man unterhält sich mit ihr, oft über Dinge, die sie verwerten kann für ihre Berichte bei ihren Treffs, und wenn Besuch kommt, werden die Besucher ihr von der Gastgeberin vorgestellt, damit sie, die Serviererin, die Frau aus dem Volke, sich nur ja nicht ausgegrenzt fühle. Die Herrschaft hegt auch nicht das geringste Mißtrauen ihr gegenüber; IM Frieda kann, ohne Entdeckung fürchten zu müssen, Papierkörbe, Schreibtische, Schränke durchwühlen, kann, unter Anwendung der Vorsichtsmaßnahmen natürlich, die man ihr beigebracht, Briefe, Tagebücher, ja, ganze Romanmanuskripte zur Behörde schleppen, wo sie kopiert, übersetzt, und nach subversiven Gedanken durchschnüffelt werden, und sie lernt die Fertigung von Wachsabdrücken, sodaß die Genossen von der geheimen Polizei Nachschlüssel herstellen und nicht nur das Haus des Autors jederzeit betreten, durchsuchen und verwanzen, sondern sogar seinen Safe öffnen können, wie IM Frieda übrigens auch.

Kein Wunder, daß sie hochgeschätzt wurde von der Behörde und ausgezeichnet mit einem Orden der Nationalen Volksarmee samt eigenhändig unterschriebener Widmung vom Minister für Staatssicherheit, dem Genossen Mielke.

Was den Wahrheitsgehalt der persönlichen Berichte von IM Frieda betrifft, so kannte man in früheren Zeiten ein Wort dafür: Dienstmädchentratsch. Auch daran ging dieser Staat, auf den ich lange Zeit meine Hoffnungen setzte, zugrunde.

Rede zur Verleihung des Literatur-Preises in Jerusalem

17. März 1993

Herr Bürgermeister, meine Damen und Herren!

Ich bekenne, daß mir die Augen feucht wurden, als ich erfuhr, daß Ihre Jury mich zum Träger des diesjährigen Jerusalem-Preises gewählt hat.

Jerusalem! Jerusholayim! Die Stadt Davids, deren Bewohner, auf Anordnung des Königs Salomo, den großen Tempel errichteten, und entlang deren Via Dolorosa der Rabbi Joshua, welchen die Griechen Jesus nannten, sein schweres Kreuz trug und vor einem Schusterladen dort gerade lange genug stehenblieb, um dessen Eigentümer, einen armen Juden namens Ahasver, zu verurteilen, auf dieser Erde zu wandern bis zum Tag des Jüngsten Gerichts. Jerusalem, das ebensosehr die Schöpfung eines Dichters ist, mit einer wundersamen Wirkung auf die Seelen der Menschen – meine eigne Seele darunter –, wie eine wirkliche Stadt mit Häusern und Straßen und Verkehrsstau, mit einem Bürgermeister sogar, und mit einem nach ihr genannten Literaturpreis, der, so erfuhr ich, in der ganzen Welt anerkannt ist.

Diesen Preis aus Ihren Händen zu empfangen ist mir daher mehr als eine Ehre. Für mich hat dieser Preis auch eine persönliche Bedeutung. Für mich ist es, als hätte die Stätte der Handlung mehrerer meiner Bücher, dieses Jerusalem eben, plötzlich eine Stimme erhalten und spräche zu mir: Danke schön, mein Junge, daß du so viel Zeit und Mühe verwendet hast, mich zu beschreiben – in meinen Lumpen wie in meiner Glorie, mit meinen Bettlern wie mit meinen Königen, meinen Schurken, meinen Propheten und meinen Schriftstellern.

Unter den letzteren befand sich ein gewisser Ethan ben Hoshajah, in der Bibel erwähnt als der zweitweiseste Mann in Israel, und Redaktor, von König Salomo berufen, des *Einen und Einzigen Wahren und Autoritativen, Historisch Genauen und Amtlich Anerkannten Berichts über den Erstaunlichen Aufstieg, das Gottesfürchtige Leben sowie die Heroischen Taten und Wunderbaren Leistungen des David ben Jesse, Königs von Juda während Sieben und beider Juda und Israel während Dreiunddreißig Jahren, des Erwählten Gottes und Vaters von König Salomo*, kurz, des *König David Berichts*, den man gedruckt finden kann in den Büchern Samuel und Könige Eins.

Als am Ende der Arbeit König Salomo und Seine Königliche Kommission fanden, daß Ethan auf verbrecherische Weise gefehlt hatte, und ihn und seine Söhne aus Jerusalem verbannten, und als er, beschimpft und verhöhnt von dem Gesindel am Tor der Stadt, auf der Anhöhe stand, von der aus man auf den Bach Kidron hinabblickt, und er die Stadt sah, die sich zu seinen Füßen streckte, wollte er sie verfluchen; aber er konnte es nicht, denn ein großer Glanz des Herrn lag über Jerusholayim im Lichte des Morgens.

Doch was wurde aus dem Schuhmacher, der Jesus Christus von der Schwelle seines Hauses hinwegtrieb und ihm das bißchen Schatten mißgönnte, um den der Rabbi ihn gebeten hatte, nachdem er sein Kreuz einen Teil des steilen Wegs nach Golgatha bereits hinaufgeschleppt hatte in der Mittagshitze? Was wurde aus Ahasver?

Die Legende von Ahasver geht zurück auf die Zeit direkt nach Luthers Reformation in Deutschland. Die Legende versäumt, einen glaubhaften Grund für dieses Schuhmachers Mangel an Mitgefühl anzugeben; sie schildert ihn einfach als einen hartherzigen alten Juden, der den Sohn Gottes haßte wie alle Juden nach dem allgemeinen Glauben jener Zeit es taten, und später auch; und Ahasver, der ewig wandernde Jude, wurde zum Gleichnis und Symbol aller Juden, die nirgendwo hingehörten und von Ghetto zu Ghetto getrieben wurden, bis nach Auschwitz.

Aber so sehe ich den Ahasver nicht. Ich sehe ihn vielmehr als einen alten Bekannten des Jesus, dessen Beziehung zu ihm zurückreicht auf den sechsten Tag der Schöpfung, als sie beide gegenwärtig waren, Jesus natürlich als seinem Vater eingeboren, und Ahasver schwebend neben dem alten Lästermaul Lucifer, einem jener Engel, die aus dem Himmel gestürzt worden waren, weil sie gewagt hatten, den lieben Gott wegen der schludrigen Arbeit, die er bei der Erschaffung des Menschen aus einem Stück Dreck und verschiedenen anderen Proteinen geleistet hatte, zu kritisieren.

Und wenn ich mir die Kapriolen der Heutigen gründlicher besehe, neige ich dazu, die Meinung jener gefallenen Engel gar nicht so falsch zu finden und zu glauben, daß Ahasver, indem er herumwandert und versucht, Gottes nicht recht gelungene Schöpfung wenigstens stellenweise zu verbessern, keineswegs als eine entwurzelte, obdachlose arme Seele betrachtet werden sollte, sondern als das Urmodell und der Erztyp eines Revolutionärs; und daß er Jesus nicht von der Tür seines Schusterladens auf der Via Dolorosa wies aus irgendeiner kleinbürgerlichen Furcht, er könnte mit den römischen oder rabbinischen Behörden in Schwierigkeiten geraten, sondern weil er dem Jesus während seines kurzen Halts auf dem Weg zur Kreuzigung gesagt hatte, daß er ein Schwert des Herrn besäße, und daß Jesus es ergreifen und aus der Scheide ziehen und das Volk anführen möge in einem großen Endkampf. Aber Jesus war bereits entschlossen, sich für die Sünden der gesamten Menschheit ans Kreuz nageln zu lassen; und Sie, meine Hörer, und ich kennen die Resultate dieser taktischen Fehlentscheidung.

Ich glaube an das Ahasverische Prinzip der Dialektik. Ich glaube an den ewigen Rebellen, den Ahasver, der, obwohl immer wieder zu Boden geschlagen durch die Kräfte der Reaktion und der Barbarei und durch die Unmenschlichkeit des Menschen seinem Mitmenschen gegenüber, sich trotzdem erhebt, um den ewigen Kampf wieder aufzunehmen für das neue Utopia.

Und ich glaube, daß ich im Lauf meines Jahrhunderts genügend Gelegenheit hatte, die Manifestationen des Ahasver mitzuerleben. Hatte er sich denn nicht gezeigt während des Aufstands im Warschauer Ghetto, als Juden zum ersten Mal zurückschlugen in bewaffnetem Kampf gegen die Nazi-Unterdrücker, wenn auch nur wenige Tage lang? Und war er denn nicht gegenwärtig gewesen an jenem Tag im Mai 1945, als die Trompeten erschallten zum Sieg über Hitlers Heere und es aussah, als sei die Welt endlich auf dem Weg zu einem Regime von Frieden und Freiheit und Gerechtigkeit und Gleichberechtigung für alle?

Jedenfalls war es das, wofür wir gekämpft hatten, die Gefolgsleute des Ahasver, mit der Feder und mit dem Gewehr, in den Jahren, als die Nazis über Europa herrschten und sich anschickten, ihren Faschismus auch über dessen Ufer hinweg zu verbreiten; aber jetzt würde die Menschheit eine neue Chance erhalten.

Dies Intervall von Hoffnung und Glück – während dessen, notabene, auch der Staat Israel entstand – war leider nur allzu kurz. Die zwei Großmächte, die während des Kriegs gegen die Nazis in einer Front standen, verfeindeten sich bald und bildeten zwei feindliche Lager, ein jedes ausgerüstet mit atomaren Waffen und ein jedes seinen jeweiligen Gegner als den

Inbegriff allen Übels darstellend; und wieder waren die Menschen gezwungen, in Angst und Furcht zu leben.

Noch einer jener Ahasverischen Momente ereignete sich 1989, als eines der beiden großen Lager – nämlich jenes, dessen soziales System anfangs eine so glorreiche Vista eröffnet hatte – zusammenbrach unter dem Gewicht seiner verknöcherten Strukturen und die Mauer, die es von der anderen Hälfte der Welt getrennt hatte, zu Fall gebracht wurde durch die Reden von ein paar Intellektuellen und die Hohnrufe von ein paar tausend jungen Leuten, wie die Mauern von Jericho einst gefallen waren durch die Trompeten Israels.

Und wieder folgte ein nur allzu kurzes Intervall von Freude und Erleichterung – während dessen die Leute glaubten, daß die Ideen des Sozialismus verschmolzen werden könnten mit den Träumen von individueller Freiheit, und daß ein System geschaffen werden könnte, in welchem beides, die unveräußerlichen Rechte des einzelnen und die Garantie sozialer Gerechtigkeit für alle, miteinander vereinbart werden könnten in einer neuen Form von Demokratie; aber wieder obsiegten der Egoismus der Menschen und ihre Gier nach der schnellen harten Mark, und statt das Recht auf Arbeit und auf Freiheit von Ausbeutung zum Grundgesetz des Gemeinwesens zu erheben, wurde die Herrschaft des stärksten Ellbogens, die im Westen seit je dominierte, nun auch östlich der früheren Mauern wiederhergestellt, mit Folgen, die heute ein jeder selber beobachten kann.

Und statt unter der Drohung eines einzigen großen Atomkriegs mit dem darauf folgenden Ende der Zivilisation leben zu müssen, sind wir jetzt Zeugen zahlloser Stammeskriege, die mit wahrhaft mittelalterlicher Leidenschaft und mittelalterlicher Grausamkeit ausgefochten werden; und der Witz ist, daß auch diese Kriege, dank der Raubgier der internationalen Waffenmafia, noch atomar werden könnten.

Das Problem des Schriftstellers Ethan ben Hoshajah war, daß die Wahrheit, die er aufgrund seiner Nachforschungen erkannte, und die Wahrheit, die König Salomo zu lesen wünschte, zwei verschiedene Dinge waren. Ethan glaubte, er könne seine Wahrheit durch Klugheit temperieren und sie, dennoch, ein Wörtchen hier und ein Wörtchen da, durch seinen Text hindurchscheinen lassen. Aber selbst diese vorsichtige Verfahrensweise genügte, um die amtlichen Falschheiten zu entlarven und den Autor dem Zorn des Königs und des königlichen Anhangs auszusetzen.

Männer wie Ethan tauchen in der Geschichte der Literatur immer wieder auf; ihr Wesen hat etwas Ahasverisches; ihre Worte bereiten den Boden vor für Veränderungen und Revolutionen, obwohl die Entwicklungen, die sie in Gang zu setzen helfen, nicht immer die sind, welche sie sich vorgestellt hatten und anstrebten. So erwies sich der Zusammenbruch der Berliner Mauer, den so viele herbeiwünschten, keineswegs als ein reiner Segen, und wir wissen immer noch nicht, was das endliche Resultat des Aufruhrs am Brandenburger Tor sein wird, dem die Medien damals so viel Beifall zollten.

Sie hier wissen natürlich, daß Berlin nicht die einzige geteilte Stadt in der Geschichte war. Lange vor dem geteilten Berlin gab es ein geteiltes Jerusalem; und ich erinnere mich genau des Tages, als ich oben auf dem Mandelbaum-Tor stand und zusehen durfte, wie es zum Zweck eines Kriegsgefangenen-Austauschs geöffnet wurde, und ich Zeuge war, wie die Königlich Transjordanische Legion in all ihrer königlichen Pracht auf der anderen Seite aufmarschierte, um die lange Reihe arabischer Gefangener in Empfang zu nehmen, welche von Israel ihr ausgehändigt wurden; und dann sah ich, wie von der anderen Seite her die Handvoll israelischer Soldaten, welche die Araber gefangen genommen hatten, in ihrem abgetragenen und geflickten Khaki, doch in bester Disziplin, auf das Tor zumarschiert kam; und obwohl ich kein Zionist bin und auch nie einer war, gebe ich zu, daß ich in dem Augenblick ein bißchen stolz war auf den Sieg des kleinen David über den großen Goliath.

Nun ist es kein Geheimnis, daß Sie hier in Jerusalem Ihre Probleme mit Ihrer wiedervereinigten Stadt haben: um die Widersprüche zu erkennen, die Sie lösen müssen – am besten gewaltlos, natürlich –, genügt es, einen Blick auf die Kuppel der Al-Aksah-Moschee zu werfen, die auf dem Plateau errichtet wurde, wo Salomos Tempel einst stand, und einen zweiten Blick auf die orthodoxen gläubigen Juden, die vor den riesigen Steinquadern trauern, dem letzten Rest des ursprünglichen Tempels, und einen letzten Blick auf den lärmenden Basar entlang des Wegs, entlang dessen der Rabbi Joshua sein Kreuz nach Golgatha hinauftrug.

Der Prozeß der Wiedervereinigung von Berlin, den ich aus der Nähe zu betrachten in der Lage bin, unterscheidet sich von dem Jerusalems vor allem dadurch, daß Sie es in Berlin nicht mit zwei seit Urzeiten vorhandenen Gemeinschaften zu tun haben, jede mit ihren eigenen nationalen, ökonomischen und kulturellen Traditionen. Berlin, anders als Jerusalem, wird in der Hauptsache nur von einem Stamm bewohnt, dessen Angehörige dieselbe Art Bier trinken und dieselbe Art Wurst essen und dieselben Hochzeitsriten befolgen, obwohl die Westberliner, nach der Wiedervereinigung, eine neue Form von, zumeist finanziellem, Kannibalismus an ihren Ostberliner Brüdern und Schwestern praktizieren.

Nur ein Merkmal ist unglücklicherweise beiden, dem vereinten Jerusalem und dem kürzlich wiedervereinten Berlin, gemeinsam: Rassenhaß.

Als Gast Ihrer Buchmesse und zugleich Ihrer alten und berühmten Stadt habe ich kein Recht, Ihnen das zu geben, was man in meinem Elternhaus in dem früheren Königreich Sachsen als *Eitzes* bezeichnete. Aber ich bin nicht nur ein Romancier mit gelegentlichen Ausrutschern ins Politische: ich bin auch, seit fast sechzig Jahren, Teilnehmer und Beobachter der Ereignisse unsrer zeitgenössischen Geschichte.

Und indem ich, mit mehr als Sympathie, Ihr Leben in Israel beobachte und Ihre Bemühungen, einfach am Leben zu bleiben, bekenne ich Ihnen mein Gefühl tiefster Sorge. Von Beginn ihres Staates an waren die Bürger Israels mit der Tatsache konfrontiert, daß es in diesem Teil der Welt wesentlich mehr Araber gibt als Juden, und die bisherige Geschichte Israels erwies sich als ein einziger langer Balanceakt gegen diese Tatsache. Und jetzt, da das nach Weltkrieg zwei in Potsdam zusammengeleimte Weltgleichgewicht durch den Fall der Berliner Mauer und das abrupte Ende des Sowjet-Imperiums ausgehebelt wurde, scheint es mir, daß der große israelische Balanceakt noch schwieriger geworden ist.

Aber schon seit ich ein paar kurze Monate nach der Gründung des Staates Israel zum ersten Mal israelischen Boden betrat, war ich der Meinung, daß eine sichere Zukunft für Ihren Staat nur erreicht werden kann, wenn Sie Hand in Hand mit den Arabern arbeiten, die rings um Sie herum leben; und obwohl Sie Ihre Kriege, siegreich meistens, gegen die Araber geführt haben, ist ein bewaffneter Frieden mit seinem täglich vergossenen Blut – arabischem wie israelischem Blut – überhaupt kein Frieden; und ich glaube, daß mein alter Gedanke da vielleicht helfen kann, der mir kam, als ich oben auf dem Wasserturm jenes Kibbuz stand – Sie werden den Namen des Kibbuz wissen –, von dem aus man nach Osten hin mit nacktem Auge die transjordanische Grenze und am westlichen Horizont das graue Ufer des Mittelmeers erkennt: *Israel kann Frieden nur* mit *den Arabern und nicht* gegen *sie haben, und es kann, nein, es muß sogar, technisch, ökonomisch, geistig, eine führende Rolle im Ensemble der Völker des Mittleren Ostens spielen.*

Jetzt, da die alte zweigeteilte Welt eine Sache der Vergangenheit ist, glaube ich, daß es eine Chance für diesen Frieden gibt. Ich spüre, daß Ahasver wieder nahe ist und uns eine große Veränderung verkündet – zum Guten, hoffe ich.

Ich danke Ihnen.

Warum kandidiere ich?

Februar 1994

Warum trete ich zur Wahl für den Bundestag an, noch dazu auf der Offenen Liste der PDS?

Ich bin Schriftsteller. Man kann Literatur nicht vom Leben trennen und Leben nicht von der Politik; daher hat denn alles, was ich geschrieben habe, auch einen politischen Inhalt; bei mir handelt dieser von Freiheit und sozialer Gerechtigkeit.

Wenn nun Menschen mir heute anbieten, mich für den Bundestag zu nominieren, damit ich sie dort vertreten kann, und zugleich mit ihnen die Ideen, für die ich immer geschrieben habe, so fühle ich mich verpflichtet, das Angebot anzunehmen.

Das Angebot kommt von der PDS, der Partei, die sich als Partei des Demokratischen Sozialismus bezeichnet. Für Demokratie und Sozialismus bin auch ich stets gewesen, und ich bin es noch. Insofern ist da Übereinstimmung.

Ich war mein Leben lang in keiner Partei, und ich werde auch der PDS nicht beitreten. Ich kandidiere als Unabhängiger: wo ich derselben Meinung sein kann wie die PDS, in Ordnung; wo nicht, werde ich zu meiner eigenen Meinung stehen, laut und deutlich.

Die alte SED hat mich zensieren, observieren, schikanieren lassen; die Stasi hat mich in ihren Akten als »OV Diversant« geführt, für sie ein böses Schimpfwort.

Wenn die PDS mich nun als Kandidaten auf ihrer Offenen Liste haben möchte, signalisiert sie damit nicht nur, daß ihre Mitglieder ein wesentlich anderes Verhältnis zu mir gefunden haben, als die verkrusteten Genossen von damals es hatten. Sie macht erkennbar, daß sie sich in einem Prozeß innerer Wandlung befindet, der noch nicht abgeschlossen ist, und ausbrechen möchte aus der parlamentarischen Isolierung, in welche die anderen Parteien sie gezwängt haben, und umdenken und umlernen, und zu einer echten, starken, linken Opposition werden.

Eine solche Opposition wird gebraucht in diesem Lande gegen die etablierten Parteien, wo immer die sich den Nöten der Menschen verschließen; und sie wird gebraucht gerade jetzt, wo der rechte Ungeist überall aggressiver wird.

Am nötigsten aber erscheint mir eine Opposition der Art im Interesse der Bürger der DDR.

Der Akt, der zwei gleichberechtigte deutsche Staaten hätte vereinen sollen zu einer neuen Bundesrepublik, ist schief geraten, und das Wirtschaftswunderland, in das uns der Dr. Kohl zu bringen versprach, hat sich als nicht so wunderbar erwiesen; die Krise ist zwar gesamtdeutsch, aber besonders schwierig und grausam im Osten, wo die Menschen ärmer sind als auf der anderen Seite und mehr Angst haben müssen um das Dach überm Kopf und die eigene Zukunft und die ihrer Kinder; im Westen hat keine Treuhand gewütet und sogar der Asbest führt dort nicht zum Abriß von Bauten, die den Menschen etwas bedeuten.

Ich bin gegen den Alleinvertretungsanspruch der westdeutschen Politikerkaste. Sie macht mich politikverdrossen. Und sie zwingt mich gerade deshalb, für den Bundestag zu kandidieren.

Machen Sie's nun, Herr Heym, oder nicht?
Interview »Die Woche«

17. Februar 1994

Den Medien zufolge betreiben Sie in letzter Zeit »psychological warfare«, also psychologische Kriegsführung. Was muß man sich darunter vorstellen?
Eine Weile gab es viel Gerede darüber, daß ich eingeladen wäre von der PDS, auf ihrer Offenen Liste zu kandidieren, und alle haben gefragt: »Machen Sie's nun, Herr Heym, oder machen Sie's nicht?« Das Ganze hätte durchaus eine Art *psychological warfare* sein können, um die Sache spannend zu machen. Aber das war es nicht – eine geplante Kampagne sieht anders aus.

Damit haben Sie ja Erfahrung.
Das kann man sagen.

In Ihrer Autobiographie haben Sie berichtet, Sie hätten als US-Sergeant die Kriegsziele der Amerikaner erfinden müssen, als Sie das Flugblatt zu schreiben hatten, mit dem die deutsche Bevölkerung auf den Einmarsch der amerikanischen Truppen vorbereitet werden sollte.
Das war tatsächlich so.

Es ist jetzt aber nicht so, daß Sie »Kriegsziele« für die PDS erfinden müßten?
Nein, die wissen das schon. Die PDS hat ja ein Parteipro-

gramm, das ich auch mal durchgelesen habe. Das ist ziemlich breit gefächert und klingt ganz vernünftig. Wenn Sie das als »Kriegsziele« bezeichnen wollen, ist das Ihr Geschäft, nicht meines.

Dem Programm der PDS gegenüber bestimmen Sie Ihre ganz eigene Position, haben Sie gesagt.
Ja, natürlich. Und ich könnte mir vorstellen, daß es da irgendwann auch Konflikte gibt.

Können Sie absehen, in welchem Bereich solche Konflikte liegen könnten?
Absehen kann ich das nicht, aber es gibt natürlich innerhalb der PDS Gruppen, die ziemlich sektiererisch sind.

In allem, was über Sie geschrieben wurde, findet man immer wieder die Formulierung vom »Bruch mit der Macht«.
Indem ich mich einer Partei zur Verfügung stelle, die sicher in Opposition sein wird gegen die etablierten Parteien, stelle ich mich natürlich gegen die in diesem Lande vorhandene Macht. Von einem »Bruch« kann man aber kaum reden, denn ich war ja weder auf Seiten der CDU noch verschwistert und verschwägert mit der SPD – obwohl die mir sympathischer war und ist als die CDU. Dabei muß ich allerdings sagen, daß es in der CDU einige Leute gibt, mit denen ich mich durchaus vertragen könnte.

Bereits 1983 haben Sie in einer vielbeachteten Rede das Thema »Wiedervereinigung« auf die Tagesordnung gesetzt, sehr viel früher also als etwa der daraufhin heftig angegriffene Martin Walser.
Ich kann sagen, daß ich die meisten Dinge etwas früher gesagt habe als andere Leute. Zum Beispiel wußte ich, daß die Deutschen ein Volk sind und daß sich das irgendwann

auswirken würde. Aber natürlich habe ich nicht erwartet, daß das in dieser Form geschehen würde und mit diesem – immerhin auch nur vorläufigen – politischen Ergebnis. Da wird sich ja noch manches ändern.

Sie sagten damals, die Frage der Wiedervereinigung müßte zum Thema werden, »oder sie wird uns entrissen werden von Gruppen, mit denen keiner von uns gern zu tun haben will, und zu einem Zeitpunkt, da wir am wenigsten darauf vorbereitet sind«.
Sehen Sie, der Prophet!

Ist ein neuer Diskurs über Deutschland nötig?
Natürlich. Wir müssen doch wissen, was aus dem Lande werden soll! Denn wenn es so weitergeht, wie es im Augenblick läuft, dann könnte es durchaus sein, daß wir Zustände bekommen, die, sagen wir mal, zu Jugoslawien analog sind.

Bürgerkrieg in Deutschland?
Bürgerkriegsähnliche Zustände, ja. Denn wenn die Rechts-Jugend weiter so arbeitet wie bisher, dann wird die linke Seite reagieren, und das sind dann nicht die lieben demokratischen Leute, die wir in der PDS haben.

Gegen solche Befürchtungen könnte man einwenden, daß wenigstens die Alt-Bundesrepublik mittlerweile jahrzehntelang demokratische Tradition hat.
Ich glaube nicht, daß die alte Bundesrepublik eine genügend lange oder genügend tiefsitzende Demokratietradition hat, um garantieren zu können, daß keine Unfälle passieren.

Das klingt wie eine Beschwörung der Weimarer Republik in ihrer Endphase.
Ich sehe diese Gefahr durchaus, und ich habe Angst da-

vor. Einer der Gründe, weswegen ich eingewilligt habe zu kandidieren, ist, daß ich helfen will zu verhüten, daß dieses Parlament sich so entwickelt, wie sich das Weimarer Parlament entwickelt hat.

Sie sind 1931 von der Schule geflogen wegen eines antimilitaristischen Gedichts, 1979 wurden Sie aus dem DDR-Schriftstellerverband ausgeschlossen, weil Sie den Roman »Collin« im Westen veröffentlicht hatten. Wenn 1995 Ihr neuer Roman erscheint...
...ob ich da auch rausfliege?

Da fragte sich ja, wo?
Wissen Sie, ich glaube, dieses Buch wird vielen Leuten sauer aufstoßen, und zwar mehr auf der linken Seite als auf der rechten. Denn ich habe die Absicht, darin zu beschreiben, warum eine an sich gute Idee in den Händen gewisser Leute so elend kaputtgegangen ist. Man wird sich über eine Kritik an gewissen im Sozialismus sehr mächtig gewesenen Figuren ärgern.

In einem Gespräch im Hinblick auf NS-Deutschland haben Sie sich einmal gefragt, »wie es kommt, daß ein Großteil der Deutschen bei der Sache mitgemacht hat? Was ist da psychisch vorgegangen? War es nur eine Art Zwang, daß man Karriere machen wollte, oder waren da auch Lustgefühle dabei? Und wieviel konnte man unterdrücken, sich selber absichern gegen unangenehme Fakten? Wären das heute auch Ihre Fragen an die ehemaligen DDR-Bürger?
In ähnlicher Weise, ja.

Was wäre zu modifizieren?
Die waren nicht so blutig, die haben keinen Krieg angefangen. Zum Teil waren sie auch kriminell, aber sie ha-

ben nicht Millionen von Menschen umgebracht und vergast. Da muß man doch wohl genau unterscheiden. Aber man muß diese Fragen stellen.

Walter Ulbricht hat einmal von Ihnen gesagt, Sie seien ein »amerikanischer Schriftsteller mit DDR-Paß«. Haben Sie dem etwas hinzuzufügen?
Ich sage immer noch: Ich bin nicht nur ein deutscher Schriftsteller, sondern eben auch ein amerikanischer. Und sehr viel von dem, was ich schreibe, sage und wie ich mich verhalte, ist amerikanisch. Obwohl ich als Knabe gerne so werden wollte wie Schiller.

Interview: Frauke Meyer-Gosau

Zum Tod von Walter Janka

»Berliner Zeitung«, 18. März 1994

Auf meinem Schreibtisch liegt die Kopie eines Briefes an ihn, datiert vom 16. März 1994. Der Text dieses Briefes:

»Lieber Walter,
 ich habe dieser Tage wieder in Deiner Biographie geblättert, und es drängt mich, Dir zu schreiben, was ich Dir längst hätte schreiben sollen – und nicht nur zu diesem Buch: wie dankbar ich (und Inge) Dir sind für Deine Gedanken und Berichte, und Deinen Mut und Deinen Glauben, und für Deine Freundschaft, die uns beiden sehr viel bedeutet.
 Auch wenn Du Dich manchmal über mich geärgert haben magst, nie habe ich beabsichtigt, Dir oder Deiner Lotte weh zu tun; im Gegenteil, ich verehre Euch beide und habe mich immer gefreut, wenn Du Dir die Zeit genommen hast, Dich mit einem meiner Bücher zu beschäftigen, und der Collin ist, trotz dieses oder jenes Mißverständnisses, für das ich Dein Pardon erbitte, ein Zeugnis auch Deines Lebens. Und umgekehrt handelt diese Deine Biographie von so manchem, was auch mich und Inge betroffen hat, und das ich nun wiederfinde.
 Nachts, wenn ich nicht schlafen kann, lese ich Janka. Ich drücke Dir ganz fest die Hand.
 Wie immer,
Stefan«

Der Brief hat ihn nicht mehr erreicht. Zu spät gedacht, zu spät geschrieben. Dabei wußte ich, wie schwer seine Krankheit gewesen; aber immer hofft man, daß der Tod noch ein wenig warten wird, daß er besondere Rücksicht nehmen muß auf besonders wichtige und gute und tapfere Menschen und sie uns noch hierlassen wird, und sei es nur ein paar Tage.

Aber der Tod kennt keine Privilegien, und wenn einer sie noch so sehr verdient hat durch sein Leben. Wen die Götter lieben, könnte man sagen, dem bereiten sie Gelegenheit, sich im Leben zu bewähren. Diesem Gedanken zufolge haben sie den Arbeiterjungen aus Chemnitz ganz außerordentlich geliebt – er durfte sich bewähren, erst im Nazi-Gefängnis, dem er noch entkam, während sein Bruder grausam umgebracht wurde, dann in der Illegalität, dann in Spanien, wo er in den Interbrigaden kämpfte und als Bataillonskommandeur in der republikanischen Armee, und wo er zum ersten Mal dem General Mielke entgegentrat, seinem Intimfeind, dann im französischen Internierungslager; von dort aus gelangte er nach Mexiko und erwarb sich große Verdienste als Verleger anständiger deutscher Literatur, denn aus dem Arbeiterjungen war in der Schule des Lebens ein deutscher Denker geworden mit durchaus eigenen Gedanken und einer Zukunftsvision, die bis zum Tag seines Todes ihn aufrecht hielt – der Vision eines Sozialismus, der mit dem stalinistischen Modell, das in der DDR praktiziert wurde, so gut wie nichts zu tun hatte, einer Vision, die er durch lange Jahre in seiner Partei, erst der Kommunistischen, dann der SED, durchzusetzen suchte.

Mit diesem Traum im Herzen kam er denn dann, als der große Krieg zu Ende war, aus Mexiko zurück in das Territorium, aus dem die DDR werden sollte, und stellte sich dem neuen Staat zur Verfügung und arbeitete mit denen zusammen, die mit der Macht des Wortes helfen sollten, eine Welt ohne Krieg und Unterdrückung zu schaffen, eine Welt sozialer Gerechtigkeit. Und geriet, natürlich, in Konflikt mit der Ulbrichtschen Wirklichkeit.

Nicht daß die Konfrontation von ihm ausgegangen wäre, aber er war das natürliche Opfer: alter Genosse, Westemigrant, Freund von Intellektuellen – mit ihm, so dachten die Melsheimer und Benjamins und Mielke und der große Mann selber, ließe sich wohl ein Prozeß aufziehen, mit dem die Mächtigen, nach bewährtem real-sozialistischem Muster, beweisen konnten, daß nicht eigenes Versagen vorlag, wenn soviel schiefging und die Bevölkerung sich verweigerte, sondern Verräter im eigenen Lager schuld waren, lauter Verschwörer.

Und wieder bewährte er sich. Er gestand nichts von dem, was man ihm vorwarf. Aber es fanden sich welche, die, möglicherweise unter Druck, falsch Zeugnis ablegten gegen ihn: Er sollte sich verschworen haben, den Professor Lukacs aus Budapest als Führer einer Opposition nach Berlin zu holen und den bereits abgeurteilten Genossen Paul Merker an Ulbrichts Stelle zu setzen; und ein hohes Gericht fällte, in Anwesenheit von Menschen, die es besser wußten, sich aber nicht rührten, ein Urteil, das ihn auf Jahre nach Bautzen brachte. Und als er endlich freikam, die Weltgeschichte strafte das Urteil Lügen, bewährte er sich noch einmal: er weigerte sich zu tun, was viele von ihm erwarteten – nein, er ging nicht in den Westen; er blieb und arbeitete weiter in der DDR, diesmal in der DEFA, und bezeugte durch seine lebendige Tat, daß vielleicht noch Hoffnung war für eine bessere Ordnung in Deutschland.

Er kannte keine Schadenfreude, also empfand er den Zusammenbruch der DDR auch nicht als Glück –, wohl aber als Quittung für das Üble, das hier, wie anderen, auch ihm geschehen war, und für die Schändung des Ideals Sozialismus.

Adieu, Kamerad.

Spieglein, Spieglein an der Wand,
wer ist der Stalinist im Land?
Offener Brief an den »Spiegel«

April 1994

Da haben die Spiegel-Leute doch wirklich etwas gefunden gegen den Heym, in »bisher weithin unbekannten Texten«, schreiben sie und haben in Heft 13, 1994, ihres Blattes munter daraus zitiert, ein wirres Sammelsurium, um zu beweisen, was für ein schlimmer Stalinist der Kerl doch gewesen.

Nun gibt es aber keine weithin unbekannten Texte von Heym. Heym hat immer alles veröffentlicht, was er an Publizistik verfaßt hat – darunter auch im »Spiegel« –, und hat sogar ein Buch aus seinen frühen Sachen gemacht, *Im Kopf Sauber* (Leipzig, 1954), aus dem die Spiegel-Rechercheure sich bedient haben. Dies Buch ist in jeder größeren Bibliothek, und sicher auch im Archiv des »Spiegel« zu finden – und da sollen die Redakteure des Herrn Augstein nicht gewußt haben, mit wem sie es zu tun hatten, wenn sie Autor Heym jahrzehntelang die Tür einliefen, um hübsch geschriebene Beiträge von ihm zu erhalten, Spiegel-Gespräche mit ihm zu führen, die Rechte zum Vorabdruck seiner Bücher zu erwerben und ihm die schmeichelhaftesten Rezensionen seiner Werke zu überbringen, von Böll, Becker und anderen, mit den Komplimenten des Chefs?

Hier eine unvollständige Liste:
1974 Vom Tag X zu den 5 Tagen im Juni
1974 Gruppenbild mit Genosse
1975 Retter aus der DDR

1979 Erstickender Ring
1979 Mit den Schwachen solidarisch
1979 Warten auf Post
1979 Urteil
1980 Spiegelgespräch
1981 Ahasver
1981 Endlich die Wahrheit
1982 Plötzlich hebt sich der Boden
1983 Die Wunde der Teilung eitert weiter
1984 Schwarzenberg
1986 Einführende Bemerkungen eines Reiseführers vor einem Reststück der Mauer
1988 Distanz und Nähe
1988 Memoiren eines Störenfrieds
1989 Zwischenbericht
1989 Hurra für den Pöbel
1989 Aschermittwoch

Und die ganze Zeit nicht gewußt, wen man da druckte, welch stalinistischen Finsterling?

Es ging in jener Zeit, vor über vierzig Jahren, und acht nach dem Zusammenbruch des Nationalsozialismus, um die Existenz der jungen DDR, die durch die Torheiten ihrer Regierung im Juni 1953 und durch die Reaktion der Arbeiter darauf gefährdet war; und was Heym dazu schrieb, damals, als der Kalte Krieg am kältesten war und es in Deutschland noch von ehemaligen und nicht so ehemaligen Nazis wimmelte, hatte seine Berechtigung und brachte die Leute zum Nachdenken, und wo seine Fakten unvollständig waren, lag es daran, daß der Genosse Chruschtschow ihm die seinigen erst drei Jahre später mitteilte, auf dem Zwanzigsten Parteitag der Kommunistischen Partei der Sowjetunion.

Heyms Meinungen von damals wurden übrigens von Biermann und Havemann, seinen einstigen Freunden, geteilt. Und Heym selber hat über seine Fehler und Irrtümer von früher und seine späteren Erkenntnisse berichtet, wie nachzulesen in seinem Buch *Nachruf*, aus dem der »Spiegel« höchstselbst lange Auszüge gebracht hat; die Redaktion hat es also weiß Gott leicht gehabt, Heyms eigene Zitate gegen ihn zu richten, besonders wenn man diese unvollständig zitiert und bei Heyms Feststellung, nach dem Tode Stalins, der sei der »meistgeliebte Mann unserer Zeit« gewesen, zu erwähnen vergißt, daß da auch gedruckt steht, »und der meistgehaßte«.

Und was für ein Erfolg für die Redaktion, wenn die letzten Zitate aus Heyms Schriften, die sich gegen ihn anwenden ließen, aus den frühen Fünfzigern stammen! Da betrieb man doch einen anderen Journalismus beim »Spiegel«, als man in Heft 6, 1965, das deutsche Publikum wissen ließ: »...nach Heym war der 17. Juni nicht, wie die SED bislang behauptet, ein vom Westen inszenierter ›faschistischer Putsch‹, sondern... die Revolte wahrer Sozialisten gegen die Korrumpierung der sozialistischen Idee durch die SED-Führung.« Und: »Mißtrauen gegenüber den Werken des Schriftstellers schien der SED ohnehin geboten, seit sich Heym 1956 auf dem DDR-Schriftstellerkongreß mit Walter Ulbricht angelegt und im Gegensatz zu seinem Parteichef Kontakte mit westdeutschen Autoren gefordert hatte.«

Nur war Ulbricht nicht Heyms Parteichef. Heym war niemals Mitglied der SED. Dafür aber hieß er bei der Staatssicherheit »OV Diversant« und wurde von dieser Behörde vorzugsweise überwacht.

Woher aber, nach der Wende, der plötzliche Sinneswandel beim »Spiegel« Heym gegenüber?

Der »Spiegel« stellt sich heute gegen alle, die sich weigern, den Siegern im Westen reueschluchzend an den Busen zu sinken, und, statt ihr Denken den westlichen Geboten anzupassen, wieder Opposition betreiben, nur jetzt in der größeren Bundesrepublik und gegen deren Machtsprüche.

Und man geht gegen diese Opposition sogar mit den gleichen Methoden vor, wie sie früher von den DDR-Medien benutzt wurden: mit unvollständigen Zitaten, die ohne Zusammenhang mit dem Vorhergehenden und dem Nachfolgenden, und mißachtend die historischen Zeitumstände, unter denen einer schreibt, und ausgerichtet nach politischen Zwecken, über die man sich ausschweigt – dabei aber triefend von Moral.

Guter, alter stalinistischer Journalismus.

Noch einmal zur Kanidatur für den Bundestag
Interview »Freitag«

Juni 1994

Stefan Heym, als Sie in Amerika lebten und sich mit den Gewerkschaften dort beschäftigten, hatten Sie die politische Idee, eine Union Against Depression zu gründen. In Ihrer Autobiographie »Nachruf« beschreiben Sie, was daraus wurde: »Da erkennt H. plötzlich, welchen Golem er sich geschaffen hat, und er wird sich für seine Bücher entscheiden.« Warum haben Sie das 1994 nicht auch getan, sondern sich stattdessen mit der Kandidatur für einen Abgeordnetenplatz im Bundestag für die Politik entschieden?

Weil diesmal ein solcher Grad von Politikverdrossenheit bei den Bürgern hinzugekommen ist, daß ich vor der Entscheidung gestanden habe, entweder ich ziehe mich ganz zurück und kümmere mich nicht mehr um Politik, esse mein Gnadenbrot, oder ich beteilige mich noch einmal und schlage dann auch kräftig zu. Dieses neue vereinigte Deutschland ist ja etwas anderes als andere Staaten in der Welt – weil es die geteilte Vergangenheit hatte, weil zwei Alternativen vorhanden waren, beide gleich schlecht und sehr verschieden. Die sind nun irgendwie zusammengepappt, sodaß etwas ganz Sonderbares, man könnte fast sagen, wieder ein Golem entstand.

Den will ich attackieren, wie ich es immer tat. Ich habe nur die Mittel verändert. Ich fing ganz früh in meinem Leben mit einem Gedicht an, das ich als Schüler gegen die Nazis verfaßte, dann kam das Gewehr, dann kam das Flugblatt, dann die Kolumne, und die ganze Zeit über waren natürlich die Bücher dabei. Zur Zeit schreibe ich wieder an einem dikken Roman. Und Sprache wird mein Mittel auch im Parlament sein, nichts geht dort ohne Sprache, auch wenn einige Leute damit Unfug treiben.

Christa Wolf hat in einem Interview mit der Wochenzeitung FREITAG gesagt, sie verstehe sehr gut, welche Motive Sie für Ihre Entscheidung, in die Politik zu gehen, hatten. Und sie fügt hinzu, sie fände es aber verhängnisvoll, daß Stefan Heym gegen Wolfgang Thierse antritt, weil das gedanklich die Konstellation Weimar möglich mache.

Das ist Thierses These. Ich habe mit ihm vor meiner Kandidatur gesprochen, als ich mit diesem Gedanken erst noch spielte. Wenn wir denn schon beide Kandidaten im selben Bezirk sein sollten, sagte ich, dann laß uns das fair machen. Er hat schon damals gefunden, es sei eigentlich eine Unverschämtheit, ihm in seinem Bezirk Konkurrenz zu machen. Er meinte, ich würde dabei meine Reputation ruinieren. Und man sieht ja jetzt, wo überall Leute sitzen, die versuchen, meine Reputation tatsächlich zu ruinieren. Das freilich hat mit dem Bezirk, in dem ich kandidiere, sehr wenig zu tun, sondern hängt mit der Stellung zusammen, in die ich mich begeben habe, eine Stellung außerhalb der sogenannten gesitteten Politik. Aber damit habe ich von vornherein gerechnet. Es ist nicht das erste Mal, daß ich in der Minderheit bin. Ich denke an die dreißiger, vierziger Jahre, da war man immerzu auf der Minderheitenseite, führte einen verlorenen Kampf. Diesmal, hoffe ich, wird er nicht verloren sein.

Die befürchtete Kampfstellung Kommunisten gegen Sozialdemokraten, die an Weimar erinnern würde, sehen Sie nicht?

Nein. Denn meine Politik wird die Sozialdemokraten dort unterstützen, wo sie Unterstützung verdienen und gegen sie opponieren, wo Opposition nötig ist. Ich glaube, so kann man auf der linken Seite am besten Politik machen. Punktbezogen. Der Fehler der Kommunisten in der Weimarer Zeit war, daß sie sich völlig in ihrem Sektierertum blenden ließen, Notwendigkeiten der Politik, der Demokratie gab es für sie nicht. Das war alte stalinistische Politik. Da sehe ich heute gar keine Gefahr. Und noch etwas. Wolfgang Thierse erhält von seiner Partei einen Spitzenplatz auf der Liste. Er wird also in jedem Fall in den Bundestag kommen. Ich habe einen Listenplatz abgelehnt und kandidiere nur im Bezirk. Sollte ich gewählt werden, dann sind also zwei an den Problemen des Ostens Interessierte im Bundestag, unsere Bemühungen addieren sich so.

Sie haben immer wieder gesagt, Sie wollen als Anwalt der Menschen im Bundestag agieren. Nicht für die PDS, sondern nur dem eigenen Gewissen verpflichtet, auf einer Offenen Liste.

Damit ist dieselbe Haltung umrissen, wie ich sie eben für den Umgang mit Sozialdemokraten skizzierte. Dort, wo ich sie unterstützen kann, werde ich sie unterstützen.

In einer »Spiegel«-Veröffentlichung der jüngsten Zeit wird behauptet, daß bei Stefan Heym und der PDS nicht zwei Pole aufeinandertreffen, die sich bisher abgestoßen haben, sondern im Gegenteil zwei Pole, die gleichwertig sind. Zwei alte Stalinisten Hand in Hand auf dem Weg in den Bundestag...

Vielleicht passe ich ja wirklich zur PDS besser als zu den Sozialdemokraten, dem Bündnis 90 oder gar zur CDU. Ich habe gewisse altmodische Ideen, was den alten Marx betrifft. Der ist für mich nicht ganz passé, man merkt immer noch, daß um uns herum etwas vorgeht, was mit seinen Erkenntnissen zu tun hat. Die wiederum auf Hegel zurückgehen, auf die griechischen Philosophen, panta rhei... da bin ich konsequent geblieben.

Und was den Vorwurf des Stalinismus betrifft, ich habe dazu eine Erklärung abgegeben. Ich habe meine Irrtümer aufgezählt, sie sind bekannt. Aber ich habe mich, glaube ich, in meinem Leben als lernfähig erwiesen, und ein lernfähiger Abgeordneter ist besser als ein starrsinniger.

Ein Blinder kann sehen, daß man mich zu diskreditieren versucht.

Woher weiß einer, der mit den offiziellen Vertretern einer Ideologie, also der Staat gewordenen Partei, nur schlechte Erfahrungen gemacht hat, dennoch, woran festzuhalten sich lohnt?

Ich versuche zu unterscheiden, was ursprünglich da war und richtig ist und was mit der Zeit mißgestaltet wurde, verkrümmt, verbogen, kaputtgetreten. Diese Unterschiede sind sehr klar sichtbar. Ich habe den Mißbrauch der sozialistischen Idee ziemlich von Anfang an bekämpft. Das ist mir weder leichtgefallen noch leichtgemacht worden. Wie mir mein heutiges Engagement, wie es scheint, ja auch nicht leichtgemacht wird. Aber Konsequenz ist wohl niemals leicht. Opportunismus, ein Kniefall, werden einem leichter gemacht, und sie lohnen sich zudem. In jeder Gesellschaft.

Wer Namen prominenter Kritiker der DDR nennen sollte, würde mit Sicherheit Ihren nicht auslassen. Wieso ist der Bonus, der damit in breiten Schichten der DDR verbunden war, in so relativ kurzer Zeit geschmolzen?

Ich glaube eigentlich gar nicht, daß ich zum Beispiel bei den Bürgerrechtlern einen so großen Bonus besaß. Mein Bonus war eher bei der Bevölkerung vorhanden, die mich gelesen hat und mir gefolgt ist, und zwar seit den Tagen von »Offen gesagt«, der Kolumne in der Berliner Zeitung in den fünfziger Jahren. Sie hat mich als ihren Sprecher betrachtet, und das tut sie auch heute noch. Ich bin in keiner Weise isoliert. Gewisse Bürgerrechtler – nicht alle – haben sich von mir getrennt.

Eine ganze Anzahl Leute aus den alten Ländern, die in der gemeinsamen Partei dieser Bürgerrechtler sind, hat mir Botschaften zukommen lassen, die mich unterstützen. Ich denke unter anderem an Joschka Fischer.

Übrigens: Können Sie mir sagen, was einen Menschen zum Bürgerrechtler macht? Welche Vergangenheit, welche Studien, und wer erkennt ihn? Wer verleiht ihnen den Doktorgrad der Bürgerrechte, wie lange müssen sie welches Geschäft betrieben haben, bevor sie anerkannte Bürgerrechtler wurden? Wer hängt ihnen die Medaille um, die sie um den Hals tragen? Ich habe Jahre, bevor diese Damen und Herren sich mit solchen Fragen beschäftigt haben, meinen Mund aufgemacht und habe ein ganz gutes Echo bei den Menschen gehabt.

Glauben Sie, daß versucht wird, den Anteil der DDR-Kritiker an der Wende kleinzuhalten?

Ja, aus Eifersucht. Wenn es hier genügend Leute gegeben hat oder auch nur eine Anzahl von Leuten, die auf eigene Faust eine Politik betrieben, die zu Verbesserungen und Veränderungen im System führen sollte, dann sind doch jene, die sich jetzt Ministerpöstchen und andere Pöstchen besorgten, ziemliche Spätkommer, Latecomers. Und das ist natürlich keine so schöne Position. Diese Leute möchten auch gerne Amerika entdeckt haben.

Aber macht das Alter der meisten Bürgerrechtler nicht unmöglich, daß sie zu den ersten hätten gehören können?

Das wohl, aber dieser Minderwertigkeitskomplex sollte nicht auf meinem Rücken kompensiert werden.

Ist eben dieser Minderwertigkeitskomplex nicht DDR-Hinterlassenschaft bei vielen ihrer Bürger?
Bei gewissen Pfarrern, sicher, auch bei Leuten, die früher zu den Blockflöten gehörten und natürlich bei denen, die bis zum Schluß den üblichen Parteiladen getragen, die Beschlüsse der Partei, auch gegen mich im übrigen, durchgesetzt haben. Ich habe gerade erst wieder in meinem Wahlbezirk Prenzlauer Berg ein Erlebnis »aus dieser Zeit« gehabt. In einer Kneipe mit dem schönen Namen »Briefe an Felice« trugen vier Schauspieler die Protokolle jener Sitzung des Schriftstellerverbandes vor, bei der ich und andere Kollegen ausgeschlossen wurden. Gespenstisch. Ich hörte meine Rede von damals auf Band: »Was werdet ihr sagen, wenn eure Kinder euch fragen, Helden der Feder, was habt ihr damals gemacht?« Die Kollegen, die offiziellen, offiziösen, waren damals sehr empört. Das war zu einer Zeit, als die, die heute das große Wort führen, noch in die Schule gingen. Das ist kein Einwand gegen sie, Jugend ist niemals ein Einwand, sondern etwas Beneidenswertes. Aber sie berechtigt nicht, den Widerstand der Älteren nicht zur Kenntnis zu nehmen.

Aber noch einmal zu den Bürgerrechtlern: Einer der Vorwürfe lautet, daß Sie, eben weil Sie auf der Offenen Liste der PDS kandidieren, jenen Leuten, die Sie ausgeschlossen, die Ihnen Schaden zugefügt haben, die Hand reichen. Es ist doch tatsächlich nicht auszuschließen, daß ein Teil der Leute Sie wählt, ganz einfach, weil sie keine andere politische Heimat haben und also folgerichtig auf Vertrautes zurückgreifen.
Die erste Antwort darauf ist: Wem ich meine Hand reiche,

geht nur mich etwas an und nicht andere Leute, die können ja anderen die Hand reichen. Das zweite ist: daß ich nicht verhindern kann, daß Menschen sich ändern. Ich habe zum Beispiel neulich einen Brief von einer Gruppe ehemaliger Stasioffiziere bekommen, die mir schrieben, es tue ihnen leid, wie sie sich damals mir gegenüber verhielten und wie sie bereits gegen Ende der DDR-Zeit empfunden haben, daß das ein großer Fehler war, denn ich war ein besserer Sozialist als sie. Und die dritte Antwort: Ich glaube nicht, daß die PDS heute noch die Partei der alten Stasi ist und auch nicht die alte SED. Die meisten Genossen, die früher Opportunisten waren, sind jetzt auch noch Opportunisten, bloß inzwischen angekommen bei Parteien wie der CDU und der SPD. Von der PDS können sie sich nämlich überhaupt nichts mehr erwarten, keine Jobs, keine Gelder, keine Vorteile, höchstens Prügel.

Ich glaube, daß man heute mit einer Partei links von der SPD, mit einer Partei, die den Gedanken des Sozialismus noch nicht ganz aufgegeben hat, aber einen anderen Sozialismus möchte als früher, daß man mit einer solchen Partei konsequenteren politischen Druck ausüben kann als mit den zahmen Tierchen, die da in der SPD herumlaufen und beim Bündnis 90.

Aber ich bin Demokrat, ich werde auch die längsten und dümmsten Reden nicht zu unterdrücken suchen, sondern das Recht aller verteidigen, ihre Meinung zu äußern.

Die Pressionen, die Sie in der DDR erfahren haben, waren erheblich. Warum sind Sie damals nicht gegangen und haben sich gesagt, die können mich alle mal?

Das fragt mich meine Frau auch. Mein Gefühl war damals, sollen die doch gehen, das ist doch auch mein Land. Ich bin hierhergekommen, habe mich hier eingemischt und dadurch mein Recht erworben, in diesem Lande mitzuwirken und zu bleiben. Wenn einer geht, dann bitte nicht ich, sollen die anderen gehen. Damit habe ich eine Menge Ungerechtigkeiten, Unterdrückungen und Unannehmlichkeiten auf mich genommen, und es hat sich leider auch auf die Familie ausgewirkt. Um so komischer, daß mir heute einige Leute vorwerfen, ich sei ein alter Stalinist, wie im »Spiegel« geschehen. Übrigens: Genosse Havemann hatte damals die gleichen Ideen wie ich und hat sich in den Jahren 1953 und 1954 in gleicher Weise verhalten.

Bei der Lektüre Ihrer Artikel und Bücher hatte ich allerdings das Gefühl, daß da doch noch mehr sein muß. Sie beschreiben zum Beispiel ein Gespräch mit Erich Kästner, in dem er Ihnen, noch bevor Sie Deutschland verließen, erklärt, warum er bleiben wird. Sie sinnieren an vielen Stellen darüber, ob ein Autor nicht auch sein Thema verliert, wenn er ausweicht. Diese Überlegung kehrt wieder, als Sie sich entschließen, die USA zu verlassen.

Ich bin nicht mit ganz gutem Gewissen gegangen, ein Zwiespalt blieb. Es ist mir zweimal, eigentlich dreimal passiert, daß ich ein Land verlassen mußte, Deutschland, die USA und eigentlich auch die Tschechoslowakei. Andere blieben zurück und haben gelitten oder sind gestorben, während ich weitergelebt habe. Das ist ein merkwürdiges Gefühl, und man fragt sich, hast du das eigentlich verdient oder hast du, indem du geflohen bist, einen inneren Fehler gemacht. Aber in der DDR ging es nicht ums Leben direkt. Ich war zu bekannt, als daß die Behörden mich hätten behandeln können, wie die Nazis mich behandelten. Sie waren anders konstituiert, wenn auch nicht sehr angenehm.

Erst heute, wo Menschen, von denen ich anderes erwartet hätte, mir auf eine Art an die Hosenbeine gehen, die man nur von kleinen Dackeln erwartet, erst heute spüre ich, daß man vielleicht sagen sollte: Leute, behaltet den Kram mal. Ich gehe nach England und erhole mich für vier Wochen und vergesse, mit welchen Dummköpfen ich hier zu tun hatte.

Man macht der Bevölkerung der DDR insgesamt den Vorwurf, daß sie allein durch ihr Hierbleiben dem unmöglichen Staat Reputation verschafft hat. Ist es dann nicht logisch, Sie einzubeziehen?

Richtig, vor allem, weil ich die Bürger dieses Landes nicht a priori verurteile. Sie hatten es schließlich auch nicht leicht, manche haben versucht, eine Nische zu finden, wie Günter Gaus es beschrieben hat. Es gab zwar viele Feiglinge, viele Opportunisten, aber einige haben sich der Herausforderung gestellt.

Die Mehrheit der Menschen wird eben nicht als Märtyrer geboren, sie will leben, ihre Kinder erziehen, Ruhe haben. Rückblickend gesehen gab es in der DDR einige Bedingungen – heute fehlen sie –, die den Menschen auf eine gewisse Weise und von einem gewissen Gesichtswinkel her das Leben erleichtert haben, ausgeschlossen blieben die schöne Rede- und die schöne Reisefreiheit, ohne die ich keinen Staat haben möchte. Vorteile wie soziale Gerechtigkeit, das Recht darauf, sich mit Arbeit zu ernähren, müssen genannt werden können. Die Menschen machten ihre Arbeit manchmal langsam und manchmal schlecht, aber einen Job hatten sie und eine gewisse Sicherheit. Danach sehnen sie sich. Wer das nicht sieht, ist ein Narr.

Und sie hatten eine gewisse Bedeutung. Arbeit machte ihr Selbstwertgefühl aus, sie kosteten das aus, auch noch der Pförtner oder der Bote. Für die schreibende Zunft galt das nicht weniger. Sie gewann in dem vergangenen Staat sehr schnell Bedeutung...

...zu schnell.

... manchmal nur durch ein falsches oder ein zu richtiges Wort, je nach Betrachtungsweise. Ist der Verlust der staatstragenden oder staatsgefährdenden Funktion schwer zu verkraften?

Ich glaube, ja. Das zeigt sich auch daran, daß Autoren, die ein großes Selbstwertgefühl entwickelt haben und denen auch gestattet wurde, ein solches zu besitzen, man hat da in der DDR auch noch ein wenig Dünger draufgetan, damit es gut wächst, wie die sich verhalten haben, als es darum ging, sich zu verteidigen gegen Vorwürfe oder gegen Fakten. Das war nicht gerade elegant.

Könnten Sie das ein bißchen genauer sagen?

Wenn ich das genauer sagen wollte, hätte ich es getan.

Sie waren für das westdeutsche Feuilleton über viele Jahre ein Kronzeuge für den kritischen Geist der DDR...

Ich habe gerade etwas geschrieben, was ich schreiben mußte. Da habe ich eine Liste von kritischen Feuilletons eingefügt, die man mir damals mit Handkuß im Westen abgenommen hat.

... plötzlich sind Sie den Anwürfen eben dieses Feuilletons ausgesetzt. Wann hat sich deren Haltung Ihnen gegenüber verändert?

Genau drei Tage nach der Wende. Damals habe ich in einem Artikel, der »Aschermittwoch« hieß, meine Stellung sehr klargemacht, indem ich den traurigen Zustand beschrieb, in den ein Teil der DDR-Bevölkerung geraten ist, als er plötzlich durch die Mauer gehen konnte. Wohin er sich gewandt hat und zu welchen Zwecken und wie er sich dabei verhalten hat. Ich habe das sehr realistisch geschildert, was ein Fehler von mir war. Ich habe zwar gesagt, woher diese Selbstentwürdigung gekommen ist, daß die Regierung der DDR sie verursacht hat, ich habe aber auch gesagt, da waren doch Dinge, die wesentlich waren, die kann man doch nicht alle wegen eines Linsengerichts wegwerfen. Man hat mir verübelt, daß ich auch in dieser Situation noch so etwas wie einen moralischen Kopf behalten habe. Und den habe ich auch noch, was, glaube ich, dazu geführt hat, daß ich mich überhaupt mit dem Gedanken vertraut machen konnte, als Kandidat für die Wahlen zur Verfügung zu stehen. Von diesem Zeitpunkt an gab es in der Presse Widerstände, nicht in den Verlagen und auch nicht in visuellen Medien.

Ich habe, im Gegensatz zu vielen Kollegen, nicht spüren müssen, daß ich nach der Wende keinen Marktwert mehr hatte.

Sie haben den Aufruf »Für unser Land« mit unterzeichnet. Der hat später als Vorwand gedient, den Unterzeichnern politischen Sachverstand abzusprechen.

Am Anfang dieses Aufrufs stand damals Konrad Weiß. Ich habe mich dafür hergegeben, für diesen Mann die Front zu machen, hinter der er sich später ducken konnte. Aber es war mir wichtig zu erklären, daß der Tag, an dem Kohl seine zehn Punkte verkündete, die Ouvertüre des Untergangs der DDR sein würde. Mir war wichtig, einiges aus der DDR in die deutsche Einheit einzubringen. Nun hat die Schlange den Igel einfach verschluckt, und nun hat sie Verdauungsprobleme.

Der Igel hatte sich doch als Futter angeboten.

Er ist nicht weggelaufen, er hat sich auf den Rücken gelegt und gesagt: »Bitte friß mich.« Er hat natürlich angenommen, wie die meisten Tiere, die sich auf den Rücken legen und die Pfoten hochstrecken, daß der andere sich abwendet, der Große, wie es Brauch ist unter Tieren, aber unter Deutschen ist das anders.

»Für unser Land« hat später als Beweis dafür gedient, daß DDR-Schriftsteller keinen Anteil an der Wende hatten.

Unter dem Dach meines Hauses habe ich zwei dicke Bände Briefe, wo mir Leute zu diesem Aufruf geschrieben haben. Einige darunter, in denen es heißt, wir haben Sie so geschätzt, und Ihre Bücher sind so schön, wie konnten Sie nur einen solchen Aufruf unterzeichnen! Wie heute auch Leute schreiben, Herr Heym, Ihre Bücher sind so schön, wie können Sie für die PDS kandidieren! Ich glaube, im Laufe dieser vier Jahre hat sich erwiesen, wäre man etwas anders verfahren mit dieser Einheit, nicht so hastig, nicht im ersten Anlauf alles hinschmeißen, hätte man sorgfältiger nach Verhandlungspartnern gesucht und nicht Leute wie Krause als Vertreter bei den Einheitsverhandlungen benutzt – dem hat man sie überlassen, und so sah die Einheit dann auch aus –, man wäre besser gefahren.

Und was den Anteil der Schriftsteller an der Wende betrifft: Er war größer als der der meisten anderen. Welche andere Gruppe von Menschen hat über Jahre hinweg Kritisches gesagt und geschrieben? Aber natürlich gibt es Unterschiede zur Tschechoslowakei. Die DDR-Behörden haben eine Organisierung des kritischen Geistes verhindert, indem sie ihn außer Landes haben gehen lassen oder schickten. Und die meisten Kritiker sind frisch, fromm und frei gegangen. Dadurch gab es keine organisierte Opposition, auch wenn sie ebenso notwendig gewesen wäre wie die Charta 77. Und ein zweites: Die Tradition der Illegalität ist in Deutschland nicht sehr stark. Nur wenige haben etwa in der Nazizeit illegal gekämpft. Der Widerstand wurde gewaltsam verhindert.

Erst als es möglich war, sich in der Kirche zu versammeln, gab es solche Ansätze. Aber die Kirche war kein wirklich politischer Organisationsersatz. Und so war der Anteil einiger Schriftsteller an der Verbreitung kritischer Ideen, ich bleibe dabei, groß. Die Verbreitung solcher Literatur war schwierig, man mußte schon, so wie ich es getan habe, Verbindungen suchen, um über westliche Verleger oder westliche Fernsehstationen in die DDR zurückzustrahlen. Das war anfangs ein riskantes Geschäft, man mußte es sehr vorsichtig betreiben. Erst später hatte es sich eingespielt. Dennoch hat man auch bei mir versucht, es zu verhindern. Man machte mir den Prozeß und verurteilte mich wegen der Veröffentlichung von »Collin« in einem westlichen Verlag ohne Genehmigung der DDR-Behörden. Das vergessen Leute wie die im »Spiegel« heute einfach.

Apropos »Spiegel«: Der wirft Ihnen Stalinismus vor und will mit angeblich »wenig bekannten« Dokumenten beweisen, daß Sie Stalin mit gefeiert haben.

Ich habe über diese Dinge damals in meiner Biographie ausführlich geschrieben. Ich habe meine Irrtümer aufgezählt. Chruschtschow kam mit seinen Enthüllungen ein paar Jahre später.

Was da abgedruckt war, war nichts Neues. Ich hatte aus den frühen Schriften, aus denen die Auszüge entnommen sind, sogar ein Buch zusammengestellt, das, wie der Artikel, »Im Kopf sauber« heißt. Sie haben also keine Mühe verwenden müssen und das Zeug einfach herausgeklaut. Es gibt nämlich keine Quellen, die nicht veröffentlicht wären.

Worin sehen Sie den Zweck einer solchen Veröffentlichung?

Ich kann nicht sagen, was in den Köpfen der »Spiegel«-Redakteure vorgeht. Aber in diesem Fall glaube ich, daß es nichts sehr Sauberes gewesen ist.

Warum eine so billige und durchschaubare Aktion?

Damit hier kein Widerstand mehr geleistet wird gegen die Vernichtung der moralischen Werte. Diese Werte sollen durch westliches Gedankengut ersetzt werden, wie man ja auch in höheren Verwaltungsstellen oder in Universitäten westliche Verwaltungs- und Lehrkräfte einsetzt. Das geistige Gebäude soll in eine andere Himmelsrichtung gekehrt werden. Ich weiß nicht, wie verheerend eine derartige Politik für die Entwicklung des Landes sein wird. Aber man setzt sie durch. Und viele Zeitschriften beeilen sich, in diese Kampagne einzusteigen, auch gegen anerkannte Literaten.

Stalinismus ist nur der eine Vorwurf, der andere lautet, Sie hätten den 17. Juni 1953 mit verfälscht. Sie hätten zum Beispiel das »unzerreißbare Band zwischen Partei und Volk« beschworen.

Das ist eine reine Verdrehung der Tatsachen. Ich war der erste, der darauf hingewiesen hat, daß die Ereignisse damals ein Produkt staatlicher Dummheit waren, Torheiten einer Regierung, die nicht nur eine völlig falsche Lohnpolitik betrieb, sondern auch von einer völlig falschen Einschätzung der Zustände in der DDR ausging. Aber ich habe auch gesehen, daß 1953 erst acht Jahre seit der Zerschlagung des Faschismus vergangen waren und ganz Deutschland noch von Nazis wimmelte, ehemaligen und weniger ehemaligen. Es bestand die Gefahr, daß der ganze Staat DDR, an dem mir damals noch sehr viel lag, kaputtgehen könnte. Da habe ich alles getan, was ich mit meinen Worten tun konnte, um einen Teil des Kopfes, das Gehirn, zu säubern. Auch Irrtümer, die mir dabei unterliefen, habe ich später beschrieben. Alles ist da bekannt. Wenn heute Material gegen mich aus meinen eigenen Überlegungen zusammengebastelt wird, ist das schon sehr ärmlich.

Daß »Fünf Tage im Juni« damals verboten worden ist, hatte schließlich seine Gründe, ebenso wie meine Kolumne in der »Berliner Zeitung«. Also, was da mir gegenüber geboten wird, das ist der Journalismus eines Herrn von Schnitzler, nur mit umgekehrten Vorzeichen.

Die Normen, nach denen der Osten heute bewertet wird, sind weitgehend westgemacht. Ist das ein Hinweis darauf, daß der Osten heute noch nicht in der Lage ist, sich aus der Distanz zu beurteilen?

Es ist ja nicht allein die DDR zusammengebrochen. Das ganze System, auf das die DDR seinerzeit gegründet wurde, die Sowjetunion – alles ist gleichzeitig den Bach runtergegangen, vielleicht sogar etwas früher. Und auch dort hat sich erwiesen, daß eine neue Art, eine bessere Art von Sozialismus nicht so einfach zu schaffen war. Die Regierungen einiger ehemaliger Ostblockländer sind heute nicht einmal imstande, den Menschen in ihrem Lande so viel zu geben, daß sie vernünftig leben können. Man kann die Zustände wohl mit Fug und Recht mafiotisch nennen. Vor einiger Zeit kam mir der Gedanke, daß der Erfinder der Mafia vielleicht sogar der Genosse Stalin gewesen sein könnte. Was der sich an Apparaten aufgebaut hatte, weist ganz verwandte Züge mit dem auf, was die Paten in Italien entwickelt haben. Diese Art von Verflechtung, Verquickung, Machtausübung, ich glaube, sie war wirklich mafiotisch.

Dann wären die mafiotischen Strukturen heute der Gipfel des Stalinismus...

Vielleicht nicht der Gipfel, aber eine Giftblüte, die sich in voller Pracht entfaltet und in alle Richtungen ausgebreitet hat. Was aber nicht heißt, daß der Kapitalismus weniger mafiotisch wäre. Denn nach der Wende habe ich hier folgendes beobachtet:

Die Arbeiter eines Großbetriebes hatten mich gebeten, zu ihnen zu kommen. Sie hatten das sichere Gefühl, nun wäre der Betrieb ihr Eigentum. Er hieß, so meinten sie, nicht umsonst volkseigener Betrieb. Sie wollten wissen, was sie damit nun machen könnten. Die alten Strukturen waren kaputt, die Partei gab es nicht mehr, die Gewerkschaften auch nicht, aber sie gab es noch, und sie wollten produzieren. Ich ging dann oft in den Betrieb, beobachtete seine Entwicklung und sah zu meiner Überraschung, daß ein Teil des leitenden Personals bereits gute persönliche Beziehungen geknüpft hatte mit den entsprechenden westlichen Herren. Da war längst so etwas wie eine Ost-West-Mafia am Wirken – Parteizugehörigkeit war kein Thema mehr –, diese Leute waren als erste ausgetreten aus der sogenannten Arbeiterpartei SED.

Kann man westgemachten Normen, zumal unter Berücksichtigung dessen, was Sie gerade gesagt haben, irgendetwas entgegensetzen?
Das muß aus den Erfahrungen des täglichen Lebens kommen. Die Leute spüren ja, was mit ihnen geschieht. Sie verlieren einen Teil dessen, was sie dringend brauchen, Arbeit zum Beispiel, ein Dach über dem Kopf, und sie bekommen nicht immer guten Ersatz dafür. Jemand müßte den Menschen bei ihrer Suche nach neuen lebbaren Strukturen behilflich sein. Und das werden nicht die etablierten Parteien sein, da müssen neue Formationen entstehen, und vielleicht finden sie da gerade bei dem unabhängigen, neuen Teil der PDS eine gewisse Aufgeschlossenheit. Ich bin sehr beeindruckt von den Entwürfen, die Gysis Mannschaft vorlegt. Sie hat schöpferisch nachgedacht, wie Marxisten es tun sollten. Man wird sich nämlich nicht beschränken können auf Parteien und Gewerkschaften im herkömmlichen Sinne. Wenn ich mir ansehe, was zum Beispiel bei VW in Wolfsburg an neuen Formen entwickelt worden ist, kann ich dort Keime für andere Strukturen wahrnehmen. Sie zu finden, wird die Aufgabe der nächsten Jahre sein. Ob ich da noch mit dabeisein kann, weiß ich in meinem fortgeschrittenen Alter nicht. Aber ich freue mich, daß ich die Anfänge noch sehen kann.

Was würden Sie sagen, was ist das Positive in dieser Bundesrepublik für Sie?

Positiv bewerten würde ich die demokratischen Charakterzüge, die das Ganze auch hat, und positiv bewerten würde ich ebenso die Effektivität – die allerdings dadurch erzeugt wird, daß man dauernden Druck auf die Produzierenden ausübt. Positiv sind die Freiheiten, die es einem, wenn man Geld hat, erlauben, dahin zu fahren oder zu gehen, wohin man möchte, um sich zu erholen oder wichtiger, um Maßstäbe zu finden. Das alles war DDR-Bürgern verschlossen. Die Herren der DDR haben das nicht für nötig gehalten. Sie hatten wohl Angst, daß Reisende etwas kennenlernen könnten, was die DDR für überflüssig erklärt.

Robert Havemann hat – so heißt es – einmal zu Ihnen gesagt: Die Engstirnigkeit wird sich als der Bumerang erweisen, an dem die DDR kaputtgeht.

Genau das ist es gewesen.

Was ist für Sie gegenwärtig besonders schmerzhaft?

Daß nun alles nach den veralteten Grundsätzen eines ziemlich harten und räuberischen Kapitalismus entschieden wird und der Körperteil, der am meisten benutzt wird, der Ellbogen ist.

Der Kapitalismus ist gegenüber dem der siebziger Jahre mächtiger geworden. Er hat sich voller gefressen und ist wahrscheinlich auch viel rabiater geworden. Wie er sich über die vielen Tragödien der Vereinigung hinwegsetzt, ist schon ziemlich beispiellos. Das erinnert schon sehr an das, was in den späten zwanziger Jahren geschehen ist und dann zu den bösen Folgen in der Hitlerzeit geführt hat.

Daß die Zeit so anders nicht ist, läßt sich an den italienischen Wahlen festmachen: Wenn sich Perspektiven verflüchtigen, gibt es immer auch eine Tendenz nach rechts, eine Art dumpfe Erinnerung. Aus Verantwortung für unsere Kinder müssen wir andere Perspektiven finden.

Wenn Sie einen Idealbundestag zusammenstellen könnten, welche Eigenschaften müßten dessen Abgeordnete haben?
Einen wachen Kopf, der selbständig denkt. Unabhängigkeit von Chefs und Bossen. Verantwortlichkeit gegenüber Wählern.

Keine Neigung zu Fraktionszwang. Neues kann nur außerhalb von Parteistrukturen entstehen.

Gesetzt den Fall, Sie sind gewählt, und Sie halten als Alterspräsident im Bonner Parlament die Eröffnungsrede...
Darauf antworte ich immer, dafür muß ich erst mal gewählt sein.

Nehmen wir es an. Man hört in diesem Bundestag nicht nur nicht den Abgeordneten der PDS zu, sondern auch jenen nicht, die vom Bündnis 90/Die Grünen kommen. Wieso glauben Sie, daß man Ihnen zuhört?
Ich hoffe, die Rede wird so spannend, daß einige schon deshalb zuhören werden, weil sie mir widersprechen wollen, und bei einer Eröffnungsrede werden sie einfach müssen. Also: Für die erste Rede ist das Risiko nicht so groß, aber bei der zweiten...

Vielleicht aber könnten die Abgeordneten eines Bundestags einander überhaupt zuhören, weil sie annehmen sollten, daß jeder Gewählte etwas Vernünftiges zu sagen hat.

Interview: Regina General

Rede zur Eröffnung des 13. Deutschen Bundestages

November 1994

An dieser Stelle, vor vier Jahren, eröffnete Willy Brandt den ersten gesamtdeutschen Bundestag. Ich habe zur Vorbereitung der meinen seine Rede vor kurzem noch einmal gelesen und mit Bedauern festgestellt, daß sich nicht alles von dem, was ihm vorschwebte, erfüllt hat. Willy Brandt hat uns verlassen; doch wir stehen, meine ich, immer noch in seiner Pflicht.

An dieser Stelle stand auch, im gefahrvollen Jahr 1932, Clara Zetkin und eröffnete den damals neugewählten Reichstag. Wir wissen, was aus dem Reichstag wurde, dessen Sitzungsperiode diese hochherzige Frau damals auf den Weg brachte: zum Reichstagspräsidenten wurde Hermann Göring gewählt, und der Kanzler, den jener Reichstag benannte, hieß Adolf Hitler, und fast zweihundert der Reichtstagsmitglieder gerieten in Gefängnisse und Konzentrationslager – über die Hälfte davon starben eines gewaltsamen Todes –, und das Reichtstagsgebäude, in dem wir uns heute befinden, brannte.

Ich selber habe den Brand gesehen. Kurz darauf mußte ich Deutschland verlassen und sah es erst in amerikanischer Uniform wieder, ein Überlebender, und kehrte Jahre später dann in den östlichen Teil des Landes zurück, in die DDR, wo ich auch bald in Konflikte geriet mit den Autoritäten; und wenn einer wie ich, mit dieser Lebensgeschichte, sich jetzt von hier aus an Sie wenden und den 13. Deutschen

Bundestag, den zweiten des wiedervereinten Deutschland, eröffnen darf, so bestärkt das meine Hoffnung, daß unsere heutige Demokratie doch solider gegründet sein möchte, als es die Weimarer war, und daß diesem Bundestag, wie auch jedem künftigen, ein Schicksal wie das des letzten Reichstags der Weimarer Republik erspart bleiben wird.

Wir werden keine leichte Zeit haben in den nächsten vier Jahren. Es werden Entwicklungen auf uns zukommen, auf welche die wenigsten von uns, schätze ich, sich bisher eingestellt haben, und um die wir uns nicht werden herumschwindeln können. Wie sagte doch Abraham Lincoln, der große amerikanische Präsident? »Einen Teil der Menschen können Sie die ganze Zeit zum Narren halten, und alle Menschen einen Teil der Zeit, aber nicht alle Menschen die ganze Zeit.«

Die Krise, in welche hinein dieser Bundestag gewählt wurde, ist ja nicht nur eine zyklische, die kommt und geht, sondern eine strukturelle, bleibende, und dieses weltweit. Zwar hat die Mehrheit der davon betroffenen Völker sich von der hemmenden Last des Stalinismus und Post-Stalinismus befreit, aber die Krise, von der ich sprach, eine Krise nunmehr der gesamten Industriegesellschaft, tritt dadurch nur um so deutlicher in Erscheinung. Wie lange wird der Globus noch – der einzige, den wir haben! – sich die Art gefallen lassen, wie diese Menschheit ihre tausenderlei Güter produziert und konsumiert? Und wie lange wird die Menschheit sich die Art gefallen lassen, wie diese Güter verteilt werden? Der 13. Bundestag wird die Probleme, die sich aus diesen zwei Fragen ergeben, nicht lösen können, aber er kann ihre Lösung in Angriff nehmen, die Herausforderung akzeptieren.

Deutschland, und gerade das vereinigte, hat eine Bedeutung in der Welt gewonnen, der voll zu entsprechen wir erst noch lernen müssen. Denn es geht nicht darum, unser Gewicht vornehmlich zum unmittelbaren eignen Vorteil in die Waagschale zu werfen, sondern das Überleben künftiger Generationen zu sichern.

Brecht schrieb:

> Anmut sparet nicht noch Mühe,
> Leidenschaft nicht noch Verstand,
> daß ein gutes Deutschland blühe
> wie ein andres gutes Land.
> Daß die Völker nicht erbleichen
> wie vor einer Räuberin,
> sondern ihre Hände reichen
> uns wie andern Völkern hin.
> Und nicht über und nicht unter
> andern Völkern woll'n wir sein,
> von der See bis zu den Alpen,
> von der Oder bis zum Rhein.
> Und weil wir dieses Land verbessern,
> lieben und beschirmen wir's.
> Und das liebste mag's uns scheinen
> so wie andern Völkern ihr's.

Arbeits- und Obdachlosigkeit, Pest und Hunger, Krieg und Gewalttat, Naturkatastrophen bisher unbekannten Ausmaßes begleiten uns täglich. Dagegen sind auch die besten Armeen machtlos. Hier braucht es zivile Lösungen: politische, wirtschaftliche, soziale, kulturelle.

Reden wir nicht nur von der Entschuldung der Ärmsten, entschulden wir sie. Und nicht die Flüchtlinge, die zu uns drängen, sind unsere Feinde, sondern die, die sie in die Flucht treiben. Toleranz und Achtung gegenüber jedem einzelnen und Widerspruch und Vielfalt der Meinungen sind vonnöten – eine politische Kultur, mit der unser Land, das geeinte, seine besten Traditionen einbringen kann in ein geeintes, freies, friedliches Europa.

Und benutzen wir die Macht, die wir haben, die finanzielle vor allem, weise und mit sensibler Hand; Macht, wie wir wissen, korrumpiert, und absolute Macht korrumpiert absolut.

Die Menschheit kann nur in Solidarität überleben. Das aber erfordert Solidarität zunächst im eigenen Lande. West. Ost. Oben. Unten. Reich. Arm. Ich habe mich immer gefragt, warum die Euphorie über die deutsche Einheit so schnell verflogen ist. Vielleicht weil ein jeder als erstes Ausschau hielt nach den materiellen Vorteilen, die die Sache ihm bringen würde. Den einen Märkte, Immobilien, billigere Arbeitskräfte; den anderen – bescheidener – harte Mark und ein grenzenloses Angebot an Gütern und Reisen. Zu wenig wurde nachgedacht über die Chancen, die durch die Vereinigung unterschiedlicher Erfahrungen, positiver wie negativer, sich für das Zusammenleben und die Entwicklung der neuen alten Nation ergeben könnten und, wie ich hoffe, noch immer ergeben können.

Es wird diesem Bundestag obliegen, dafür zu sorgen, daß die mit der Einheit zusammenhängenden Fragen nicht länger in erster Linie ins Ressort des Bundesfinanzministers fallen. Die gewaltlose Revolution vom Herbst 1989 hat den Menschen der alten Bundesländer Möglichkeiten zu neuer Expansion gebracht und denen der Ex-DDR Rechte und Freiheiten, die keiner von ihnen mehr missen möchte und die, ich betone das ausdrücklich, sie sich selber erkämpften.

Und diejenigen DDR-Bürger, die die Waffen zur Erhaltung des ungeliebten Systems besaßen, waren zurückhaltend genug, auf deren Anwendung zu verzichten; und dieses sollte, so meine ich, bei ihrer künftigen Beurteilung zumindest in Betracht gezogen werden.

Die Vergangenheitsbewältigung, von der heute um der Gerechtigkeit willen so viel die Rede ist, sollte eine Sache des ganzen deutschen Volkes sein, damit nicht neue Ungerechtigkeiten entstehen. Aber vergessen wir nicht, daß die Jahrzehnte des Kalten Krieges, welche uns die Spaltung Deutschlands mitsamt der schrecklichen Mauer und deren Folgen brachten, historisch gesehen, das Resultat des Nazi-Regimes und des Zweiten Weltkriegs waren, der von diesem ausging.

Die Effizienz des Westens, seine demokratischen Formen und andere Qualitäten des Lebens dort, die zum Nutzen der Ostdeutschen zu übernehmen wären, liegen zutage. Aber umgekehrt? Gibt es nicht auch Erfahrungen aus dem Leben der früheren DDR, die für die gemeinsame Zukunft Deutschlands zu übernehmen sich ebenfalls lohnte? Der gesicherte Arbeitsplatz vielleicht? Die gesicherte berufliche Laufbahn? Das gesicherte Dach überm Kopf? Nicht umsonst protestieren ja zahllose Bürger und Bürgerinnen der Ex-DDR dagegen, daß die Errungenschaften und Leistungen ihres Lebens zu gering bewertet und kaum anerkannt oder gar allgemein genutzt werden.

Unterschätzen Sie doch bitte nicht ein Menschenleben, in dem, trotz aller Beschränkungen, das Geld nicht das All-Entscheidende war, der Arbeitsplatz ein Anrecht von Mann und Frau gleichermaßen, die Wohnung bezahlbar, und das wichtigste Körperteil nicht der Ellenbogen. Ich weiß sehr wohl, daß man Positives aus Ost und West nur schwer miteinander verquicken kann. Wir haben jedoch so lange mit unterschiedlichen Lebensmaximen in unterschiedlichen Systemen gelebt – und überlebt! –, daß wir jetzt auch fähig sein sollten, mit gegenseitiger Toleranz und gegenseitigem Verständnis unsere unterschiedlichen Gedanken in der Zukunft einander anzunähern.

Das setzt allerdings voraus, daß den Menschen ihre Ängste genommen werden: den Westdeutschen, der Osten könnte sie ihre Ersparnisse und ihre Arbeitsplätze kosten; den Ostdeutschen, der Westen könnte sie ihrer Häuser und

Wohnungen und Stückchen Landes berauben und ihrer Jobs dazu, ihre Berufsabschlüsse nicht anerkennen und ihre Rentenansprüche aus irgendwelchen Gründen kürzen. Ängste? Wie oft sind es schon traurige Realitäten! Also lassen Sie uns solche Realitäten ändern.

Und diese Annäherung im Denken setzt ferner voraus, daß die Regierung eines so reichen Landes, wie es die jetzt vereinte Bundesrepublik ist, ernsthafte und vor allem wirksame Bemühungen unternimmt, Arbeitsplätze zu schaffen, selbst wenn kein Investor neue Profite aus solchen Bemühungen schlagen kann. Massenarbeitslosigkeit, meine Damen und Herren, das haben Ihre Eltern vor Jahren schon durchleben müssen, zerstört die gesamte Gesellschaft und treibt das Land in den Abgrund.

Die Menschen erwarten von uns hier, daß wir Mittel und Wege suchen, die Arbeitslosigkeit zu überwinden, bezahlbare Wohnungen zu schaffen, der Armut abzuhelfen und, im Zusammenhang damit, Sicherheit auf den Straßen und Plätzen unserer Städte und in den Schulen unserer Kinder zu garantieren, und jedermann und jederfrau den Zugang zu Bildung und Kultur zu öffnen – das heißt, die Menschen erwarten, daß wir uns als Wichtigstes mit der Herstellung akzeptabler, sozial gerechter Verhältnisse und der Erhaltung unsrer Umwelt beschäftigen. Die Vorstellungen in diesem Hause dazu mögen weit auseinanderklaffen. Lassen Sie uns ruhig darüber streiten. Doch in einem werden wir hoffentlich übereinstimmen: Chauvinismus, Rassismus, Antisemitismus und stalinsche Verfahrensweisen sollten für immer aus unserem Lande gebannt sein. Dieser Bundestag wird derlei nicht völlig verhindern können; aber er kann dazu beitragen, ein Klima zu schaffen, in dem die Menschen, die solch verfehlten Denkweisen anhängen, der öffentlichen Ächtung verfallen. All dieses jedoch kann nicht die Angelegenheit nur einer Partei oder einer Fraktion sein. Es ist nicht einmal die Sache eines Parlaments nur, sondern die aller Bürgerinnen und Bürger, West wie Ost. Und wenn wir von diesen moralisches Verhalten verlangen und Großzügigkeit und Toleranz im Umgang miteinander, dann müßten wir wohl, als ihre gewählten Repräsentanten, mit gutem Beispiel vorangehen.

Und just darum plädiere ich dafür, daß die Debatte um die notwendigen Veränderungen in unserer Gesellschaft Sache einer großen, bisher noch nie dagewesenen Koalition werden muß, einer Koalition der Vernunft, die eine Koalition der Vernünftigen voraussetzt. In diesem Sinne eröffne ich den 13. Deutschen Bundestag und wünsche uns allen Glück für unsere gemeinsame Arbeit.

Über Heine

Düsseldorf, April 1995

Da war ich nun in Düsseldorf, in der Bilker Straße, und ging, einer inneren Pflicht gehorchend und wohl auch ein wenig bange, ins Heinrich-Heine-Institut. Zuerst war alles enttäuschend: die Bilder aus der Zeit, ein paar Dokumente, ein paar Möbel, der bekannte, nachdenklich gesenkte Kopf, schließlich die Totenmaske – ein Museum eben. Bis man mich nach oben führte, wo die Handschriften wohlgeordnet liegen, Seite um Seite, die Tinte oft kaum verblaßt, Korrekturen über den Korrekturen, die schrägen, gleichsam eilenden Buchstaben, so als hätten sie Mühe gehabt, mit den Gedanken des Dichters Schritt zu halten, und dann die Manuskripte der Spätzeit, mit Bleistift geschrieben, in Riesenlettern auf Riesenbogen, die speziell für ihn gefertigt worden waren; nur so konnte der Halbblinde sein Wort noch wiedererkennen. Und auf einmal wurde er mir lebendig; ich las die vertrauten Verse,

> *Wir wollen hier auf Erden schon*
> *das Himmelreich errichten,*

und die Prosa der Vorrede zur »Lutetia«, *Möge sie zertrümmert werden, diese alte Welt, wo die Unschuld zu Grunde ging, wo der Cynismus gedieh*, und ich spürte, wie mir etwas die Kehle zusammenzog und die Augen feucht wurden; ich hatte ihn immer geliebt, und wenn einer mir Vorbild gewesen war, dann er.

Sie haben ihn verbrannt im Jahre 1933, die deutschen Nazis, denn wer eines Dichters Bücher verbrennt, verbrennt den Dichter selber, ein vorgezogenes Auschwitz. Sie haben ihn verbrannt, und nicht nur, weil er Jude war, sondern weil sein Deutschland, seine Vision von Deutschland, in allem das Gegenteil war von ihren spießigen, großmäuligen, mörderischen Haltungen, die sie in dem bekannten Tausendjährigen Reich dann in eine scheußliche Wirklichkeit umsetzten. Seine Vision war aber anders auch als das Bild, welches die Bundesrepublik heute unsern Augen bietet. Man lese nur, was Heine da sagt in seinem eigenen Vorwort zu *Deutschland, ein Wintermärchen*, und staune über die Nähe seiner Aussage zu unseren Tagen:

Was ich aber mit noch größerem Leidwesen voraussehe, das ist das Zeter jener Pharisäer der Nationalität, die jetzt mit den Antipathien der Regierungen Hand in Hand gehen, auch die volle Liebe der Censur genießen und in der Tagespresse den Ton angeben können, wo es gilt, jene Gegner zu befehden, die auch zugleich die Gegner ihrer allerhöchsten Herrschaften sind. Wir sind im Herzen gewappnet gegen das Mißfallen dieser heldenmütigen Lakaien in schwarz-rot-goldener Livrée. Ich höre schon ihre Bierstimmen: »Du lästerst sogar unsere Farben, Verächter des Vaterlands!...« Beruhigt euch. Ich werde eure Farben achten und ehren, wenn sie es verdienen, wenn sie nicht mehr eine müßige oder knechtische Spielerei sind. Pflanzt die schwarz-rot-goldne Fahne auf die Höhe des deutschen Gedankens, macht sie zur Standarte des freien Menschenthums, und ich will mein bestes Herzblut dafür hingeben...

Und ebenso verhaßt war damals, als sie ihn verbrannten – wie auch heute wieder –, des Dichters soziales Programm, das er so schön in Verse gefaßt:

Wir wollen auf Erden glücklich sein,
Und wollen nicht mehr darben;
Verschlemmen soll nicht der faule Bauch,
Was fleißige Hände erwarben.

Es wächst hienieden Brot genug
Für alle Menschenkinder.
Auch Rosen und Myrten, Schönheit und Lust,
Und Zuckererbsen nicht minder.

Ja, Zuckererbsen für Jedermann!

Noch zwei Stellen, die mich stets ganz besonders berührt haben bei der Lektüre des *Wintermärchens*. Die eine handelt von der Zensur, oder, eigentlich, von deren Unmöglichkeit. Da kommt er, auf seiner Reise, an die deutsche Grenze und fällt in die Hände der preußischen Douaniers, der Zöllner. Die

Beschnüffelten Alles, kramten herum
In Hemden, Hosen, Schnupftüchern;
Sie suchten nach Spitzen, nach Bijouterien,
Auch nach verbotenen Büchern.

Ihr Thoren, die ihr im Koffer sucht!
Hier werdet ihr Nichts entdecken!
Die Kontrebande, die mit mir reist,
Die hab' ich im Kopfe stecken...

Und viele Bücher trag' ich im Kopf!
Ich darf es euch versichern,
Mein Kopf ist ein zwitscherndes Vogelnest
Von konfiszierlichen Büchern.

Wie oft habe ich in DDR-Zeiten dieser tröstlichen Zeilen Heines gedacht, und auch jetzt wieder, da das amtliche Bulletin der Bundesregierung den Abdruck meiner Bundestagsrede verweigerte, welche die Herren und Damen bei der Eröffnung des Parlaments versteinerten Gesichts sich anzuhören gezwungen waren.

Am tiefsten aber rührten mich immer wieder die Verse des Dichters von seiner Begegnung mit der schattenhaften Gestalt, die ihn nächtens in Köln verfolgt mit dem blinkenden Beil unter dem Umhang und nicht von ihm weichen will, bis er sie endlich anspricht und erfährt:

> *Doch wisse, was du ersonnen im Geist,*
> *Das führ' ich aus, Das thu ich.*
>
> *Und gehn auch Jahre drüber hin,*
> *Ich raste nicht, bis ich verwandle*
> *In Wirklichkeit, was du gedacht;*
> *Du denkst, und ich, ich handle.*
>
> *Du bist der Richter, der Büttel bin ich,*
> *Und mit dem Gehorsam des Knechtes*
> *Vollstreck' ich das Urtheil, das du gefällt,*
> *Und sei es ein ungerechtes.*
>
> *Dem Konsul trug man ein Beil voran,*
> *Zu Rom, in alten Tagen.*
> *Auch du hast deinen Liktor, doch wird*
> *Das Beil dir nachgetragen.*
>
> *Ich bin kein Liktor, und ich geh'*
> *Beständig mit dem blanken*
> *Richtbeil hinter dir – ich bin*
> *Die That von deinen Gedanken.*

Mir läuft es kalt den Rücken hinunter bei dieser Beschreibung der Wirkung des Worts, und ich verstehe das Mißtrauen, das die Mächtigen im Staate – und die Spießbürger – immer gehegt haben gegen Leute, die der Sprache mächtig waren, besonders der dichterischen. Die Verbrennung der Bücher, ihre Unterdrückung überhaupt, ist die Antwort auf die Bedrohung, als welche die Werke der Literatur sich den beschränkten Köpfen in Kabinetten wie Wirtshäusern darstellen, und besonders die Werke des Heinrich Heine.

Uns aber obliegt es, diese Werke zu schützen und den Menschen ans Herz zu legen, heute wie in der Zukunft.

Befreiung

»Berliner Zeitung«, 8. Mai 1995

Daß das nun schon fünfzig Jahre her ist... Und daß ich es miterlebt habe im Mai 1945 und heute daher in den Rang eines Zeitzeugen aufgerückt bin, und zwar eines Zeitzeugen, der sich als Soldat der US-Armee damals mit Fug und Recht zu den Befreiern zählen durfte... Fast klingt es mir selber unglaublich.

Und doch ist es so. Und wenn ich meine Augen kurz schließe, ein alter Mann vor seinem Computer, tauchen die Bilder vor mir auf: der Hof hinter dem Haus in Bad Nauheim, wo ich die Patronen im Magazin meines Revolvers sämtlich in die Luft schoß, ein Feuerwerk für mich ganz allein – die Nazis für immer geschlagen, wer würde die Patronen noch brauchen – und die Silhouetten der halb oder ganz zerstörten Städte, Abbild ebensolcher Städte in anderen Ländern; und, ein paar Wochen später, zurück in Berlin, die Ruine der Reichskanzlei, an deren Fenster ich zwölf Jahre vorher, am Anfang seines Tausendjährigen Reiches, Hitler gesehen hatte, wie er mit gerecktem Arm die lähmende Parade seiner Sturmtruppen abnahm; jetzt lag der Kerl da unter der Erde, im Bunker des zerbombten Prunkbaus, und hatte sich seiner Verantwortung entzogen.

Wenigstens schwiegen die Waffen nach jenem 8. Mai, und ich dachte, die Welt, und Deutschland, würden aufatmen können von nun an: Wer sollte denn noch Krieg führen gegeneinander? Die Russen? Die Amerikaner? Die waren doch verbündet gewesen gegen den Mörder der Völker und hatten gesiegt über ihn und seine Heere – wenn je, war jetzt, Gott sei's gedankt, die Zeit gekommen für den ewigen Frieden. Bis ich dann, nur wenige Monate darauf, mit ein paar dort stationierten Offizierskameraden sprach in diesem kaputten Berlin und von ihnen die ersten Andeutungen hörte über neue böse Konflikte mit der anderen Besatzungsmacht, den Sowjets.

Befreit... Die Amerikaner sprachen viel von Befreiung damals, in den Zeitungen, die sie herausgaben für die Deutschen, und dem Rundfunk, den sie übernommen hatten, und es gehörte zu meinen Obliegenheiten, festzustellen, ob die Menschen, an die man sich wandte, sich auch wirklich und wahrhaftig befreit fühlten, oder wie oder was.

Die Uniform, die ich trug, war eher ein Hindernis bei meinen sozialpsychologischen Forschungen; die Leute machten sich sofort ihre Gedanken über das, was ich wohl zu hören wünschte, und redeten entsprechend: Selbstverständlich fühlten sie sich befreit; waren sie denn nicht erlöst worden durch die Alliierten von der Gewaltherrschaft der Nazis, kein Blockwart belauschte sie mehr, und im Radio, so sie noch eines besaßen, konnten sie hören, was sie wollten, und die Gestapo hatte sich verflüchtigt, und die jüdische Großmutter, welche die meisten von ihnen jetzt entdeckt hatten, brauchten sie auch nicht mehr zu verschweigen. Die Hauptsache aber, und das war echt: Sie waren befreit von den Bombennächten und von der Angst vor den Russen, die gleichfalls behaupteten, den Deutschen die Freiheit gebracht zu haben; aber diese Variante war nicht so populär.

Um sich befreit zu fühlen, mußte einer sich erst einmal unterdrückt gefühlt haben. Und wer hatte sich unterdrückt gefühlt im Deutschland des Adolf Hitler? Die Juden natürlich, deren Minderwertigkeit regierungs- und parteiamtlich proklamiert worden war und die man, lebend oder tot, aus dem Lande zu entfernen beabsichtigt hatte und aus den eroberten Gebieten; die Zigeuner, die sowieso nicht viel galten; und schließlich jene unter den Kommunisten und Sozialdemokraten und Christgläubigen und den Nachdenklichen, die uneinsichtig genug gewesen waren, auf ihrer inneren Opposition gegen das Regime zu beharren – diese mußten, jeder sah das ein, unterdrückt werden, und demzufolge fühlten sie sich auch unterdrückt und, nach dem 8. Mai, befreit.

Die meisten anderen, soweit sie nicht selber der irren Ideenwelt des Nationalsozialismus anhingen, arrangierten sich mit der Staatsgewalt – eine liebe deutsche Gewohnheit – und empfingen dafür, was der Staat damals zu bieten hatte, Fahnen und Trommeln und Reden zur Pflege des so lange schon brachliegenden vaterländischen Geistes, vor allem aber erhielten sie Arbeit, Arbeit zur Vorbereitung des geplanten Krieges.

Erst als die Niederlagen dann spürbar wurden in dem Krieg, der folgerichtig gekommen war, verbreiteten sich Zweifel sogar unter dieser Menge, und die Unterdrückungsmaschinerie wurde nun auch gegen sie in Gang gesetzt, mit dem zu erwartenden psychologischen Effekt: einer rudimentären Sehnsucht nach Befreiung bei so manchem.

Meine Cousine Gerda, die nach einer Odyssee durch andere, noch schlimmere Lager im KZ Bergen-Belsen gefangen gewesen war, bis die britischen Panzer durchs Tor kamen, erzählte mir von dem Erlebnis, das sie als den Moment ihrer Befreiung empfand: Da hatte sie eine Zigarette ergattert von den Engländern, und da stand ein SS-Mann, der immer noch glaubte, er müsse seine Häftlinge bewachen, und sie ging auf ihn zu mit ihrer Zigarette und herrschte ihn an, »Feuer!«, und der Mann schrak plötzlich zusammen und zückte sein Feuerzeug und bot ihr gehorsam das Flämmchen – da erst wußte sie, sie war frei.

Und Ähnliches wie meine Cousine Gerda müssen viele erlebt haben im Deutschland jener Tage, und nicht nur in den Konzentrationslagern, auch außerhalb dieser: Und all jene, die von einem anderen, besseren, demokratischen oder gar sozialistischen Lande geträumt und oft auch dafür gelitten hatten, werden ihren Glauben wiedergefunden haben an die Freiheit, ihre Träume zu verwirklichen; solche Menschen gab es überall, sie waren nicht in der Mehrheit, nein, das sicher nicht, aber man konnte und durfte sie nicht übersehen, man fand sie in allen Schichten, besonders aber in den unteren, und für mich stellten sie die Hoffnung dar für die Zukunft des Landes, in dem ich geboren und in das ich kämpfend zurückgekehrt war.

Leider jedoch fügte die Weltgeschichte es anders. Der Ost-West-Konflikt, der sich alsbald zum Kalten Krieg auswuchs und dessen Anfängen ich in jenem Gespräch mit den Offizieren der Berliner US-Garnison zum ersten Mal begegnet war, entwickelte sich rasant, und beide, Amerikaner und Sowjets, suchten sich ihre Deutschen und machten sie zu ihren geschätzten Verbündeten; und nun begann eine Befreiung ganz anderer Art, in deren Genuß auch die Unterdrücker kamen, die nach der so blutig erkämpften Niederlage der Nazis eigentlich für immer hätten abtreten sollen: Herr Globke, der Mitautor und Kommentator der Judengesetze wurde Staatssekretär bei Adenauer, andere fragwürdige Gestalten stiegen noch höher, und auch in der Sowjetischen Besatzungszone übersah man mitunter eines Mannes tiefbraune Vergangenheit, wenn er nur von Nutzen war für künftige Pläne.

Was Freiheit! Was Ideale! Die Realität setzte sich durch,

und diejenigen, die an jenem 8. Mai den Tag ihrer Befreiung gefeiert hatten, merkten, sie hatten möglicherweise zu früh gejubelt.

Und doch... Die Gefühle von damals sind, glaube ich, nicht verloren, nach fünfzig Jahren noch nicht; oder, wenn man so will, sie sind wieder aufgetaucht aus der Vergessenheit – nicht wegen der offiziellen Ansprachen und Kränze und Gedenkmusiken zu dem Datum, sondern trotz ihrer. Vielleicht gibt es so etwas wie ein geheimes Geschichtsbewußtsein, das im Herzen der Menschen lebt und nicht auszurotten ist und sich dem Vergessen verweigert, und in dem jene Momente bewahrt sind, in denen die Menschheit den ersten Schritt unternimmt in eine neue Ära.

Der 8. Mai des Jahres 1945, an dem der blutige Unterdrückungsapparat des Adolf Hitler samt seinen Folterbänken und Menschenverbrennungsöfen im Donner der alliierten Geschütze zusammenkrachte und das leuchtende Gesicht der Freiheit sich den Sensibleren unter dem Volke wenigstens kurz einmal zeigte, war ein solcher Moment. Wir sollen versuchen, diese Gefühle, so widersprüchlich sie auch waren, lebendig zu halten für die, die nach uns kommen.

Erklärung zur Niederlegung des Bundestagsmandats

29. September 1995

In einer Zeit, da in diesem Lande die Arbeitslosigkeit zweistellige Prozentziffern erreicht, und das Einkommen derer, die noch in Arbeit stehen, sich ständig verringert, und die Regierung dem Volke eine Staatsverschuldung aufbürdet, die noch unsere Kinder und Kindeskinder belasten wird, in einer solchen Zeit hat die Mehrheit des Bundestags, bestehend aus den Christparteien und Sozialdemokraten, es für richtig gehalten, eine Änderung des Grundgesetzes zu beschließen, welche es den Mitgliedern des Hohen Hauses ermöglicht, sich die eigenen Taschen noch kräftiger als bisher zu füllen.

Ich habe gegen diesen Beschluß und gegen die willkürliche Erhöhung der Bundestagsdiäten gestimmt. Meine Stimme erwies sich jedoch, selbst im Verbund mit den Stimmen einiger anderer, als zu schwach.

Als direkt gewählter Abgeordneter des Wahlbezirks Prenzlauer Berg/Berlin Mitte, eines der ärmsten der Hauptstadt, möchte ich nicht, wenn auch nur passiv, an dem neuen parlamentarischen Beutezug teilnehmen. Und als Alterspräsident des Bundestags, dem es obliegt, wenigstens ein Minimum an öffentlicher Moral anzumahnen, kann ich die Entscheidung, die von der Mehrheit des Hauses getroffen wurde, nicht mittragen.

So bleibt mir nur ein Weg, um meinen Protest hörbar zu machen: mein Mandat niederzulegen.

Ich tue dies hiermit.

Fünf Jahre Einheit

»Neues Deutschland«, 30. September 1995

Im Herbst 1984 veranstaltete das Goethe-Institut in Brüssel ein Gespräch, ein öffentliches, zwischen den Schriftstellern Günter Grass und Stefan Heym, Thema: Nachdenken über Deutschland.

Grass warnte da vor einer Wiedervereinigung, »weil das ja einschließt, daß etwas geschieht, was es schon einmal gegeben hat. Und ein politisch wiedervereinigtes Deutschland, einmal abgesehen von den Grenzen von 1937, aber auch selbst ohne diese Grenzen, halte ich nicht für wünschenswert.«

Statt dessen empfahl er ein »föderiertes Verhältnis zwischen den beiden deutschen Staaten«, und ich ergänzte, schon mehr ins Detail gehend, »wir werden etwas finden müssen, was vielleicht von beiden Staaten ausgehen kann und Elemente benutzen kann von beiden: das Gute im Sozialismus, und da ist allerhand Nützliches drin, und auch im Westen gibt es durchaus erhaltenswerte Dinge, die von unserer Seite aus immer als kapitalistisch bezeichnet werden, die aber auch einfach menschlich sind – die Initiative, die einer entwickeln möchte, die Freiheit zu reden und so weiter und so fort. Es wäre vermessen von mir, irgendwelche gesamtdeutschen Rezepte zu geben. Ich habe nur angefangen, nachzudenken: wie sollte so ein Deutschland aussehen? Und ich weiß, daß mit mir zusammen viele Leute darüber nachdenken.«

Dann, am 4. November 1989, auf dem Alexanderplatz, sagte ich vor mehr als einer halben Million Menschen: »Der Sozialismus, der richtige, ist nicht denkbar ohne Demokratie. Demokratie aber, ein griechisches Wort, heißt Herrschaft des Volkes. Freunde! Mitbürger! Übernehmt die Herrschaft!«

Und die Menschen antworteten, vielstimmig: »Wir sind das Volk!«

Und einen Monat später, auf einer Demonstration im Lustgarten, fragte ich von den Stufen des Museums aus, »was für ein geeintes Deutschland das dann sein soll: ein Großdeutschland wieder, wie gehabt, durch Anschluß zusammengekommen, ein Viertes Reich, gefürchtet von den Völkern und von nachdenklichen Menschen in beiden deutschen Staaten ebenso – oder ein anderes, neues, in das auch die Bürger der DDR ihre Erfahrungen und Werte und die Resultate ihrer langjährigen Mühen mit eingebracht haben werden?«

Schließlich, im Jahre 1990, in Paris, antwortete ich auf die Frage des Reporters einer französischen Illustrierten nach dem Erfolg der Wiedervereinigung der beiden deutschen Staaten: »Das ist wie bei einer Schlange, die ein Igelchen geschluckt hat: das Igelchen ist weg, aber die Schlange wird Verdauungsprobleme haben.«

Die deutsche Frage, um die es hier geht, hat mich seit meiner Vertreibung aus meiner Heimatstadt durch die Nazis über die halbe Welt verfolgt; ich habe, als amerikanischer Offizier noch, gegen die Aufteilung des deutschen Volkes unter die Machtblöcke protestiert und habe später, apropos Mauer, öffentlich gefragt, was das für ein Sozialismus sei, der sich und seine Bevölkerung einmauern muß, und habe empfohlen, eine Politik zu betreiben, die den Westen zwingen würde, selber eine solche Mauer zu errichten, nämlich damit seine Leute ihm nicht davonlaufen.

Vergebens. Und heute wieder kann ich nicht aus vollem Herzen einstimmen in den Jubiläumsjubel, obwohl seit dem Geldumtausch und der Wiedervereinigung ein jeder frei ist zu reisen, wohin er will, und zu konsumieren, was er will, und zu reden und schreiben, was und gegen wen er will, und vor Gericht zu treten für seine Interessen – immer vorausgesetzt, daß er sich all das leisten kann.

Fakt ist, die Bürger der ehemaligen DDR sind aus dem real vorhandenen Sozialismus in den real vorhandenen Kapitalismus geraten, und die fünf Jahre, deren Ablauf jetzt gefeiert wird, waren für diese Bürger Schuljahre; fast jeden Tag gab es Neues zu lernen: vom Gebrauch der Ellbogen auf dem Markt, dem freien, auf dem sich alles rechnen muß, von der Praxis der Banken und von Kreditwesen und Alt- und Neuschulden, von Grund- und Bodenwerten und Filetstücken und Rückgabe vor Entschädigung, von Bestrafung durch Minderung von Renten, von Abwicklung und Privatisierung, von treuen und weniger treuen Händen, und was dergleichen mehr. Und wer sich gelehrig anstellte und die richtigen Verbindungen hatte oder solche anknüpfte, durfte sich dann mitergötzen an den blühenden Landschaften; die andern sahen die Glaspaläste in Stadt und Land in die Höhe schießen, Dutzende von Stockwerken mit einem Büro neben dem anderen, und durften fragen, wer braucht denn soviel Büroraum und aus wessen Tasche wird das alles bezahlt?

Kurz nach der Wende baten mich die Arbeiter von VEB Narva, Hersteller von Glühlampen und ähnlichem, sie in ihrem Betrieb zu besuchen, um sie zu beraten: ihre Partei- und Gewerkschaftssekretäre waren ihnen abhanden gekommen, und sie machten sich Sorgen um ihren Betrieb. Ich riet ihnen – Narva war volkseigen –, ihr Eigentum selber in die Hand zu nehmen und, des Knowhow und des Absatzes in der Welt wegen, ein Joint Venture mit Osram zu suchen, der Firma, von der sie einst abstammten – dabei aber wohl darauf zu achten, daß ihnen mindestens 51 Prozent ihrer Anteile verblieben. Aber dann erschien die Treuhand auf der vereinigten deutschen Bildfläche – und vor ein paar Wochen las ich, daß die letzten Arbeiter, die einst bei Narva gearbeitet, entlassen worden waren.

Narva ist heute nur noch ein Stück Grund und Boden.

Fünf Jahre nach der Wiedervereinigung ist ein neues deutsches Wort entstanden: Ostalgie. Eine Menge Menschen in den neuen Bundesländern fangen an, der Zeit ein wenig wehmütig zu gedenken, als es im Osten des Landes selbstverständlich war, daß ein jeder, der arbeiten wollte, auch Arbeit hatte, und ein bezahlbares Dach über dem Kopf, und soziale Sicherheit, und die Kinder eine angemessene Ausbildung bekamen. Und wer solcher Ostalgie gelegentlich anhängt, erfährt dann: auch im Gefängnis kriegt jeder Arbeit und hat, neben den Gittern am Fenster, ein Dach über seiner Zelle, von Sicherheit gar nicht zu reden.

Stimmt. Und ich kenne keinen, der sich die DDR, so wie sie war, unfrei, bürokratisch, langweilig und knapp an Gütern, zurückwünschte mit ihrer ewigen Bevormundung. Und doch war die angemaßte Autorität der Funktionäre nicht das Ganze. Dieser blöde Obrigkeitsstaat, mit seiner Herrschaftsschicht, der Nomenklatura, predigte ja auch, aus alter Arbeitertradition, Gemeinsinn, und es gab kein Privateigentum an Großgrundbesitz oder Fabriken und Banken, und Privatprofit ließ sich nicht anhäufen, und einer war nicht aus Prinzip des anderen Konkurrent. Das schuf ein anderes, weniger harsches Gefühlsleben, als im Westen üblich, machte dann aber, als die Wende kam, die Menschen auch wehrlos gegen das, was nun über sie hereinbrach.

Kurt Biedenkopf, sicher kein Gegner des Kapitalismus, sagte vor kurzem: »Die westdeutschen Besitzstände haben ein Wettrennen nach Ostdeutschland veranstaltet, um hier möglichst schnell ihre Claims abzustecken. Alles sollte genauso weitergehen wie im Westen... Wir haben die großen Kräfte, die durch die deutsche Einheit freigesetzt wurden, so kaum nutzen können.«

Und wenn man, im Westen, sich über die Transferzahlungen in den Osten beschwert, so möge man doch nicht vergessen, wieviel an realem Besitz – und an Jobs! – in umgekehrter Richtung, von Ost nach West, transferiert wurde, und daß auch die Bürger der neuen Bundesländer gezwungen sind, Solidaritätssteuer zu zahlen, und daß die Wirtschaftskrise, die gegen Ende der achtziger Jahre sich in Westdeutschland anbahnte, durch die Eroberung eines Marktes von 16 Millionen neuen Kunden zumindest verzögert und wesentlich abgemildert wurde.

Wieso aber hat diese Nomenklatura, die in ihrer DDR wenn auch nicht wie Millionäre, so doch ganz komfortabel lebte, ihren Staat nicht verteidigt? Nur weil die Ungarn es satt hatten, ihren Grenzzaun zu bewachen, und Tausende von unternehmungslustigen Ostdeutschen dort relativ ungehindert nach Österreich ziehen konnten? Nur weil der Genosse Gorbatschow sich die Aufrechterhaltung, ökonomisch wie politisch, eines eignen deutschen Staates nicht mehr leisten konnte, sondern, im Gegenteil, Stützung aus Bonn für seine marode Sowjetunion brauchte? Oder hatte hier tatsächlich die psychologische Kriegsführung des Westens einen entscheidenden Sieg über die plumpe Propaganda der Stalin-Epigonen und deren Praktiken davongetragen – jene Kriegsführung, deren Kernstück Egon Bahrs »Wandel durch Annäherung« war und deren tägliche Munition die Verlockung der Bevölkerung des Gegners durch die prächtigen Reklame-Anzeigen im Westfernsehen, gar nicht zu reden von den Westwaren in den Ost-Intershops?

Und wirklich war diese Annäherung, von vielen unbemerkt, schon lange vor der Wende weit fortgeschritten, mit Franz Josef Strauß und Schalck-Golodkowski als ihren Protagonisten, und Honecker und Kohl vereint auf rotem Teppich. Was Wunder, daß in manchen höheren DDR-Hirnen der Gedanke Platz griff, die Banker könnten da noch einmal Gnade vor Recht ergehen lassen und der Nomenklatura auch in einem Gesamtdeutschland ein Schattendasein gestatten. Es erscheint doch merkwürdig, daß Papst Reich-Ranicki bei der Verdammung von Grass' neuestem Werk am lautesten über die Stelle zeterte, da ein alter Polizeispitzel dem Helden des Buches andeutet, die ganze Wiedervereinigung sei eigentlich das gemeinsame Werk westlicher *und* östlicher Geheimdienste gewesen. Ebenso müßte jedem objektiven Beobachter die prompte Umwandlung, innerhalb von vier Tagen, von »Wir sind *das* Volk« in »Wir sind *ein* Volk« zu denken geben; und wer, frage ich, hat eigentlich an jenem Abend dem alten Schurken Schabowski den Zettel mit der Ansage zugesteckt, die Mauer sei nun offen? Heute, nach fünf Jahren, ist das immer noch eines der bestgehüteten Geheimnisse dieses Landes.

Ich bin kein Freund von Dolchstoßlegenden. Die DDR war wirtschaftlich so gut wie am Ende, die Massenflucht ein ständig erneuter Blutverlust. Die politische Führung war unfähig und ohne Konzeption – aber gleich unfähig und konzeptionslos war auch die Opposition, und dazu noch schlecht oder gar nicht organisiert und ohne eine Persönlichkeit in ihren Reihen mit auch nur einem Minimum an Charisma.

Sicher, die Wende war die sanfteste Revolution in der neueren europäischen Geschichte; aber sie war auch die kopfloseste.

Und wie geht es nun weiter? Was ist die Perspektive, in diesem geeinten Deutschland, in Europa, der Welt?

Um über die Zukunft nachzudenken, sollte man zunächst einmal nachdenken über die Gegenwart. Wo stehen wir?

Nach dem Kollaps des, wie auch immer gearteten, Sozialismus stecken wir allesamt wieder in dem guten alten Kapitalismus, aus dem schon Karl Marxens revolutionäre Gedanken erwuchsen und die Urväter der Sozialdemokratie ihre Hoffnungen auf eine andere, gerechtere, eine sozialistische Welt schöpften – in jenem Kapitalismus also, in dem die einen das Geld und die Produktionsmittel kontrollieren und die andern ihre Hände verhökern müssen und, soweit vorhanden, ihre Gehirne, und noch froh sein können, wenn jemand ihnen etwas dafür zahlt. Wir sind vorwärtsmarschiert – vorwärts in die Vergangenheit, nur daß die alten Strukturen mit neuen Techniken versehen sind, elektronischen, atomaren, und was für Teufelszeug noch, sodaß der Kapitalismus seine Produktivität bis zum Gehtnichtmehr steigern kann, dabei aber, wie seit eh und je, nicht imstande ist, seine Produkte gewinnbringend für sich selber und zugleich sozial gerecht und – last not least! – naturschonend unter die Leute zu bringen.

Aus diesem Widerspruch werden sich neue soziale Konflikte ergeben, die eigentlich die alten, uns längst bekannten sind, und die eine Alternative erfordern. Wir können nur hoffen, daß sich aus der Verzweiflung der Arbeits- und Besitzlosen nicht wieder ein neuer Führer herausschält, mag er nun Hitler II heißen oder LePen oder Schirinowski. Vielleicht aber werden die Menschen, auf der Suche nach dieser Alternative, sich dunkel entsinnen: da war doch mal etwas, wenigstens drüben im Osten, das anders aussah und anders funktionierte...

Wir haben einen großen Vorteil, wenn es je im Verlauf der Entwicklung des Kapitalismus zu einem zweiten Versuch kommen sollte, menschliches Zusammenleben nach dem Grundsatz sozialer Gerechtigkeit zu gestalten: wir wissen, aus der Erfahrung dieses Jahrhunderts, wie man es *nicht* machen sollte.

Aber *wie* man es macht, wissen wir ebenfalls nicht. Ich wenigstens kenne keinen allgültigen Plan.

Doch eines weiß ich: daß ein erstes mißlungenes Experiment in einer guten Sache ein zweites nicht unbedingt ausschließt. Wie viele Experimente, über wie viele tausend Jahre hin, wurden unternommen, um den Menschen die richtige Seligkeit zu vermitteln?

Und ich möchte ja nur, daß sie hier auf Erden vernünftig leben dürfen.

Gedenken an Heinar Kipphardt
Rede im Residenztheater München

8. März 1997

Obwohl er schon eine Weile abwesend ist, ist er mir immer noch nah; wenn er da vor der alten Mühle saß in Angelsbruck, die er zu seiner letzten Wohn- und Arbeitsstätte hatte umbauen lassen, schien er so solide und in sich ruhend, daß einem nichts ferner lag als der Gedanke, auch er, Kipphardt, könne eines Tages sterben.

Dabei war es nicht gar so weit her mit seiner inneren Ruhe. Er geriet leicht in Zorn, in berechtigten Zorn, wäre hinzuzufügen, denn es gab vielerlei in seiner Zeit, worüber ein gerechtigkeitsliebender Mann wie er zu zürnen Gründe hatte; bei solchem Anlaß rötete sich sein Gesicht, und man merkte, wie er sich zügelte. Manchmal rissen die Zügel, dann wurde die Stimme lauter und schärfer, aber niemals schrill. Dann empfahl es sich, sich ihm gegenüber zurückzuhalten; so gleichmütig und selbstbeherrscht er sich gab, so wenig nachgiebig war er, wenn es ihm nötig erschien, eine Sicht zu vertreten, die er als richtig erkannt hatte, eine unpopuläre besonders.

Ich lernte ihn kennen, wie man einen Schriftsteller kennenlernen soll: durch sein Werk. Ich sah sein »*Shakespeare dringend gesucht*« und fand es witzig und nachdenklich zugleich und glänzend konstruiert, und, mindestens ebenso wichtig, genau zum politischen Punkt. So kurz auch der Zeitraum, den ich bis dahin in der DDR verbracht, er hatte genügt, um mich die dumpfe Atmosphäre im Lande spüren zu lassen; und hier war einer, der einen Stoß frischen Winds da hineingebracht hatte.

Ein mich behandelnder Arzt, Hübner hieß er, erzählte mir, sie hätten beide, er und Kipphardt, als junge Mediziner im selben Sanitätstrupp der Wehrmacht gedient; schon damals habe Kipphardt für die Nationalsozialisten nichts als Verachtung gehabt; kein Wunder, hatten sie seinen Vater doch ins Konzentrationslager gesteckt, nach Buchenwald. Kipphardt selber traf ich ein wenig später im Hause von Ernst Busch; wir sprachen von seinem Shakespeare und seiner Arbeit als Dramaturg am Deutschen Theater; ich hatte erwartet, einen glücklichen jungen Menschen vorzufinden, hatte er nicht Erfolg gehabt und mit seinem Erfolg eine erkennbare Bresche geschlagen in die Front der Dunkelmänner, die sich damals bereits zu zeigen begann; aber er war nicht sehr glücklich; nicht, daß er mir seine Probleme dargelegt hätte, die am Theater oder die persönlichen, eher war es der ironische Ton, in dem er seine Bemerkungen machte, der Schlüsse zuließ auf seine Lage und Stimmung.

Ein zweites Mal, wieder im Hause Busch, war es eine Art Abschiedsparty für ihn. Nicht formell; so deutlich redete man nicht, in größerer Gesellschaft, von solchen Dingen; doch die Sache war deutlich genug. Aber warum um Gottes willen, fragte ich ihn, wie ich später noch andere auch gefragt habe, wollen Sie weg? Sei es denn so schlimm für ihn im Lande? Und sagte ihm, in ungefähren Worten, daß ich ihn gern zum Freunde gehabt hätte, einfach vorbeikommen hier und da, aber wenn er fortginge, dann wäre das doch etwas schwierig.

Ja, so schlimm sei es für ihn in diesem Lande, sagte er, und sprach von einer blödsinnigen Bevormundung, die ihm unerträglich geworden, über deren Einzelheiten er sich jedoch nicht näher ausließ.

Jahre später – inzwischen war die Mauer gebaut worden – suchte ich ihn in München auf. Ich erinnere mich nicht mehr, ob er zu der Zeit schon wieder Dramaturg war, an den Kammerspielen diesmal, wahrscheinlich ja; jedenfalls wollte ich von ihm wissen, wie man so als Schriftsteller lebe im deutschen Westen, und war doch sehr betroffen, als er mir die Summe nannte, die einer brauchte für die hohen Steuern und was sonst noch an Kosten anlief, um über die Runden zu kommen mitsamt Familie.

Und das andere?

Die Frage war doppelbödig. Wenn einer die Absicht habe, nicht zu lügen, erwiderte er schließlich, und sich nicht zu unterwerfen, sich nicht zum Objekt machen zu lassen, dann sei es auch in dieser Bundesrepublik nicht leicht.

Er war auf der Suche nach einem Haus auf dem Lande; in der Stadt, sagte er, werde es immer unmöglicher; er hatte von einem alten Pfarrhaus gehört in der Nähe des Tegernsees, und bot mir an, ihn dorthin zu begleiten.

Das Pfarrhaus, stellte sich heraus, war ungeeignet für Kipphardts Zwecke; so aßen wir am Seeufer zu Mittag und machten eine Rundfahrt auf dem See, Erinnerung für mich an meine Münchener Besatzungszeit mit gelegentlichen Ausflügen hierher. Kipphardt hörte mir zu und ich ihm, der deutsche dem amerikanischen und der amerikanische dem deutschen Soldaten; es war ihm sehr schlecht gegangen nach dem Kriege, trotzdem hatte er es fertiggebracht zu promovieren, in Düsseldorf, und war dann, als Neurologe und Psychiater, nach Ostberlin gegangen, denn dort, habe er geglaubt, sei ein gründliches Umdenken eher möglich gewesen.

Und nun war er doch wieder im Westen.

Meine Kritik am Stalinismus, sagte er, kommt von links.

Er war links und blieb links – einer der wenigen Autoren,

die, auch nachdem sie die DDR verließen, ihren linken Überzeugungen die Treue hielten.

Es bildete sich um ihn herum eine Gruppe von Autoren zum Zweck der Gründung eines eigenen Verlags mit eigenem Programm, die AutorenEdition. Um dem Unternehmen Solidität und den notwendigen geschäftlichen Apparat zu verschaffen, wurde es als eine redaktionell selbständige Unterabteilung im Hause Bertelsmann geführt, mit Kipphardt als einem der Senior-Editoren.

Ein- oder zweimal nahm ich teil an den Sitzungen und sah, wie da die Ambitionen der Dichter, die literarischen wie die politischen, und die persönlichen auch, miteinander kollidierten; und nur Kipphardts Selbstbeherrschung, so schwer sie ihm auch fiel, und seine Hingabe an das Projekt, das er gerade unter bundesrepublikanischen Verhältnissen für notwendig und wichtig hielt, ermöglichten es, daß doch eine Anzahl von guten Büchern unter dem Signum AutorenEdition erscheinen konnten.

Nach einer Zeit jedoch stellten die Bertelsmann-Leute fest, daß diese ihre neue Gründung nach und nach zu DKP-lastig wurde, um dem gemäßigt-konservativen Image des Hauses zu entsprechen, und dazu noch Geld kostete, statt welches zu verdienen, und da Kipphardt, der zwischen dem Haus und den Autoren der Edition zu vermitteln bemüht war, sich nicht durchsetzen konnte, wurde das Unternehmen in aller Stille, wie man heute sagen würde, abgewickelt.

Überhaupt glaube ich, hatte er seine Schwierigkeiten im Verkehr mit so manchem Intellektuellen; obwohl er selber, siehe seinen März, seinen Oppenheimer, seinen Eichmann, die Seelen seiner Charaktere bis ins Innerste zu durchforschen und darzustellen verstand, mochte er das nabelbeschauliche Gewebe so vieler seiner Kollegen nicht übermäßig.

Dagegen stand er sich gut mit dem gemeinen Volke. Und da er bekannt war als Marxist, und sich auch selber zum Marxismus bekannte, Marxismus, wie er sagte, als einer kritischen und offenen Wissenschaft, die ihre Praxis sucht, kamen die Bauern von Angelsbruck und Umgebung, die ihn außerdem wegen seiner notärztlichen Hilfe und seiner eigenen Forellenzucht schätzten, und luden ihn ein, er möchte ihnen doch einmal für sie begreiflich erklären, was es denn eigentlich auf sich habe mit diesem Marxismus; sie wären auch bereit, ein gemeinsames Schwein zu schlachten zur Feier des Vortrags und des Vortragenden. Er hätte ihnen einiges über ihr Leben erzählen können und wie sie sich selber und ihre Familien exploitierten und wie ihre Maschinen sie auffraßen und wie ihre vorkapitalistische Ideologie sie daran hinderte, kapitalistisch zu handeln; es wurde aber, sagte er mir, nichts aus dem Plan.

Da wir nicht miteinander korrespondierten, wie er und Peter Hacks es taten – und einen amüsanteren Briefwechsel, auch wenn er auf bedauerliche Art abbrach, wird man lange suchen müssen –, und da ich damals Westpresse kaum erhielt, erfuhr ich von dem Skandal an seinem Theater erst, nachdem dieser bereits vorbei war, und von Kipphardt selber. Da saß er wieder ohne Job da, und das Theater, welches er in so großem Stil zu verändern und durch welches er so große Veränderungen herbeizuführen gedachte, hatte ihn ausgespien. Und alles wegen eines Programmhefts mit zwei Seiten, auf denen zwei Dutzend Gesichter herrschender Politiker hätten erscheinen sollen, die aber leer blieben, und wegen ihrer Leere um so beredter sprachen.

Ich wünschte nur, ex post facto, daß der Skandal, der so gravierende Folgen für Kipphardt haben sollte und in dessen Verlauf sogar Grass ihn attackierte, um einer etwas gewichtigeren Sache als des Biermannschen »Dra-Dra« willen entstanden wäre. Um so mehr, als Kipphardt selber es gewesen war, der die Veröffentlichung der inkriminierten Gesichter verhindert und damit seinem Intendanten eine Menge Herzeleid erspart hatte.

Meine letzten Besuche bei ihm galten der Schutzsuche. Meist saßen wir in Angelsbruck vor dem Hause, oder spazierten zu seinen Forellenteichen, und ich berichtete ihm en détail von dem Druck, den die Behörden in der DDR auf mich und einige andere ausübten, und wir besprachen, wie man dem begegnen könnte, und welche Kollegen in der Bundesrepublik sich wohl engagieren ließen in offener Kritik an der Kulturpolitik der DDR oder zu Interventionen diskreterer Natur.

Er trug sich, die eigenen Erfahrungen schon hatten in die Richtung gewiesen, mit wenig Illusionen; aber er brachte es trotzdem fertig, einem Hoffnung zu geben; selten verließ man ihn, ohne sich ermutigt zu fühlen. Ach, wie gerne würde ich heute mit ihm sprechen, über dies auf so widersprüchliche Weise vereinigte Land, und über Schicksal und Perspektive der so oft und nun schon wieder enttäuschten Menschen in dessen östlichem Teil, und darüber, was zu dem Thema zu schreiben wäre, und in welchem Sinne und auf welche Art.

Bleibt uns, als Ratgeber und Stütze, nur das Werk, das seiner Frau Pia und dem Verlag sei Dank, inzwischen vollständig herausgekommen ist und das vieles offenbart, was man bisher noch nicht kannte über den Mann und seine Zeit. Zehn Bände in Pocketbook-Format, sorgfältig ediert und ideenreich ausgestattet, ist es außerdem, ganz wie Kipphardt es sich gewünscht haben würde, für alle erschwinglich.

Und nun wäre er fünfundsiebzig. Er hat sich zu früh davongemacht zum lieben Gott und den Engeln. Man kann ihm nur, von diesseits des Grabes, zuflüstern: Es war gut, wenigstens eine Zeitlang, Deine Freundschaft gehabt zu haben. Und, au revoir.

Stephan Hermlin
Rede auf der Gedenkveranstaltung
im Berliner Ensemble

29. April 1997

Welch ein Tod, plötzlich, innerhalb einer kurzen Minute, schmerzlos, und in den Armen eines geliebten Menschen – und welch ein Leben, einer Idee gewidmet, für die er sich einsetzte mit aller Konsequenz und an deren endliche Verwirklichung er glaubte bis zu seinem Ende. Auf diese Weise, so möchte man sagen, formten Tod und Leben bei ihm jene schöne stilistische Einheit, auf die er auch in seinem Werk stets solchen Wert legte, doch wird der Verlust, der uns betroffen hat, durch die große innere Harmonie dieses Schicksals für uns nicht leichter.

Stephan Hermlin und ich stammen aus derselben Stadt und derselben Zeit und aus ähnlichem Milieu, besuchten sogar die gleiche Schule. Wir nahmen auch später einen ähnlichen Weg, und so war es kein Zufall, daß wir zwei ein inniges Verständnis und ein gutes Gefühl füreinander entwickelten, nachdem wir uns nach langer Zuflucht in verschiedenen Ländern wieder begegneten. Ich sehe ihn noch, wie er in Dobris, im Park des tschechischen Schriftsteller-Schlosses dort, mit ausgestreckter Hand auf mich zukam, sehr aufrecht, ein Mann mit wohlgeformtem Kopf und durchgeistigten Zügen.

Kein Zufall also, daß wir auch in Praxis Freunde wurden. Wie oft half er mir, durch seinen Rat, durch seine Vermittlung, wie oft kamen wir zusammen, um gemeinsame Probleme zu besprechen, gemeinsame Erfahrungen gemeinsam zu bedenken. Und mir ist mehr als weh ums Herz, daß ich ihn heute beklagen muß. Ich tu's mit den Worten des Kollegen Heine, der da, sich selber im Auge, schrieb:

Ein Posten ist vakant! – Die Wunden klaffen –
Der eine fällt, die andern rücken nach –
Doch fall ich unbesiegt, und meine Waffen
Sind nicht gebrochen – nur mein Herze brach.

Der Vers hätte für Hermlin geschrieben sein können, der, ganz wie Heine, zeit seines Schriftstellerlebens politisch gehaßt und literarisch verleumdet wurde; nur Heine scheute sich nicht, scharf zurückzuschlagen, während Hermlin die Kränkungen, äußerlich zumindest, vornehm beiseite tat. Aber wie sehr der Schmutz sein Inneres vergiftete, besonders in den letzten Jahren, das wissen nur die wenigsten.

Hermlin war, bei aller Selbstbeherrschung, die er vor den Menschen zeigte, hoch sensibel; ein weniger sensibler Mann hätte weder ein Buch wie »Abendlicht« noch den »Scardanelli« oder den »Yorck von Wartenburg« schreiben können. Und ich habe Gefühlsausbrüche bei ihm erlebt, die mich ahnen ließen, was in ihm wirklich vorging, und wie er an vielem litt. Aber seine »spätbürgerliche«, wie er es nannte, Erziehung ermöglichte es ihm, jene Zurückhaltung zu wahren und jene Abgewogenheit des Urteils zu demonstrieren, für welche er respektiert und ein wenig auch gefürchtet wurde.

Und wie er beides brauchte unter dem Druck, unter dem er oft genug stand seitens seiner Gegner wie auch der eignen Leute, und geplagt von den Widersprüchen, mit denen er sich auseinanderzusetzen hatte in Deutschland und besonders in dessen sozialistischem Teil! Auf die Frage, ob er, ein Jude, sich denn überhaupt als Deutscher fühlen könne nach all den deutschen Verbrechen, deren Zeuge und Zeitgenosse er gewesen war und die er beschrieben hatte in seiner »Ersten Reihe« und in anderen Prosastücken, antwortete er: »Letzten Endes bin ich beheimatet in der deutschen Dichtung und der deutschen Musik, in der bin ich zu Hause.«

Und was die DDR betraf, die er als die »erste staatliche Verkörperung der deutschen Arbeiterbewegung« definierte und deren Ziele und Zwecke er, lange Zeit schweigend, immer stärker durch stalinistische Muster und Strukturen entstellt sah, sagte er: »Viele Jahre hindurch war ich von der Angst besessen, eine Wahrheit zu erfahren, die mir unvereinbar mit der Sache zu sein schien, für die ich kämpfte. Später erst begriff ich, daß die ›gute Sache‹ nur zu verteidigen war, wenn man ihre Fehler, ihre Irrtümer, ihre Untaten bei Namen nannte.«

Nach dieser Erkenntnis hat er dann gehandelt, unter anderem in der Biermann-Affäre, als er seine Regierung, zusammen mit einem Dutzend Kollegen, aufforderte, ihre Entscheidung, den Sänger auszuweisen, zu überdenken – ein Novum damals in diesem Teil der Welt und ein Anstoß für vieles Weitere. Aber immer blieb als der Urgrund seines Handelns der Vers »Aurora«, den er schon 1940, als noch nicht Dreißigjähriger dichtete,

In dieser Nacht ist der Wind für immer umgeschlagen,
Nichts konnte mehr so sein, wie es bisher gewesen war,

und jener andere, der den Geist des
jugendlichen Revolutionärs und seine Haltung zu
seiner Partei so perfekt ausdrückte,

An jeder Ecke erschossen wir Hunger und Sterben,
Wahnsinn, Pest und Verrat.
Wir reichten der zögernden Hand
Waffen und Bücher. Und gegen das große Verderben
Schmiedeten wir wie beflügelt den großen Verband.

Auch dann noch ging es um revolutionäre Veränderungen, als er, jetzt schon in älteren Jahren, jene Friedenskampagne in Gang setzte, die in dem Ost-Westlichen Schriftstellertreffen in Berlin gipfelte und mit der er, wie er es ausdrückte, sich einen Herzenswunsch erfüllte. »Wir sind an der Seite derer«, postulierte er damals, »die gegen das Massaker handeln, die den Schein jeder brennenden Lampe, das Leuchten jeder kommenden Frühe gegen das Flackern der Scheiterhaufen und das millionenmal grellere Licht der H-Bomben-Apokalypse verteidigen.«

Noch klingt mir seine sonore Stimme im Ohr. Wie präzise und wohlformuliert er immer sprach – und schrieb –, und wie klug und reiflich durchdacht! Seine Worte werden uns fehlen in den kommenden Jahren in diesem Lande, und nicht nur die Worte, der ganze Mann Stephan Hermlin, dessen Zeitgenossen und, lassen Sie mich das sagen, Freunde wir die Ehre hatten zu sein.
Salut, Kamerad.

Ich möchte mich immer noch einmischen
Interview »Mitteldeutsche Zeitung«

Juni 1997

Herr Heym, ihren Namen und ihre Werke kennen Millionen Leser. Sie gelten als Wanderer zwischen den Welten, haben in Ost und in West gelebt, als Alterspräsident den Deutschen Bundestag eröffnet. Sie können mit 84 Jahren auf ein sehr bewegtes Leben zurückblicken. Nicht nur literarisch. Doch jetzt, so scheint es, ist es ruhiger um Sie geworden. Wo bleibt der Biß?

Glauben Sie das wirklich? Ich bin immer noch kämpferisch. Ich lasse mir ungern etwas gefallen, und ich habe mich immer eingemischt, wenn es notwendig war. Meiner Lebenslinie bin ich auch heute noch treu.

Die Bonner Zeit ist für Sie vorbei. Was hat Sie eigentlich geritten, Parlamentarier zu werden? Was hatten Sie für Bonner Pläne?

Ursprünglich hatte ich Hoffnungen, daß ich irgendwie etwas beeinflussen könnte. Aber es waren, wie sich herausstellte, Illusionen. Ich habe wirklich nicht viel erreicht. Vielleicht erinnern Sie sich an meine Bundestags-Eröffnungsrede, als ich eine Allianz der Vernunft forderte. Natürlich war damit nicht eine Allianz zwischen Christ- und Sozialdemokraten gemeint – sie sollte aus allen Teilen des Hauses kommen.

Wozu eigentlich?
Ich wußte, daß wir in Deutschland in eine Zeit großer Krisen hineinsteuern. Es war nicht schwer für mich, dies vorauszusagen. Jetzt ist die große Krise da – an allen Ecken und Enden wird gejammert, was wir tun können. Es werden Vorschläge gemacht, deren Wirkungslosigkeit voraussehbar und voraussagbar ist. Ich habe die Befürchtung, daß wir bald eine noch viel tiefere und größere Krise haben werden. Mit menschlichen Tragödien sehr tiefer Art. Es ist ja alles so gekommen, wie ich es gesagt habe.

Herr Heym, hat sich denn der Ausflug in die hohe Politik gelohnt?
Ja, insofern, als ich mal ein bißchen in diese Mechanismen dort in Bonn hineingerochen habe. Leider hatte ich den Gedanken, daß ich da etwas bewirken könnte. Den habe ich sehr schnell verloren. Ich weiß auch, warum: Der Machtapparat, der in Bonn arbeitet, zieht seine Fäden in verschiedene Richtungen und Winkel in diesem Lande. Und die Leute dort haben dann die wirkliche Macht.

Herr Heym, ein Bundesadler auf dem Briefbogen und so ein Titel MdB (Mitglied des Bundestages) – das schmückt doch ungemein.
Quatsch. Ich lese meinen Namen auf den Titelseiten meiner Bücher lieber als unter dem Bundesadler.

Wollen Sie noch mal für die Politik antreten?
Nein, ich bin ja jetzt schon 84. 1998 würde ich dann doch zu alt sein, um dies noch mal zu machen. Selbst wenn ich meine Wahlperiode von vier Jahren ausgesessen hätte, hätte ich nicht noch ein zweites Mal kandidiert. Jetzt kann ich schön von Berlin aus beobachten, was da so alles in Bonn passiert oder auch nicht.

Es gibt manche, die heute noch sagen: Ihren Ausflug nach Bonn hätten Sie nur unternommen, um kräftig abzukassieren.

Ich habe vor meiner Wahl doch nie gewußt, was ich als Abgeordneter mal verdienen würde. So war ich ziemlich überrascht, als ich nach Bonn kam und meine erste Abrechnung erhielt. Es war eine beträchtliche Summe. Aber jeder weiß doch, daß ich nicht nach Bonn gegangen bin, um Geld zu verdienen. Mir wurde ja auch vorgeworfen, ich wollte zusätzlich Übergangsgeld kassieren. Alles Unsinn. Ich war übrigens drei Tage zu kurz im Bundestag, um überhaupt einen Groschen Übergangsgeld zu kriegen.

Wie bewerten Sie heute die Politik?

Vorweg mal ganz generell: Ein Parlament ist besser als *kein* Parlament oder ein Parlament, das nur den Namen trägt und sonst keinen Inhalt hat. So war auch mein Vorschlag in Bonn zu verstehen, eine Kommission zur Frage der Armut in Deutschland ins Leben zu rufen. Dies bewegt mich sehr. Woher kommen eigentlich die sozialen Ungerechtigkeiten und sozialen Ungleichheiten in unserem Lande – eine lohnende Untersuchung für unser Parlament.

Warum?

Wir kommen doch heute mit sehr viel weniger Arbeit aus, um die Menschen mit allem Notwendigen zu versorgen. Die Arbeitslosigkeit ist strukturell, weil einfach nicht mehr so viele Arbeitskräfte benötigt werden. Letztlich heißt das: Es ist viel Freizeit vorhanden. Was machen wir damit? Wir haben das Problem, daß Menschen, vor allem junge Menschen, verrückt spielen und brutal werden. Dies liegt doch an uns – auch an der Art, wie wir die Freizeit gestalten. Dies müßte im Bonner Plenum mal behandelt werden. Aber ich sehe nicht, daß diese prinzipiellen Fragen im Bundestag erörtert oder gar gelöst werden. Statt dessen geht man von einem provisorischen Vorschlag zum anderen – und nichts funktioniert.

Wir haben inzwischen weit über vier Millionen Arbeitslose...
...und es werden immer mehr. Es gibt Leute, die sagen, daß die Arbeitslosen viel zu gut leben. Dies glaube ich überhaupt nicht. Es ist doch ein zweckloses, sinnloses Leben, das sie führen.

Was schlagen Sie vor?
Wie jeder weiß, komme ich aus einer Gesellschaftsordnung, die sich Sozialismus genannt hat, aber kein Sozialismus war. Ich glaube, daß das, was wir uns unter Sozialismus vorgestellt haben, eine Möglichkeit zur Abhilfe böte. Dies müßte natürlich ein ganz, ganz anderer Sozialismus sein, als der, der in der DDR versucht wurde. Das war ja eine Fehlkonstruktion.

Was halten Sie denn von den Unternehmern?
Von den schöpferischen Unternehmern haben mir viele sehr viel interessantere Antworten gegeben als meine Kollegen im Bundestag. Da wird doch oft nur herumgesessen und politisiert. Mit vielen Unternehmern kann man sich gut zusammensetzen und existenziell wichtige Fragen diskutieren.

Begegnungen zwischen Kanzler Kohl und Unternehmerchefs gibt es schon lange...
Was würde denn passieren, wenn einer bei diesen Begegnungen aufstünde und Herrn Kohl ernsthaft kritisierte. Da würde man doch sagen: Mein Herr, Sie sind auf dem falschen Platz. Herrn Mohn von Bertelsmann nenne ich meinen lieb-

sten Klassenfeind. Er schlug interessante Lösungen vor. Seine Mitarbeiter haben neue Wege beschritten. In meinem Alter werde ich wohl die Lösungen zur Arbeitslosenfrage kaum noch erleben – wenn es denn überhaupt welche gibt.

Der Kanzler tritt wieder neu an, in Bonn sind die Parteien zerstritten...
...Wie lange gibt es dieses Bonn überhaupt noch? Wenn ich Regierung wäre, würde ich allerdings alles tun, um nicht nach Berlin zu gehen. Berlin war immer schlecht für deutsche Regierungen. Der gegenwärtige Zustand in der Politik ist doch katastrophal, obwohl natürlich sehr viel getan wurde, gerade für Ostdeutschland. Ich habe mir die tollen Shopping-Center auf der grünen Wiese angesehen. Eine unerhörte Leistung dieses Kapitalismus. Mit dieser Technik müßte man eigentlich den Sozialismus machen – aber einen richtigen Sozialismus. Da lief ja alles schief, weil er zur falschen Zeit und in den falschen Ländern gemacht wurde. Keiner war bereit und hatte auch nicht die Möglichkeit, den Menschen das zu geben, was sie brauchen.

Wie bewerten Sie den Zustand der PDS?
Sehr unterschiedlich. Da gibt es Leute, die real gute Dinge unternehmen für ihre Mitmenschen. Andererseits auch viele, die glauben, die Weisheit gepachtet zu haben und alles besser zu wissen. Das Schlimme an der PDS ist, daß ihr immer noch der Geruch der SED anklebt. Der Anteil der Altstalinisten ist noch sehr beachtlich. Es gibt einige sehr große Dummköpfe, die überhaupt nichts gelernt haben, die noch Ressentiments haben. Man hat ihr liebstes Spielzeug, ihren Staat, zerstört.

In sich ist die PDS sehr zerstritten.
Ja, wenn ich noch im Bundestag wäre, wäre ich bei denen

aufgekreuzt und hätte meine Meinung zu ihren Streitereien gesagt. Ich war nicht sehr beliebt bei der PDS, glauben Sie das bloß nicht.

Können Sie sich eine PDS ohne Gysi vorstellen?
Durchaus. Aber das wäre dann eine PDS, die dann noch viel größere Schwierigkeiten hätte, als sie jetzt schon hat. Gysi ist ein sehr lebendiger Kopf, er wird besonders gebraucht, gerade in einer solchen Partei, die so große doktrinäre Lasten mit sich herumschleppt.

Herr Heym, was gibt es für literarische Pläne?
Darüber möchte ich noch nicht im Detail sprechen. Aber es ist eine Geschichte aus der Mitte des 19. Jahrhunderts. Über einen Menschen, der ein ganz sonderbares Leben geführt hat, selbst noch bei seinem Tode. Ich bin gerade dabei, die Recherchen durchzuführen. Vielleicht schreibe ich auch etwas über das Klonen. Klar habe ich mir auch schon überlegt, was eigentlich passiert, wenn ich mich klonen lassen würde. Stellen Sie sich bloß mal vor, da käme eine Kommission zu mir und würde mich bitten: Stellen Sie uns doch ein paar Zellen zur Verfügung, wir möchten Sie gerne klonen. Ausgerechnet mich.

Würden Sie denn da zustimmen?
Das weiß ich noch nicht. Das muß ich mir lange überlegen.

Wird Ihnen nicht Angst und Bange bei diesen Möglichkeiten der modernen Wissenschaft?
Mir ist sowieso Angst und Bange vor dieser modernen Forschung. Nicht nur vorm Klonen, auch vor der Atom- und der Genproblematik. Dies haben wir ja uns alle selbst eingebrockt. Dabei haben wir doch nur überhaupt einen einzigen Globus. Ich finde es auch gut, daß es heute viele

Menschen gibt, die sich in diesen Angelegenheiten Sorgen machen, die Gefahren sehen und sich dann persönlich einsetzen. Wenn man beispielsweise einmal mit dieser schrecklichen Atomgeschichte angefangen hat, dann muß man natürlich auch entsorgen. Und wie? Dafür gibt es noch nicht den richtigen Weg. Es ist verantwortungslos, was wir tun, denn unsere Kinder und Kindeskinder werden mit dieser Schweinerei konfrontiert. AIDS und Atom – all dies betrifft mich ja nicht mehr. Aber ich denke an meine Enkel.

Viele protestieren bereits, beispielsweise in Gorleben.
Ja, wenn ich jünger wäre, würde ich heute auch mitmarschieren, wie es Heinrich Böll auch getan hat. Ich habe diese großen Konflikte, gerade bei den Atomtransporten, von Anfang an gesehen. Man wußte doch, was kommt. Hat man sich denn wirklich darüber keinen Kopf gemacht? Es ist für mich übrigens einer der Gründe, warum der Kanzler nach meiner Meinung nicht noch mal antreten sollte. Er hat ja für diese Probleme überhaupt keinen Sensus, leider.

Also große Angst vor der Zukunft?
Ich muß nicht aufzählen, was uns alles noch bevorstehen kann. Denken Sie mal an die Währungsumstellung zum Euro. Was ist, wenn dies schiefgeht? Wollen wir albanische Verhältnisse haben? Wir haben ja schon mal eine schreckliche Inflation gehabt. Was geschieht, wenn dies wieder passiert? Wenn die Leute erst mal merken, daß sie plötzlich nackt dastehen, wenn alles, was sie mühsam erspart haben, plötzlich kaputtgemacht wird.

Welchen Rat geben Sie?
Ich möchte alle Menschen aufrufen, sich vorher zu überlegen, was sie tun. Meine Empfehlung: Nachdenken, Nachdenken, Nachdenken!

Herr Heym, es sind mittlerweile sieben Jahre nach der Wende vergangen. Wie bewerten Sie das, was in dieser Zeit geschehen ist?

Ich hatte ja von Anfang an keine Illusionen. Ich habe die Wende nicht als Beginn eines neuen Paradieses gesehen, wie viele hier im Lande. Das mag auch daran liegen, daß ich eben schon zu Zeiten der DDR manche Dinge hatte, die anderen vorenthalten blieben. Ich kam ja schließlich aus dem Westen und wußte, wie es dort aussieht. Klar freue ich mich, daß die Menschen heute wieder reisen können und auch einkaufen können, wenn sie Geld haben. Zum anderen gibt es auch Dinge, die die Menschen in unserem Land verloren haben. Ursprünglich hatte ich gehofft, daß es vielleicht mal zu einer Art Verflechtung kommen könnte – zwischen dem, was gut war im Osten und dem, was gut war im Westen. Leider hat sich das nicht ergeben. Statt dessen kamen für die Ostdeutschen viele neue Probleme.

Trotz Ihres hohen Alters sitzen Sie noch fast täglich am Computer, schreiben Ihre Werke selbst und gehen mit dem Cursor und der Maus so perfekt um wie früher mit dem Federhalter. Trotzdem: Irgendwann gibt es den großen Abschied und dann eine Stefan-Heym-Stiftung?

Zunächst einmal besitze ich ein Archiv, in dem ich sehr viel aufbewahrt habe. Es gehört heute, wie Sie wissen, der Universität Cambridge. Für Forschung ist also reichlich gesorgt. Eine Stiftung wird es wohl nicht geben, denn ich habe nie so viel verdient wie andere Kollegen. Ich habe meist in meine Arbeit mehr investiert, als ich zurückbekommen habe. Wenn wirklich etwas übrigbleiben sollte und meine Frau mir eines Tages da unten im Grab Gesellschaft leistet, dann kann die letzte Mark ja mein Enkel bekommen.

Abschied vom Millionär Heym?
Wie kommen Sie bloß darauf? Dies ist auch wieder eine der vielen Illusionen. Meine Frau und ich leben sehr bescheiden. Zwar leiden wir keine Not, aber wir verschwenden auch nichts. Künftig wollen wir uns ein wenig mehr schonen und mehrfach im Jahr verreisen. Vielleicht auch mal in ein Sanatorium. Aber vor allem möchte ich noch viel schreiben – und dies kann ich nicht im Sanatorium, sondern nur in meiner Wohnung. Mehrfach wollten wir schon umziehen und hatten schließlich auch eine schöne Dachwohnung mitten in der Stadt entdeckt. Aber dann haben wir den Plan aufgegeben. Mit so vielen Büchern und vielen Bildern umzuziehen, das bringt uns zu viel Aufregung und Streß. Wenn ich mich aufrege, verliere ich immer die Stimme. Deshalb ist es auch für mich immer so schwer, zu einer Lesung gebeten zu werden. Vorher rege ich mich auf – und dann wird meine Stimme heiser.

Über Abschied zu reden ist ja auch viel zu früh.
Nein, mir macht es nichts aus. Einige Menschen lassen sich ja als Asche in der Nordsee verstreuen – ich werde auf dem Jüdischen Friedhof in Weißensee begraben werden.

Gegenwärtig wird in Berlin heftig über ein jüdisches Ehrenmal gestritten.
Ich kann verstehen, daß eine ganze Menge Leute Vorurteile gegen so eine Erinnerungsstätte haben. Das hängt ja schließlich auch mit unserer Geschichte zusammen. Aber ich bin dafür, daß so ein Denkmal geschaffen wird, immerhin in Erinnerung an sechs Millionen Menschen. Das Denkmal sollte einfach würdig sein. Weiter möchte ich mich nicht festlegen.

Herr Heym, im nächsten Jahr stehen neue Wahlen an. Der Kanzler tritt an – trauen Sie Scharping und Lafontaine einen Wechsel zu?

Ich persönlich würde Schröder vorziehen. Er scheint mir viel energischer zu sein. Der Wahlausgang hängt wohl sowieso von den Entwicklungen der nächsten Monate ab. Wenn sich die Wirtschaft noch weiter verheddert, dann könnte das dazu führen, daß viele sagen: Jetzt nicht mehr mit denen wie bisher, jetzt jemand anders. Andererseits könnten viele auch denken: Zwischen zwei schlechten Angewohnheiten nehmen wir das Übel, das wir gewöhnt sind.

Stefan Heym – dieser Name steht auf so vielen Buchdeckeln. Doch viele Menschen wissen gar nicht, daß Sie in Wirklichkeit Helmut Flieg heißen. Wie kam es dazu?

Dies war eine Entscheidung von einer Minute. Es war 1933 auf einem Postamt in Prag. Ich mußte meinen Eltern schließlich mitteilen, daß ich gut über die Grenze gekommen war. Und so schrieb ich eine Postkarte. Und da mußte ich dann einen anonymen Namen als Absender einsetzen. Der Vorname Stefan hat mir schon immer gut gefallen. Wie ich auf Heym gekommen bin, weiß ich heute nicht mehr. Mit Heim und Heimat hat es jedenfalls nichts zu tun. Es war einfach nur so eine Eingebung.

Interview: Günter Werz

Erinnerungen an den 17. Juni 1953
50 Jahre »Stern«

10. November 1997

Drei Tage nach dem Eingreifen der Russen am 17. Juni 1953 saß ich im Berliner Büro des Obersten Sokolow, Michail Petrowitsch, des Chefs der von den Sowjets herausgegebenen »Täglichen Rundschau«, und er und ich – der wenige Jahre vorher noch Mitglied der Redaktion der amerikanischen »Neuen Zeitung« in München gewesen –, sprachen über die Ursachen des Widersinns, daß Arbeiter in einem Arbeiterstaat gegen ihre Arbeiterregierung aufbegehrten, und über die möglichen Folgen dieses Ereignisses. Dabei hatte er den Vorteil, daß er viel mehr als ich über die Machtverhältnisse in Moskau nach dem Tode Stalins wußte und über die Fäden, die zwischen dort und Ostberlin liefen; ich aber hatte zumindest einige der Vorgänge am Ort selber beobachtet und die Proteste auf Straßen und Plätzen selber gehört und kannte außerdem eine Anzahl von Menschen im Lande, die gleich mir ihre Augen und Ohren offengehalten hatten. Leider jedoch schwieg Sokolow sich über einen interessanten Aspekt diskret aus: ob nämlich das neue sowjetische Politbüro unter Chruschtschow noch immer den Genossen Ulbricht stützte. Statt dessen ließ er mich über die Frage spekulieren, weshalb die Regierung der DDR in den Tagen vor dem 17. Juni, als sie so viele dumme und aufreizende Verordnungen plötzlich zurücknahm, ausgerechnet auf der am meisten aufreizenden bestand – der Forderung an die Arbeiter nach einer nominell freiwilligen zehnprozentigen Normerhöhung, in Fakt einer Selbstsenkung ihrer Löhne um zehn Prozent.

Später, nachdem der Kaffee, und der Wodka, getrunken waren, sagte er zu mir, »Wir haben da über vielerlei gesprochen, Herr Heym. Können Sie mir Ihre Hauptpunkte nicht mal aufschreiben?« und ich sagte, »Ich will's versuchen«; und so entstand dieses Memorandum an Sokolow vom 21. Juni, ein Zeitzeugnis besonderer Art, aus dem ich hier zitiere:

Auf Ihren Wunsch, Herr Sokolow, versuche ich, die Gedanken und Eindrücke, die ich Ihnen gestern mitzuteilen trachtete, schriftlich zu fixieren.

Die Ereignisse des 17. Juni haben, wie ein Erdbeben, eine Spalte in dem Boden aufgerissen, auf dem wir hier in Deutschland, und besonders in der DDR, stehen. Plötzlich hat es sich gezeigt, daß es nicht allzu viele Leute sind, auf deren Standhaftigkeit, Initiative und klares Denken man hierzulande rechnen kann...

Der Kommandeur des ersten Sowjettanks, der in Richtung Brandenburger Tor vorging, stand auf seinem Fahrzeug mit erhobenen, verschränkten Händen und wollte die Bevölkerung begrüßen, von der er selbstverständlich annahm, daß sie in ihrer überwiegenden Mehrzahl auf seiten der Arbeitermacht stünde und daher das Eingreifen der Roten Armee billigen und unterstützen würde. Er wurde ausgepfiffen und niedergeschrien.

Man darf sich auch nicht durch die Tatsache, daß in entscheidenden Betrieben wie bei der Eisenbahn und im Kraftwerk Klingenberg nicht gestreikt wurde, dazu verführen lassen zu glauben, daß die Arbeiter dieser Betriebe nun für den Sozialismus, für die Sowjetunion sind. Eine gewisse Anzahl – ja; aber das Gros, glaube ich, verhielt sich neutral, ab-

wartend, und handelte aus der Tradition heraus, daß gewisse öffentliche Dienste zu funktionieren haben. Ich möchte annehmen, daß das Kraftwerk und die Eisenbahn auch weiter funktioniert hätten, wenn die Amerikaner einmarschiert wären...

Ich muß Ihnen nicht aufzählen, was alles zu der Massenunzufriedenheit führte... Die Erhöhung der Marmeladenpreise etwa bedeutete, daß jeder Bürger der DDR jeden Morgen schon beim Frühstück verärgert wurde, denn Marmelade ist, was er sich aufs Brot streicht. Dabei waren die durch diese Preiserhöhung eingebrachten Summen lächerlich gering, wie mir vom Staatssekretär im Finanzministerium versichert wurde.

Daß man den Geschäftsleuten und Handwerkern und Kleinunternehmern die Lebensmittelkarten gerade zu einer Zeit entzog, wo in der HO keinerlei Fette zu kaufen waren, bedeutete, daß man bei dem Rest der Bevölkerung Sympathien gerade für jene Schichten erzeugte, die das kapitalistische Element in der Gesellschaft vertreten... Und das in einem Lande, wo die Arbeiterschaft oft genug kleinbürgerlich denkt, wo so gut wie jeder Arbeiter Verwandte und Bekannte unter Handwerkern und Kleingewerbetreibenden hat!

Worüber aber besonders zu sprechen wäre, ist die Art, wie die Regierungserlasse der letzten Monate bekanntgegeben wurden. Der bereits erwähnte Entzug der Lebensmittelkarten wie auch dessen Zurücknahme vor kurzem wurden beide begründet mit den Worten: Zur Verbesserung des Lebensstandards. *Man kann nicht zwei einander widersprechende Maßnahmen, die innerhalb weniger Monate erfolgen, in derselben Art und Weise begründen. Die gleiche sprunghafte Widersprüchlichkeit zeigte sich in den Verlautbarungen zu dem Verhalten der Kirche und der »Jungen Gemeinde« gegenüber.*

Dadurch mußte zwangsläufig der Eindruck entstehen, daß die Regierung nicht weiß, was sie tut; und dieser Eindruck wurde durch das berühmte Fehler-Kommuniqué noch bestärkt. Das öffentliche demonstrative Eingeständnis von Fehlern durch eine Regierung, die breite Teile des Volkes gegen sich hat und die nur in einem Teil eines Landes herrscht, ist eine sehr fragwürdige Taktik. Wenn, wie es bereits geschehen ist, man jetzt der Bevölkerung Vorwürfe macht, daß sie dieses Eingeständnis als Schwäche auslegte, so ist das falsch. Man hätte vorhersehen müssen, daß die Bevölkerung es als Schwäche auslegen würde...

In seiner Rede vom 16. Juni hat Grotewohl eingestanden, daß vier Milliarden Mark im Etat fehlten, und hat das durch falsche Maßnahmen auf der mittleren Ebene des Regierungsapparats erklärt. Aber wie kam es, daß von der unteren und mittleren Ebene keine Berichte nach oben gingen, oder erst viel zu spät gingen? Die Wahrheit scheint zu sein, daß nach oben nur berichtet wurde, was oben angenehm war, und daß man oben durch so viele Isolierschichten von den Menschen unten getrennt war, daß die berechtigten Beschwerden nicht durchdrangen...

Über die Wahrheit, über Dinge, die dem Herzen der Menschen naheliegen, wurde wenig geschrieben und wenig gedruckt...

Die Organe, durch die der Arbeiter und die Bevölkerung sich ausdrücken sollten – vor allem die Preise und die Gewerkschaften –, waren ihm verstopft. Es ist doch merkwürdig, daß die Arbeiter der Stalinallee sich nicht an ihre Gewerkschaften mit ihren Beschwerden wandten. Was sollten sie denn tun, um sich Gehör zu verschaffen? Sie wurden ja direkt in eine Situation hineingetrieben, in der sie streiken und demonstrieren mußten!...

All das hätte unter gewöhnlichen Umständen und in einem normalen Lande auch zu schweren Folgen geführt; in einem gespaltenen Lande und unter dem Druck der Amerikaner mußte es katastrophal wirken. Die Grundtatsache in Deutschland ist, daß die Deutschen keine Revolution gemacht haben, und daß sie 1945, in ihrer Mehrzahl, zwar den Krieg satt hatten, aber deshalb noch keine neue Gesellschaftsordnung wollten...

Das erklärt, daß am 17. Juni an einem Betrieb ein Transparent mit der Losung auftauchte: »Wir wollen unsere Ausbeuter wieder!« und warum der Schriftsteller Peter Kast, der an diesem Tag nach Berlin reiste, mir sagte: »Es war eine Reise durch Feindesland.«

Und hier die Schlußfolgerung meines Memorandums:

Ich möchte Sie, verehrter Herr Sokolow, und durch Sie die verantwortlichen sowjetischen Stellen bitten – ich bitte Sie um ihrer eigenen Landsleute und um des Weltfriedens willen –, sich in diesem Punkt keine Illusionen zu machen. Ein paar Erleichterungen auf sozialem Gebiet ändern die Grundlage nicht, wenn nicht auf allen Gebieten des Lebens in der DDR eine neue Haltung den Menschen gegenüber geschaffen wird.

Ich weiß nicht, ob der Oberst Sokolow mein Memorandum an andere Stellen weitergegeben hat und an welche; sicher aber ist, daß sich auch nach dem 17. Juni auf dem Gebiet der DDR im Verhältnis zwischen den Herrschenden und den Beherrschten nichts Grundlegendes geändert hat. Nur das alte Mißtrauen war stärker geworden, die Schizophrenie, die überall nur Feinde sah, denen man mit härterer Hand begegnen mußte.

Heute, 44 Jahre später und nach dem Kollaps des sogenannten real existierenden Sozialismus, können und sollten wir den 17. Juni in der Perspektive der Geschichte der internationalen Arbeiterbewegung und der sozialen Kämpfe unseres Jahrhunderts betrachten. An diesem Tag ereignete sich ja nur der erste weithin erkennbare Zusammenstoß mit der Macht in einer ganzen Serie von derart Revolten und Aufbegehren in dem Konglomerat von Staatsgebilden, die sich als sozialistisch bezeichneten; 1956 kam der Aufstand im polnischen Poznan und kurz darauf, wesentlich größer und blutiger, Ungarn; 1961 die ostdeutsche Massenflucht mit der Mauer in deren Folge; 1968 Prag und der Einmarsch dort; 1980 die Solidarność in Polen, bis endlich, 1989, wiederum in Deutschland, die Macht selber ihre Macht aufgab, und das große Loch riß in das geschlossene System, das Stalin erbaute, und so, wenige Jahre später, dem System selber ein Ende setzte. Und nach jeder dieser Katastrophen das Gleiche – statt einer Umkehr zur Vernunft, einer nachdenklichen Analyse des Woher und Warum der Explosionen, ein denkfaules, überhebliches Beharren der gerade noch Davongekommenen auf ihren alten Modellen: die Partei hatte ja immer, immer recht.

1953, 17. Juni – das war der Anfang des großen Endes. Und daß dieser Anfang hier in Berlin kam, hatte durchaus seine Logik: hier war die äußerste westliche Grenze, die direkte Konfrontation mit der konkurrierenden Sozialordnung, hier bot sich auf vielfältige Weise die Möglichkeit zu vergleichen, Preise, Waren, und Gedanken, hier war der Vorhang, der eiserne, transparent.

Und hier waren die Nazis noch, das auch. Vergessen wir nicht, gerade erst acht Jahre vor 1953 war Hitlers Reich in den Orkus gefahren. Wenn dieses in dem Memorandum an Oberst Sokolow keine besondere Erwähnung fand, so deshalb, weil mir damals die Befunde der Partei über ihr Innenleben nicht zugänglich waren; heute, nach Öffnung der Akten, findet man, daß damals etwa ein Drittel der Mitglieder der SED, bis in Funktionärskreise hinein, ehemalige Pg's waren oder Angehörige anderer faschistischer Gruppen. Gewiß, Regierung und Politbüro konnten sich kein anderes Volk aussuchen; aber wie sich diese Durchsetzung der Partei mit braunen Restbeständen auf die Reaktion des Apparats in einer Krisensituation auswirken mußte und auf die Denkmuster und Verhaltensweisen des einzelnen Mitglieds, und welche Seelenverwandtschaft sich da binnen kürzester Zeit herstellen mochte zwischen Hitler-Nostalgikern und stalinistischen Autoritäten läßt sich leicht vorstellen.

Die DDR, deren Ende die Demonstranten des 17. Juni forderten, nachdem sie zunächst nur die Rücknahme der zehnprozentigen Normerhöhung verlangt hatten, existiert nicht mehr, und ihr Ende brachte folglich mit sich das Ende des großen Experiments, das mit dem Roten Oktober vor siebzig Jahren begann.

Deutschland ist *eines* geworden, und aus Berlin, einstmals Hauptstadt der DDR, wird die Hauptstadt des ganzen Landes, in dem es nur noch *eine* soziale Ordnung gibt: den real existierenden Kapitalismus, welcher, unbehelligt nun von irgendwelchen Sorgen um die mögliche Anziehungskraft eines alternativen Systems, sein Wesen treibt.

Nein, es wird keinen 17. Juni mehr geben, das ist vorbei. Doch getrost, es liegt in der Natur des Menschen, daß er sich in einer neuen Situation etwas Neues einfallen läßt.

Jurek Becker
Rede auf der Gedenkveranstaltung in der
Akademie der Künste, Berlin

25. Oktober 1997

In einer seiner Frankfurter Vorlesungen erklärte Jurek Bekker, Deutsch sei gar nicht seine Muttersprache, er komme vom Polnischen her, und die ersten deutschen Vokabeln, deren er sich erinnerte, hätten gelautet, *Alles alle, Antreten – Zählappell!* Und *Dalli-dalli.* Damals war er vier Jahre alt, und wir wissen, wer es war, der dem wehrlosen jüdischen Kinde diese Worte in die Ohren schrie, und an welchem Ort.

Als Achtjähriger dann, schon in der DDR, lernte er Deutsch. Für eine geschriebene Seite in deutscher Sprache zahlte der Vater ihm 50 Pfennige, zog ihm aber 5 Pfennig für jeden Fehler auf dieser Seite ab. »So lernte ich nebenbei auch rechnen«, erzählt er, und dann, es sei für ihn beinahe eine Existenzfrage gewesen, so schnell wie möglich sein Deutsch zu verbessern: je eher er Fehler zu vermeiden lernte, um so seltener wurden die andern darauf gestoßen, daß er ein Fremdling im Lande war. Ich glaube, daß der Junge, der sich auf diese Art das Deutsche aneignete, gerade darum zu einem Meister der Sprache wurde und zu einem der führenden Schriftsteller erst der DDR und dann ganz Deutschlands. Mit der Muttermilch eingesogen, tendiert die deutsche Sprache mit ihren verschachtelten, immer wieder gebrochenen Sätzen, zu Schwammigkeit; er aber war sich des Wertes und des Gewichts eines jeden Wortes bewußt –

hatte es ihn nicht ein Minimum von 5 Pfennig gekostet – »ich muß ständig auf der Hut sein«, berichtet er, »wo andere die Augen schließen und sich räkeln können«; und daher ist die Lektüre seiner klaren, sorgfältig strukturierten Prosa ein solcher Genuß.

Und er war ein ostdeutscher Schriftsteller, obwohl er Ende der siebziger Jahre schon in den Westen ging. Er selber spricht von seiner ostdeutschen Identität, von seinem dreiviertel ostdeutschen Leben; allerdings sei es ihm durch seine Übersiedlung gelungen zu übertünchen, daß er bei der Vereinigung im Grunde auf die Verliererseite gehörte. Er hat diese ostdeutsche Vergangenheit, gefolgt von seinen westdeutschen Jahren, zu unserem großen Vorteil benutzt: wenn später einmal die Historiker eines authentischen Zeitzeugen bedürfen, der über die Verhältnisse, die sozialen wie die geistigen, in Ost- wie Westdeutschland Entscheidendes aussagen kann – Jurek Becker ist dieser Mann. Seine kluge und gründliche Analyse, seine Darstellung der Bedingungen, unter denen die ostdeutsche Literatur entstand, und andererseits der Zustände, aus denen der spezifische Charakter der westdeutschen – und jetzt gesamtdeutschen – Literatur erwuchs, sie sind von bleibendem Wert.

In der DDR, so berichtet er, habe ein erheblicher Teil der seiner Meinung nach ernstzunehmenden Literatur als unerwünschte Randerscheinung gegolten, die im Parteiauftrag produzierte Trivialliteratur aber als beispielhaft und staatstragend. In ihr, so schreibt er, »wurden Produktionsschlachten geschlagen, Zweifelnden die Richtigkeit der Parteitagsbeschlüsse beigebracht, riß die Kraft und Weisheit des Kollektivs die Zaudernden mit«. Die Autoren dieser Texte, sagt er, verstanden sich als Dienstleistende.

Bei den anderen, zu denen Becker sich selber rechnet und deren Werke, wenn in der DDR ungedruckt, über Ausgaben im Westen ins Land kamen oder, wenn dennoch im

Lande gedruckt, in einer sorgfältig trainierten Zwischen-den-Zeilen-Sprache geschrieben waren, nahm der Zensor auf diese oder jene Art Einfluß, und Becker selber stellt die Frage: »Habe ich nie, mich als Taktiker fühlend, auf Schärfe verzichtet und mir dafür Unschärfe eingehandelt?« und er konstatiert: »Die Situation hat mich zu einem schlechteren Schriftsteller werden lassen, als es nötig gewesen wäre.«

So schlecht nun wieder auch nicht, möchte ich hinzufügen: seine Bücher gehören zu den besten unserer Zeit, und er hat mit ihnen ganz wesentlich dazu beigetragen, den Zweck zu erfüllen, den Literatur in einem Lande zu erfüllen hat, wo alle anderen Medien unter einer einzigen Chefredaktion, dem Politbüro der Partei nämlich, stehen: den Lesern ein einigermaßen wahres Bild von ihrer Welt, einschließlich ihrer selbst, zu geben.

Die Zensur dagegen hat, wie wir wissen, ihr Ziel nicht erreicht. Becker fällt sein Urteil über diese Organisation, ein abschließendes, wie ich meine: »Niemand ist mehr verantwortlich als der Zensor für das Maß an Zorn und Verdrossenheit, an Erregung und Geschrei in den Büchern. Die Zensur drückt nicht nur die Literatur darnieder, sie ist zugleich auch der größte Produzent dessen, was zu verhindern sie angetreten ist.«

Sicher war es nützlich für ihn, daß er etwa ein Dutzend Jahre schon, bevor der Westen in den Osten kam, aus dem Osten in den Westen ging: auf diese Weise kannte er sich in der westlichen Lebensweise und dem bundesdeutschen Literaturgeschäft bereits aus, als seine ehemaligen Ostkollegen sich ihren Weg dort noch mühselig ertasten mußten. Sie gewöhnten sich nur schwer daran, bemerkt er, daß Literatur alles darf, daß es keine Verbote mehr gibt, und daß der Preis dafür das öffentliche Desinteresse ist. Aber trotz seiner längeren Anlaufzeit im Westen hat er, wie er sagt, sich dort nie so zu Hause gefühlt, daß er einen Roman über ein westliches

Thema geschrieben hätte; ich meine allerdings, daß sein »Liebling Kreuzberg« schon eine beträchtliche Expertise über das Leben im Kapitalismus ist.

Ebenso zeigen seine Meinungen über die bundesdeutsche Literatur eine mehr als intime Kenntnis der Dinge. Wenn in der DDR, so vergleicht er, die Werke der Dichter so oft auf der Strecke bleiben, weil der Staat so ängstlich war und immer den Notgroschen Verbot aus der Tasche ziehen konnte, zerschellten sie im Westen an der Unempfindlichkeit der Gesellschaft, an den vielen tauben Ohren. Außerdem werde in der bundesdeutschen Literatur, findet er, die gegenwärtige Gesellschaft kaum oder gar nicht dargestellt; hin und wieder raffe ein Autor sich zu etwas Mäkelei auf, sei aber doch meist darauf bedacht, das allgemeine Einverständnis nicht zu gefährden. »Es herrscht ein Gesetz«, konstatiert er, »das nach meiner Beobachtung von Jahr zu Jahr strikter zur Geltung kommt: Widerspruch wird bestraft, Anpassung belohnt; es ist dies das Grundgesetz der massenweisen Produktion von Opportunismus.« Alle mäßigten sich, und damit *mittelmäßigten* sie sich auch. Schriftsteller würden so zu einer Größe zweiter Ordnung; der Schriftsteller wäre kaum mehr wert als sein letztes Buch: habe dieses Erfolg, gelte er als erfolgreich, fiele es durch, müsse er von vorn anfangen. Und nur um einige wenige Autoren mache diese Regel einen Bogen, um die Heroen aus der Goldgräberzeit der bundesdeutschen Literatur nämlich: Grass, Frisch, Lenz, die zu einer Art Markenartikel geworden seien – aber auch diese wären vor Rückschlägen nicht sicher. Und er schließt: »In der freien Marktwirtschaft ist ein Buch ein Produkt wie jedes andere. Die Ware hat möglichst profitabel zu sein, ob sie nun Leberwurst oder Panzerfaust oder Buch heißt.«

Ein hartes Urteil, ich weiß, hart aber wahr. Und es hat etwas damit zu tun, daß durch den Untergang des real existierenden Sozialismus, so dumm und brutal dieser auch gewesen sein mag, jegliche Alternative zu dem real existierenden, aber siegreichen Kapitalismus entschwunden ist. Jurek Becker sagt dazu: »In einem Teil der Welt, der sich das Sozialistische Lager nannte, ist eine stolze Idee so diskreditiert und zugrunde gerichtet worden, daß niemand von uns den Versuch erleben wird, sie auferstehen zu lassen. Sozialismus, das ist auf lange Zeit vorbei... Nur ändert das nichts daran, daß die Probleme, die zu lösen die Sozialisten sich einmal vorgenommen haben, nicht aufhören wollen zu existieren... Die Sache kann nicht mehr lange gutgehen, Arbeitsplätze werden knapp. Sicherheit wird knapp, Wasser wird knapp, Luft wird knapp, ein großes schwarzes Elend kommt näher und näher, und niemand stellt sich ihm entgegen, wir kommen von unserem gespenstischen business as usual nicht los.«

Liebe Kollegen! Jurek Becker hat von seiner schweren, unheilbaren Krankheit lange Zeit schon gewußt. Er hat nicht darüber gesprochen; er und seine Frau haben das alleine getragen, mit großer Tapferkeit, bis zum Ende. Wir werden – und ich tue das jetzt schon – seinen scharfen, analytischen Geist, seine illusionslose Haltung vermissen, deren Ergebnisse er doch immer mit solchem Witz und solcher Herzenswärme vorzutragen wußte. Er fehlt uns, und wird uns im Lauf der Zeit immer mehr fehlen.

Wir verneigen uns vor ihm.

Die Rückkehr der Gespenster

»Berliner Zeitung«, 6. Mai 1998

An jenem Abend, als die Zahlen von Sachsen-Anhalt über die flimmernde Scheibe kamen, tauchten sie plötzlich wieder auf, die Gespenster von einst, und ich sah sie marschieren, so wie ich ihre grausigen Urbilder gesehen hatte im Jahre 1933, und sah vor mir ihre haßerfüllten Gesichter und die Brutalität darauf, und den stieren Blick ihrer Augen, mit dem sie damals vorbeidefiliert waren in Reih und Glied vor dem Mann mit dem Bärtchen unter der plumpen Nase – und mich schauderte.

Und in der Tat, wie die Erscheinungen einander doch gleichen und die Entwicklungen! Da war dieselbe Arbeitslosigkeit gewesen in jener Zeit, Abermillionen Menschen ohne Arbeit und ohne Hoffnung darauf, und dieselbe Art von Marktwirtschaft, aus welcher diese Arbeitslosigkeit erwuchs, und die Reichen, eine Minderheit, waren immer reicher geworden, während die Mehrheit der Menschen, welche wenig mehr besaßen als ihre Hände und für diese nicht genug zu tun, von Monat zu Monat wieder verarmten, und dann war Hitler gekommen mit seinen Gefolgsleuten und hatte verkündet, die Juden sind schuld, die Juden nehmen euch euer Brot, und eure Ersparnisse, so wie heute verkündet wird, die Ausländer sind schuld; und besonders in der Jugend wird das geglaubt, weil es so radikal klingt und so einleuchtend erscheint, und weil das Vergasen von Juden und das Klatschen von Ausländern und von denen, die schwächer sind als man selber und wehrlos, Unterhaltung verspricht und Selbstbestätigung in der täglichen Frustration, und weil man sich noch dazu einbilden kann, man täte etwas gegen die Ungerechtigkeit des Lebens, nämlich man protestiere, mit der Stimme und mit dem Baseballschläger und den genagelten Stiefeln und mit der Brandfackel – und all das ohne große Gefahr für die eigene Person, denn genau wie damals die preußische Polizei den Aufmarsch der braunen Bataillone hinnahm, betrachtet auch heute die Staatsmacht das Tun der Glatzen und der Brutalos mit freundlichem Augenzwinkern, und die Herren des Geldes und der Industrie werden ebenso wie damals bestrebt sein, sie in ihrem Sinne zu instrumentalisieren.

Fragt sich, wo diese Mengen radikal rechter Wählerstimmen, und die Schlägertrupps, hergekommen sind in so kurzer Zeit.

Was hatten die großen Polit-Analysten vorausgesagt, welche die bundesrepublikanischen Parteien sich halten und teuer bezahlen, was die superklugen Meinungsforscher mit ihren Fingerspitzen am Puls der Massen? Wo waren ihre warnenden Worte geblieben, ihre Kassandrarufe? Hatten sie nicht des alten Spruches gedacht, der jedem des Tabellenlesens auch nur notdürftig Kundigen sich ins Gehirn drängen mußte: daß das Sein nämlich das Bewußtsein bestimmt, und somit die ständig wachsende Arbeitslosigkeit und die abmagernde Geldbörse und die Unsicherheit und Leere der täglichen Existenz und die Angst vor dem Morgen die innere Einstellung der Menschen und also auch ihr Wählerverhalten verändern würden, und auf welche Art und in welcher Richtung?

Reden wir nicht von den Versprechungen, die die Politiker ihrem Volke gegeben hatten und die längst schon keiner mehr ernst nahm, reden wir nur von den Lebensbedingungen der Leute, die ihnen immer bedrohlicher erscheinen, um so mehr, als sie erkennen müssen, daß sie diese sich selbst auf den Hals gewünscht haben angesichts der Verlockungen, die ihnen vorgespiegelt worden waren: wenn ihr's so gut und so reichlich und bunt haben wollt wie wir, und unser Wohlleben und unsere blühenden Landschaften, folgt unserm Beispiel, dem Tüchtigen gehört die Welt. Aber weder die Welt noch sonst irgendwelche größeren Reichtümer gehörten den Menschen wirklich, trotz ihrer Mühen, und was sie an Kleinkram zusammengespart hatten, ihre Häuschen und Wägelchen und Stückchen Land, schwanden ihnen unter den Händen, und da sie sich selber die Schuld nicht geben mochten an ihren Nöten, begann die Suche nach anderen Schuldigen.

Nun hätte man mit einigem Nachdenken sicherlich zu gewissen Ergebnissen gelangen können. Man hätte sich etwa fragen können: Wenn man schon selber nicht verfügen konnte über die eigene Arbeitskraft und das eigene Leben – obwohl man gesagt bekommen hatte, gerade die Freiheit besäße man nun –, wer verfügte dann darüber, wer hatte die Macht, und nach welchem System wurde sie ausgeübt? Und lag die Ursache des eigenen Jammers nicht vielleicht in diesem System, in dem alles sich rechnen mußte und nur der einzelne nichts zählte? Und wäre es nicht unter Umständen ratsam, dies System durch ein besseres, gerechteres zu ersetzen, wenn man Sicherheit wollte und einen Arbeitsplatz, um den man nicht stündlich bangen mußte, und eine Lehrstelle für den Jungen mit Aussicht für die Zukunft?

Aber diese Art zu denken, obwohl nicht gar zu kompliziert, ist ein schmerzlicher Prozeß und erfordert Logik und Konsequenz, und kam man endlich damit zum Schluß, galt es Entscheidungen zu treffen, auf die einen keiner vorbereitet hatte, in der Schule nicht noch im Elternhaus, in den Medien nicht noch auf der Straße; dort herrschte das Faustrecht, und der mit dem gröbsten Maul und den schwersten Stiefeln gab den Ton an, und die besten Ratschläge verhallten ungehört.

Und da war, wenn auch mehr oder weniger verschwommen, in einem Winkel des Bewußtseins immer noch das historische Muster, das sich anbot, nur mit dem Präfix *Neo*. Nun heißt es allerdings zu unserm Troste, die Weltgeschichte wiederhole sich nicht, es sei denn als Farce – aber es gibt, bei Gott, auch blutige Farcen, und einfacher als logisch und auf Grundlage der Fakten zu denken ist es zu rufen Juden raus! und, Der raus! und, Jener raus! und, Deutsches Geld für Deutsche Arbeiter! und was dergleichen mehr auf ein Stück bunte Pappe an einem Laternenpfahl paßt.

Ja, wo kommt das alles her auf einmal? Diese Stimmen, diese gespenstischen Gesichter? Aus dem Nichts? Oder aus welchen Tiefen der nationalen Seele? Oder war es immer dagewesen, ganz nah der Oberfläche sogar?

Was war eigentlich geschehen nach dem Ende des Reichs, das Hitler errichtet hatte und dessen Beseitigung so viele Opfer erforderte? Wie hatte sie sich denn abgespielt, die große Vergangenheitsbewältigung in Deutschland, nachdem Hitler verreckt war in seinem Bunker? Was war aus all denen geworden, Ost wie West, die mitgelaufen waren mit dem großen Führer und mitgebrüllt hatten mit ihm und ihren Nutzen gehabt und ihre persönliche Genugtuung und Befriedigung gezogen hatten von seinem Regime solange wie möglich? Wie viele von ihnen hatten sich wirklich gewandelt, in ihrem Herzen und ihrem Bewußtsein, wo derart Wandlungen von Rechts wegen hätten stattfinden sollen, und wie viele fuhren fort, im stillen zu glauben – und oftmals auch gar nicht so sehr im stillen –, daß man gar nicht anders hatte handeln können, damals nach 1933 und im Kriege dann, besonders der einzelne konnte nicht widerstehen, und beinahe hätte man ja auch gesiegt, wenn nicht die reichen Juden in Amerika und die jüdischen Kommissare in Rußland sich zusammengetan hätten in der großen jüdischen Weltverschwörung gegen das tapfere und tüchtige deutsche Volk. Und erhielten die, die auch nach dem Untergang des Reichs in diesem Glauben verharrten, nicht ihre Rechtfertigung von den Amerikanern selber geliefert und von den Russen gleicherweise, denn auf beiden Seiten des Grabens, welcher mitten durch Deutschland gezogen worden war, begannen die Sieger sich alsbald um das Volk in ihrer jeweiligen Zone freundschaftlich zu bemühen, weil jeder der Sieger seine Deutschen als Hilfstruppe brauchte gegen den anderen Sieger, und Tröstung und geistiger Zuspruch ersetzten binnen kurzem die Forderungen nach Einkehr und Reue, welche man ursprünglich erhoben hatte unter den Besiegten.

So geschah es, daß die Mitläufer des Regimes und dessen wahre Stützen in Kürze wieder mitlaufen durften, westlich des großen Grabens mit den Christ- und dergleichen Parteien, und östlich mit den Einheitssozialisten und deren Blockfreunden, und über Nacht gab es kaum noch Nazis in Deutschland, weder große noch kleine, man war abgetaucht in die neue Mitte, die staatstragende, West wie Ost, jene Mitte, zu der man ja eigentlich immer gehört hatte und wo man sich am wohlsten fühlte und sicher, solange die jeweiligen deutschen Regierungen, mit denen man jetzt mitlief, einem eine halbwegs akzeptable Sicherheit gewährten, und diese fromme Denkungsart pflanzte sich fort von den Vätern, welche die letzten heiseren Beschwörungen Hitlers noch gehört, zu den Söhnen, die die Nachkriegsordnungen beidseits des innerdeutschen Grabens zu errichten geholfen hatten, zu den Enkeln heute – bis dann statt der Sicherheit, in der man sich gewiegt und weiterzuwiegen gehofft hatte, die große Arbeitslosigkeit doch wieder da war und die Angst vor dem Morgen und die primitiven Schuldzuweisungen an Juden oder Ausländer oder sonstwen, die schon einmal in die Katastrophe geführt hatten.

Die Fragestellung *Wo dies alles denn herkäme?* ist unrichtig – der braungetönte Ungeist, mitsamt Hakenkreuzen und derart Paraphernalia war nie eliminiert worden, er war immer unter uns gewesen.

Und ist jetzt sichtbar und hörbar geworden, inmitten einer Nation, die trotz ihrer inneren Krise immer noch die wirtschaftlich potenteste in Europa ist und binnen weniger Monate imstande sein wird, mit Hilfe der neuen europäischen Einheitswährung diese ihre Potenz über den ganzen Kontinent wirken zu lassen – schon einmal hatte Deutschland, das Deutschland Hitlers, fast ganz Europa beherrscht, aber damals durch die Gewalt seiner Waffen; heute erobert man durch Währungstricks und Investitionen und ökonomische Allianzen, und die Machtstrukturen und Machtmechanismen sind global geworden.

Die Nachbarn haben von der deutschen Bundesregierung, nachdem diese den östlichen Teil des Landes sich einverleibt hatte, zu hören bekommen: Nur keine Angst vor uns, wir haben uns gewandelt, seht, wie friedvoll wir geworden sind und wie demokratisch, und wenn ihr doch noch Mißtrauen hegt gegen uns, bitteschön, wir sind bereit, uns unsre Hände binden zu lassen an eure und uns hinter dasselbe europäische Gitter zu plazieren, in das auch ihr euch eingefügt habt, und sogar unsre kostbare deutsche Mark und unsre Zollgrenzen aufzugeben und jeden, der mit uns leben und arbeiten will, in unserm Land willkommen zu heißen!

Die Zahlen und die Gesichter, die über die flimmernde Scheibe kamen, sprechen allerdings eine andere, weniger einschmeichelnde Sprache, und ich fürchte den Euro in der

Brieftasche der Hintermänner jener jungen Leute, die ihre Stimme so plötzlich wieder den Nazis gaben im Zentrum von Deutschland; und die deutsche Hand, aus freiem Willen an die europäischen Hände gekettet, bedeutet, daß auch Europas Hände an die deutsche Hand gekettet sind – und diese Hand ist uns jetzt offen gezeigt worden, schräg nach oben gereckt in dem bekannten Salut.

Gib's ihnen, Helmut!

Juni 1998

Eigentlich macht einem dieses Bild den Mann sympathisch. Hier ist kein Kanzler und kein Tribun, kein Denker, Stratege, Heros des Volkes gar, sondern einfach ein Kerl, dem der Kragen geplatzt ist, weil einige aus dem Pöbel, dessen Beifall ihm sonst so sicher, ihn diesmal mit Tomaten und Eiern bewarfen –, und er nun mit geballten Fäusten auf seine Quälgeister zuläuft, um dem nächsten, den er erwischen kann, eins in die Fresse zu hauen. Welch innere Befreiung! Und wie gut für das Herz des Kolosses, das plötzlich freier schlägt, endlich einmal erlöst von dem Druck der selbstauferlegten Kontrolle.

Man stelle sich vor, welchen Ärger der Mann in sich hineinschlucken muß tagtäglich, neben dem Saumagen! Wieviel ungerechten Tadel, wieviel bösartige Unterstellungen! Dabei weiß er, und zwar sicher, er ist der Größte; das Deutschland, das heute ist, ist seine Schöpfung, die gar nicht so geheime Supermacht Europas; er hat es gestaltet und zu lichten Höhen geführt, aber wie oft schon darf er sich sonnen in der schwer verdienten Glorie, wie oft schon drängen sie sich um ihn, die anonymen Gestalten, aus denen in Wahrheit die Historie erwächst, die er einst gebüffelt hat an der Universität, und rufen ihm zu, Helmut, nimm uns an die Hand, und führ uns ins Wirtschaftswunderland! – wie oft, bitte sehr?

Statt dessen, und gar nicht so lange nach dem kostbaren Moment, mußte er von der gleichen Menge, oder einer ähnlichen – ah, ob ihres Wankelmuts! –, den gleichen Wechsel erleben von Hallelujah zu Kreuziget ihn, den schon ein anderer vor ihm durchlitt, und statt der Blumen und Jubelrufe kamen Hohn und Beschimpfungen, und wäre da nicht der polizeiliche Drahtzaun gewesen, der schützende, es wären wohl ein paar Typen gar noch eingedrungen auf ihn, der doch stets nur an ihr Wohl gedacht und an ihre blühenden Landschaften.

Was Wunder, daß sein Temperament, das stets so sorgfältig gezügelte, mit ihm durchging und der Haß gegen alle Kritik, der sich sonst nur im schiefen Blick seines Auges zeigte, ihn zur befreienden Tat rief: Auf sie, gib's ihnen! Und welch Ironie, daß der Drahtzaun, der ihn vor dem Pöbel schützen sollte, nun diesen schützt vor ihm und zu erneuter Frustration wird für ihn.

Trotzdem – vielleicht sollte man derart Exerzitien regelmäßig stattfinden lassen für solche wie ihn: mehrere hundert Schreihälse verschiedener Art ansammeln und den großen Mann, entsprechend gereizt, mit geballten Fäusten persönlich auf sie eindreschen lassen, bis er in einen anständigen

Schweiß gerät. Jeder erfahrene Arzt wird bestätigen, wie gut das wäre für Kreislauf und Seelenhygiene unserer Lokalgrößen.

Über ein Leben in drei deutschen Staaten
Interview »Der Spiegel«

28. Dezember 1998

Herr Heym, in Ihrem gerade erschienenen Roman »Pargfrider« blickt ein alter Jude auf sein Leben zurück. Sind Sie das selbst?
Ich gebe zu, daß es da gewisse Parallelen gibt. In den meisten meiner Bücher haben die Charaktere etwas von mir an sich. Woher sollte ich denn sonst nehmen, was ich schreibe?

Sie wurden 1913 in eine jüdische Familie hineingeboren. Wie hat das Jüdischsein Ihr Leben beeinflußt?
Vor allen Dingen dadurch, daß ich verfolgt wurde, weil ich Jude war. Ressentiments spürte ich schon im Gymnasium.

Hatte das Judentum Ihrer Jugend religiöse Wurzeln?
Es hat religiöse und traditionelle Wurzeln. Aber wir waren keine wirklich religiöse Familie. Man ging zu den hohen Feiertagen in die Synagoge, und das war so ziemlich alles. Man war nicht »freiwillig« Jude, sondern wurde zum Juden gestempelt und verhielt sich dann entsprechend.

Ihre Eltern waren assimilierte deutsche Juden?
Sehr deutsch sogar. Das Problem für die deutschen Juden in der Weimarer Republik war der Einfluß der Ostjuden. Die kamen aus Polen, aus Rußland, aus den Pogromgebieten und siedelten sich in Deutschland an, bildet eigene Ge-

meinden, eigene Traditionen. Die deutschen Juden glaubten, daß es der Einfluß der Ostjuden war, der den Antisemitismus erregte und stärkte. Sie haben genau dasselbe Bild heute mit den Juden aus Polen und aus Rußland, die jetzt nach Deutschland kommen.

Schult es das kritische Denken, zu einer Minderheit zu gehören?
Ja. Man muß sich ja wehren – geistig. Das Wort »Daffke« ist Ihnen vertraut? Das steckt drin. Das ist ein Widerstand, den ich entwickelt habe, einfach weil ich ihn gebraucht habe. Sonst wäre ich zugrunde gegangen.

Haben Sie Kontakt zur jüdischen Gemeinde in Berlin?
Ich hatte in der DDR-Zeit ein bißchen Kontakt und bin einige Male auch zu den hohen Feiertagen in die Synagoge gegangen. Aber ich habe kein inneres Bedürfnis danach.

Würden Sie sich selbst als religiösen Menschen bezeichnen?
Ja, religiös angekränkelt. Ich habe zwei religiöse Romane geschrieben: den »König David Bericht« und »Ahasver«. In diesen Büchern habe ich versucht, eine religiöse Thematik zu entwickeln, die anfängt mit der Schöpfung und endet mit dem Ende der Welt. Ich glaube, es ist mir zu einem gewissen Grade gelungen. Jedenfalls habe ich für diese beiden Bücher den Ehrendoktor der Theologie der Universität Bern bekommen.

Glauben Sie an Gott?
Wenn ich sicher wäre, daß es ihn gäbe, würde ich an ihn glauben.

Wenn Sie es sicher wüßten, müßten Sie nicht glauben. Aber trägt der »wissenschaftliche Sozialismus« von Engels und

Marx nicht auch religiöse Züge? Leo Trotzki, Rosa Luxemburg und etliche andere waren jüdische Intellektuelle, die sich mit der kommunistischen Arbeiterbewegung verbunden haben. Gibt es einen Zusammenhang zwischen der jüdischen Messias-Erwartung und einer sozialistischen Heilserwartung?

Unbewußt gibt es den sicher. Ich glaube aber nicht, daß Trotzki und die Luxemburg sich darüber Gedanken gemacht haben.

Und Sie selbst?

Ich gestehe, ich hatte eine gewisse Heilserwartung an den Sozialismus, die habe ich noch immer. Deshalb glaube ich auch nicht, daß der Sozialismus für immer erledigt ist. Ich meine, daß wir eine Welt haben sollten, die menschlich ist, in der nicht der Ellenbogen wichtigster Körperteil ist, sondern das Herz und der Kopf. Diese Art von Gesellschaftsordnung können Sie »Sozialismus« oder »Humanismus« oder »demokratisch« nennen. All diese schönen Worte, all dieser Candy, all das zusammen macht das Bild, das ich mir vorgestellt habe von einer besseren Welt. Ich habe einige Jahre in meinem Leben geglaubt, daß sie sich über den Kommunismus erreichen ließe, bis ich dann doch sehr große Zweifel daran bekommen habe.

Wie lange hielt Ihr Glaube?

Ich war niemals Parteikommunist, weil ich mir gesagt habe: Eine Partei dieser Art verlangt absolute Disziplin, da muß ich stets ja sagen zu dem, was andere Leute mir vorschreiben; das kann ich nicht. Ich habe versucht, mir aus den Schriften von Lenin, von Marx ein Bild zu machen, wie so etwas gebaut sein könnte. Aber in der Praxis hat sich herausgestellt, daß diese Versuche, so wohlmeinend sie auch gewesen sein können, nicht gelungen sind. Ich habe noch geglaubt nach dem Zweiten Weltkrieg. Das Bündnis Roosevelt-Stalin hat mich glauben gemacht, daß eine Kombination von der Rooseveltschen Humandemokratie – Beseitigung der Massenarbeitslosigkeit durch den New Deal – mit dem, was die Russen versuchten, zu einer für alle akzeptablen Weltordnung führen könnte.

Haben Sie in den USA nichts von Stalins Verbrechen erfahren?

Ich habe davon erfahren, und ich habe es nicht geglaubt, nicht glauben wollen. Ich habe die Russen erlebt im Krieg und habe sie als Soldaten erlebt, die zum Teil tolle Kerle waren. Ich habe auch nach dem Krieg, in der DDR, wieder Russen kennengelernt; das waren die Leute um die von der sowjetischen Besatzungsmacht herausgegebenen Zeitung »Tägliche Rundschau« und gewisse Kulturoffiziere, die mir den Eindruck gemacht haben, mit denen kann man arbeiten. Schließlich bin ich auch als Soldat der U.S. Army über die Elbe gegangen, habe die Russen drüben getroffen und habe sie umarmt. Das bleibt. Und ich wußte auch, wenn die nicht gewesen wären, hätte der Hitler gesiegt. Für mich war das aber die Kardinalfrage.

Und wann begannen die Zweifel?

Als ich merkte, was hier in der DDR alles schief und falsch war. Das muß schon Anfang 1953 gewesen sein. Am 17. Juni brach das alles wie aus einem Vulkan heraus. Ich erinnere mich; Ich bin damals in der Friedrichstraße gewesen. Ich hatte einen Telefonanruf bekommen, ich sollte zum Schriftstellerverband kommen. Da fragte ich mich plötzlich: Was ist das für ein Arbeiterstaat, in dem die Arbeiter gegen die Arbeiterregierung demonstrieren?

Sie haben mal sehr respektvoll über Stalin geschrieben.

Ich habe nur einmal über ihn lobend geschrieben, und das war nach seinem Tod, während seines Lebens nie. Ich glaube, da bin ich der einzige unter all diesen linken Intellektuellen. Ich habe immer eine Art Vorbehalt gehabt gegen das Lobpreisen von Lebenden.

War Ihre Distanz zur Person Stalin nur gegen den Personenkult oder auch gegen das Sowjetsystem gerichtet?
Ich sehe nicht, wie man das trennen soll, das Sowjetsystem und Stalin; das ist ja dieselbe Briefmarke. Natürlich, wenn es ein Sowjetsystem ohne Stalin gegeben hätte, wäre es anders gewesen. Ob es besser gewesen wäre, weiß ich nicht.

Würden Sie sich heute noch als Sozialisten bezeichnen?
Ja. Und ich glaube, daß die Mehrzahl der Leute allmählich sieht, daß das, was sie anstelle des doch sehr fragwürdigen SED-Sozialismus bekommen haben, auch nicht das Gelbe vom Ei ist.

Haben Sie sich deshalb 1994 von der PDS als Bundestagskandidat aufstellen lassen?
Mich hat vor allem eines gereizt – wenn ich gewählt würde, müßte ich als Alterspräsident die Eröffnungsrede des Bundestages halten. Daß so einer wie ich, mit so einem Lebensweg da vorn stehen konnte, finden Sie nicht auch, daß dies etwas ziemlich Einmaliges war?

Die PDS hat Sie doch aber instrumentalisiert.
Ich aber auch die PDS.

Herr Heym, Sie gehören zu der seltenen Spezies...
...der »Jahrhundertzeugen«. Stimmt. Bewußt erlebt habe ich dieses Jahrhundert von der Mitte der zwanziger Jahre an, das sind immerhin drei Viertel.

Haben Sie sich als junger Mensch vorstellen können, daß sie in Deutschland einmal als Jude brutal verfolgt würden?
Das konnte niemand.

Sie sind kurz nach dem Reichtagsbrand 1933 nach Prag geflohen.
Da habe ich schon gewußt, was den einzelnen passiert.

Sie haben den sechsmillionenfachen Mord an den europäischen Juden vorausgeahnt?
Nein, solche Größenordnungen habe ich mir nicht vorstellen können. Ich habe neulich wieder darüber nachgedacht, wann ich mir das wirklich dreidimensional vorgestellt habe. Zum erstenmal in einer Turnhalle in Lüneburg im Frühsommer 1945. Dort wurde gegen die SS-Bewacher des KZ Bergen-Belsen verhandelt, eine Art Vorläufer der Nürnberger Prozesse. Ich war damals Sergeant in der Psychological Warfare-Abteilung der First U.S. Army und Mitarbeiter der von den Amerikanern herausgegebenen deutschsprachigen Presse. In dieser Eigenschaft wohnte ich dem Prozeß bei.

Was war für Sie selbst während der Nazizeit der bedrohlichste Moment?
Das war in jener Nacht im Winter 1935, in der ich auf dem Weg nach Amerika von Prag nach Paris gefahren bin, mit dem Zug über Österreich. Plötzlich kam die Nachricht: Der Zug wird wegen einer Lawine umgeleitet, durch Deutschland. Das war der Moment, wo ich wirklich Angst hatte. Aber Sie können mich auch fragen: Was war der schönste Moment?

Was war der schönste Moment?
Das war, als ich ein Gewehr bekam als Soldat. Ich wurde zur U.S. Army eingezogen wie ein ganz gewöhnlicher Kerl.

Dann, eines Tages, haben sie uns Gewehre in die Hand gedrückt – da hatte ich Tränen in den Augen. Zum erstenmal war ich in der Lage zurückzuschießen. Ich habe im Krieg mehr mit der Schreibmaschine und mit dem Mikrofon gearbeitet. Gelegentlich habe ich aber auch geschossen.

Die Republik erregt sich derzeit über eine neue, von Ihrem Kollegen Martin Walser losgetretene Holocaust-Debatte. Haben die Nachgeborenen das Recht, den Judenmord 50 Jahre danach als Geschichte abzuhaken, mit der sie selbst nichts mehr zu schaffen haben?

Wenn ich mir vorstelle, mein Großvater hätte jemanden ermordet oder totgeschlagen oder grausam behandelt, würde ich mich dessen nicht freuen, sondern ich würde das bedauern. Aber wenn jemand zu mir kommt und sagt: »Jetzt mußt du erklären, daß du das bedauerst«, würde ich ihm sagen: »Entschuldige, mein Lieber, ich war ja zu dieser Zeit gar nicht da, mich hat es noch gar nicht gegeben. Was wirfst du mir vor?« Das ist zur Zeit die Situation der Deutschen. Ich habe durchaus Verständnis dafür. Walser drückt eine Stimmung aus, die hat es hier immer gegeben. Wenn ich schon in Deutschland lebe, muß ich mich damit abfinden, daß diese Stimmung existiert, und ich kann nicht immerzu verlangen: »Entschuldige dich!«

Walser sprach von der »Moralkeule Auschwitz« und seinem Überdruß, sich mit dem Holocaust zu beschäftigen.

Er hat sich nie wirklich damit beschäftigt in seinem Werk. Er liefert nur den Vorwand für viele Tausende und Zehntausende zu sagen: »Bitte, sogar Walser!«

Ignatz Bubis hat sehr gereizt auf Walser reagiert und die Grundstimmung in der deutschen Bevölkerung kritisiert. Haben Sie ähnliche Erfahrungen wie Bubis?

Ich habe dieselben Wahrnehmungen wie Bubis, aber ich reagiere nicht wie er. Sie können sagen, ich bin etwas weiser. Ich muß doch wissen, wo ich lebe. Wenn ich diese Haltung gegenüber den Deutschen hätte, wäre ich weggegangen.

Ängstigt Sie, was Sie wahrnehmen?

Ja. Ich sehe eine große Gefahr, daß sich hier eine neue, auch antisemitische Rechte entwickelt hat und daß die, wenn eine wirtschaftliche oder politische Krise kommt, ähnlich erfolgreich agieren könnte wie in der Weimarer Republik. Natürlich wiederholt sich die Geschichte nicht exakt, aber ich war ganz glücklich über das Resultat der Wahlen zum Bundestag; es war ein Sieg der Linken, ganz gleich, was für einer Linken und was für einen Sozialismus sie vertritt.

Wie erklären Sie sich, daß ausgerechnet auf dem Boden des Staates, der sich einmal für den antifaschistischen deutschen Staat schlechthin hielt, so viele Jugendliche nach rechts tendieren?

Diese Tendenz hat es schon in der DDR immer gegeben. Ein großer Teil der SED bestand in den Anfangsjahren doch aus Nazis; woraus denn auch sonst? Wer waren denn die Arbeiter in den Betrieben? Frühere Nazis. Mit wem sollte man denn den Sozialismus in Deutschland aufbauen?

40 Jahre hat der Sozialismus in der DDR Zeit gehabt, den Antifaschismus, den das Regime predigte, auch den Bürgern einzuimpfen.

Der Antifaschismus der SED gehörte zu den Märchen, die sie aufgetischt haben. Aber immerhin haben sie keine Nazi-Propaganda im Land geduldet, im Westen haben sie solche Propaganda sehr wohl geduldet.

Sind Sie dafür, daß in Berlin ein Holocaust-Mahnmal gebaut wird?

Ich bin nicht dafür, daß sie die von Peter Eisenman vorgeschlagenen Betonsäulen aufstellen und eine Riesenanlage für Hunde schaffen, die dann da hinkacken. Man sollte eine Schule schaffen, in der Geschichte gelehrt wird. Wenn ich schon ein solches Denkmal errichten würde, dann eines, von dem und in dem und durch das man lernen kann, wie es dazu gekommen ist und wie man vielleicht verhüten kann, daß noch einmal ähnliches geschieht. Man hat mich auch nicht gefragt, ob man aus Bonn nach Berlin umziehen soll.

Und was hätten Sie gesagt?

Berlin ist eine Stadt, die für Regierungen immer schlecht gewesen ist. Schauen Sie sich doch einmal an, was aus Kaiser Wilhelm II. geworden ist, aus Friedrich Ebert, aus Hitler, aus Ulbricht, aus Erich Honecker! Sogar aus Helmut Kohl, bevor er überhaupt nach Berlin gehen konnte: Kaum hat er den Grundstein für seinen Regierungspalast in Berlin gelegt, schon ist er weg.

Schlechte Aussichten für Gerhard Schröder.

Darum habe ich geschrieben: Wenn ich ein deutscher Regierungschef wäre, ich würde mich lieber auf dem Kyffhäuser ansiedeln wie derselbige Barbarossa als in Berlin.

Ihre eigenen Erfahrungen mit Berlin sind auch nicht die besten. Sie sind 1952 aus Überzeugung nach Ost-Berlin gegangen und trotzdem von der Stasi zum Regimefeind gestempelt worden.

Wie hat der neue Kanzler so schön gesagt? Wir wollen nicht alles anders machen, aber vieles besser. Das war auch meine Einstellung zur DDR. Ich dachte, ich könnte etwas verändern durch Bücher oder Artikel. Aber die haben das sehr übelgenommen. Wie haben sie mich genannt? Einen »feindlichen Stützpunkt«, das war der Fachbegriff, den ich in den Stasi-Akten über mich fand. Es gab sehr wenige Stützpunkte dieser Art.

Die Stasi hat sogar die konspirative »Gruppe Heym« erfunden, das schlimmste Verdikt für einen DDR-Bürger.
Die Stasi hat vieles nicht verstanden.

Hat sich bei der Lektüre Ihrer Stasi-Akte Ihr Bild von der DDR noch einmal entscheidend verändert?
Die Lektüre der Akten hat mich dazu gebracht zu denken: was für ein sonderbarer Staat, der Leute wie mich derart wichtig nimmt. Wahrscheinlich war das berechtigt; denn in einem System, in dem jede oppositionelle Äußerung verboten ist, ist einer, der noch irgendwie ein Tönchen von sich gibt, ein Held. Aber der war ich nicht. Ich habe gewußt, in dem Moment, in dem die glauben, um mich herum entsteht eine Gruppe, wird es lebensgefährlich. Und das sollte ich lieber vermeiden. Die jungen Leute kamen immer zu mir und haben gesagt: »Das und das ist los, möchten Sie nicht...« Ich habe gesagt: »Nee, ich möchte nicht.«

In den Westen zu gehen war für Sie nie eine Option?
Ich habe mir das ein- oder zweimal überlegt. Aber dann habe ich mir gesagt: Sollen die doch gehen; ich habe schon als Sozialist gedacht, bevor es die DDR überhaupt gegeben hat.

So ist es ja dann auch gekommen: Die sind gegangen, und Sie sind geblieben.
Aber bequemer und schöner ist es auch nicht geworden.

Acht Jahre nach der offiziellen Einheit – wie sehen Sie dieses Land, in dem Sie leben?

Ich habe schon von Einheit geredet, lange bevor andere davon gesprochen haben, ich habe gesagt: Dies ist eine Nation, und sie wird irgendwann zusammenkommen.

Aber im Wendeherbst 1989 haben Sie sich öffentlich für den Erhalt der DDR eingesetzt.

Richtig. Aber das heißt doch nicht, daß beim Erhalt der DDR nicht ein einheitliches Deutschland hätte kommen können. Die Art, wie die Vereinigung zustande kam, paßte mir nicht. Die DDR ist verschlungen worden. Daher habe ich Ende '89 den Aufruf »Für unser Land« unterstützt, der, soviel ich weiß, von Christa Wolf initiiert worden ist. Sie hat mich mitten in der Nacht angerufen, hat ihn mir vorgelesen, und ich habe ein paar stilistische Korrekturen vorgenommen, und dann habe ich ihn unterschrieben.

Und wie lebt es sich für Stefan Heym im Jahre neun der Einheit?

Ich meine, erst muß dieser Kapitalismus sich soweit entwickeln, daß ihm gar nichts anderes übrigbleibt, als eines nach dem anderen sozialistische Elemente einzuführen, um überhaupt ein gesittetes Staatswesen erhalten zu können.

Glauben Sie, daß Sie das noch erleben werden?

Nein. So schnell geht das nicht. Auch den Weg, wie das laufen könnte, kann ich Ihnen nicht beschreiben. Damals, als die Einheit kam, hatte ich gehofft, daß von den wenigen verhältnismäßig guten Sachen, die es in der DDR gegeben hat, einiges mit hinübergenommen werden würde.

Zum Beispiel?

Arbeit für alle, ein Dach über dem Kopf für alle, Bildung

für alle und dazu Freiheit und Demokratie, Reisen können und all das – diese Kombination. Wenn das gekommen wäre, wäre ich viel glücklicher.

Aber die Dächer der DDR waren etwas löcherig.

Die waren nicht sehr schön, ja. Da hätte man einiges reparieren können. Die Kapazitäten dazu waren da und sind heute noch da. Auch die Kapazitäten dafür, daß es Arbeit für alle geben könnte.

Ist das nicht späte Verklärung?

Nein. Ich habe immer gewußt, was meiner Meinung nach schief und schlecht war in der DDR, und das bleibt. Deshalb ist der ganze Laden schließlich kollabiert. Daß nicht einmal die Leute, die davon gelebt haben und gut gelebt haben, ihn verteidigten, ist eine Tatsache, die mich heute noch dauernd beschäftigt: Wieso haben die SED-Genossen ihren Sozialismus nicht verteidigt und, wenn es hätte sein müssen, auch mit der Waffe?

Es gibt bis jetzt keinen großen Roman über die Wende.

Es gibt viele Romane, die fehlen. Der Wende-Roman ist nur einer.

Wird Stefan Heym ihn schreiben?

Mir gehen viele Projekte durch den Kopf, aber über meine Projekte rede ich nur mit meiner Frau und meinem Verleger. Im übrigen: Ich habe deutsche Literatur in dem Sinne nie geschrieben. Ein Teil meiner Bücher wurde auf amerikanisch geschrieben. Ich habe Literatur gemacht für Leser überall in der Welt und habe auch überall Leser gefunden. Ich hatte immer das Gefühl: Wenn ich irgendwie dazu beitragen könnte, daß die Leute anfangen zu denken oder weiterdenken oder in eine gewisse Richtung denken, dann sollte ich das schon tun. Das war mein Anspruch in der DDR, und er ist es noch heute.

Herr Heym, Ihr jüngster Roman, der Bericht des »Pargfrider«, endet mit dem Satz: »Was ist Ruhm, und was sind die Werke der Menschen, alles ist eitel.«
Da haben Sie meine Religiosität. Das glaube ich.

Ist »Pargfrider« eine Art literarisches Vermächtnis des 85-jährigen?
Ja, darum habe ich dieses Buch geschrieben, als eine Art heiterer Auseinandersetzung mit dem Tod. Man macht sich schon Gedanken über den Tod, wenn man in meine Jahre kommt. Ich weiß nicht, was nach dem Exitus passieren wird. Ich habe eine große Befürchtung: gar nichts, und das wäre natürlich die langweiligste Lösung.

Herr Heym, wir danken Ihnen für dieses Gespräch.

Interview: Michael Sontheimer, Stefan Berg, Ulrich Schwarz

Der Schriftsteller als kritische Instanz
Interview »Zeitschrift«

Heft 1, 2/99

Neben anderen Vorstellungen gibt es die vom Schriftsteller als kritische Instanz der Gesellschaft. Sie haben im Sinne dieser Vorstellung gelebt, haben sich eingemischt im Konflikt von Macht und Vernunft, neben einer der beiden und auch häufig genug – und dann zumeist allein – zwischen ihnen gestanden. Partner fanden sich oft erst am Ende von Auseinandersetzungen. Hat das Ihre Wahrnehmung anderer Schriftsteller, Ihr Verhältnis zu ihnen bestimmt?

Ich habe immer Freunde und Verbündete gehabt, die mir halfen – auch unter Schriftstellern. Aber ich habe keine politischen Gruppen gebildet, habe auch nie organisierten politischen Gruppen angehört und niemals versucht, eine Revolte, einen Putsch oder irgend etwas Derartiges zu planen oder zu organisieren.

In der DDR hat die führende Schicht der Partei so getan, als ob ich nicht nur zu solchen Gruppen gehörte, sondern sie sogar angeführt hätte. Das war eine Fehlbeobachtung dieser Leute, die einfach Beispiele aus der Sowjetunion auf die DDR übertrugen. Solche Parallelerscheinungen gab es aber nicht.

Ich habe immer nur zu schreiben, zu beschreiben versucht, was ich im Leben selbst beobachtete und habe das durchschaut. Die Aufgabe des Schriftstellers sehe ich sowieso nicht in erster Linie darin, daß er Menschen, politische Gruppen oder ganze Parteien politisch anführt. Ich wenigstens betrachte es als meine erste und wichtigste Aufgabe zu erzählen, das Leben zu beobachten, mir eine Story auszudenken, sie zu erzählen und zu versuchen, die Menschen durch Unterhaltung – eine Story muß den Leser natürlich interessieren – zum Selberdenken anzuregen. Das erfordert, daß man die Wahrheit – oder das, was man als Wahrheit betrachten kann, was sich als Wahrheit betrachten läßt – zu erkunden versucht. Dabei kommt man natürlich manchmal in Konflikt mit den Mächten, die das Land regieren oder sich über das Volk setzen. So sind die Konflikte zustande gekommen, die ich gehabt habe.

Bitte noch einmal zur Frage der Gruppenbildung. Wahrscheinlich haben die einen oder die anderen wirklich berechtigte Angst vor Ihnen gehabt, weil Sie zwar keine politische Vereinigung betrieben, die Menschen aber in der kritischen Sicht auf die Dinge bestärkten. Stefan Heyms Aussagen und Texte blieben ja hörbar und erreichbar. Und die in ihnen liegende Ermutigung zu selbständigem Denken – sie erregte die Furcht der Mächtigen.

Deren Furcht war, daß ich etwas ausspreche, was die Leute sowieso schon wissen und nur nicht laut zu sagen wagen. Insofern kann ich die Befürchtungen der Herrschaften, die da an der Macht saßen, gut verstehen. Vor allen Dingen aber hat sie geärgert, daß ich es gewagt habe, eine andere Meinung auszudrücken als jene, die sie den Menschen aufzudrücken wünschten.

Wir glauben freilich, daß Sie nicht nur die Meinung von Leuten aussprachen, die diese selbst nicht laut auszusprechen wagten, sondern daß Sie zudem aus einer Erfahrungswelt heraus, die nun einmal reicher ist als die der meisten Ihrer Leser, Orientierungen gegeben haben.

Es kann sein, daß das, was ich gesagt habe, bei vielen Menschen sozusagen auf einen guten Klangboden gestoßen ist. Und das wurde dann als Gefahr betrachtet. Diese Haltung blieb ja nicht auf die Führung der SED beschränkt. Es ist allgemein bekannt, was später dann geschehen ist: bei meiner Eröffnungsrede das Bundestages im Jahr '94. Das war eine ganz komische Wiederholung dessen, was ich vorher schon erlebt hatte – Sie wissen, in der Geschichte geschehen die Dinge beim ersten Mal als Tragödie, danach nur noch als Farce, und dies nun war die Farce.

Da fand eine Entschleierung von politischen Verhältnissen, einer politischen Kultur, statt, wie sie bloßstellender kaum auszudenken ist.

Dazu muß ich Ihnen sagen, daß ich, als ich meine Rede hielt, das gar nicht so bemerkt habe, wie es mir später dann erläutert worden ist. Ich wußte nicht, daß es üblich war, daß die Herrschaften im Bundestag sich erheben, wenn der Alterspräsident zu reden beginnt. Ich war schon glücklich und froh, daß man mich nicht ausbuhte oder beschimpfte, sondern stillblieb. Diese Stille war außerordentlich angenehm. Und ich hatte ja einen – meiner Meinung nach recht brauchbaren – Redetext vor mir, auf den ich mich konzentrieren mußte und der mir innerlich Spaß bereitete. Denn ich wußte, daß die Rede nicht so beschaffen war, wie diese Leute es erwartet hatten, sondern eher – wie man so sagt – eine staatsmännische war. Das hatten die Damen und Herren nicht erwartet und wußten nun gar nicht mehr, wie sie reagieren sollten, obwohl sie im Hinblick auf ihr Benehmen doch Order bekommen hatten.

Ein- oder zweimal habe ich Herrn Kohl angesehen. Ich sah ihn brav und ruhig da sitzen und sah auch, daß er sich sehr ärgerte – aus dem Grund, den ich eben genannt habe.

Und schließlich war ich Alterspräsident – einfach der Älteste im Hause. Ich hatte doch ein bißchen mehr als die anderen erlebt gehabt; als, zum Beispiel, Herr Kohl, dem die Gnade der späten Geburt vergönnt war – wie er es nennt. Eine späte Geburt, die nicht ohne Folgen geblieben ist.

Haben Sie eine Erklärung für die unglaubliche Lümmelhaftigkeit – wohl Verunsicherung –, in der die Herren sich gefielen, für den Haß, der Ihnen da entgegenschlug? Könnte es sein, daß Sie doch sind, was Sie in Abrede stellen: eine gesellschaftliche und moralische Instanz?

Das kann ich mir sehr gut erklären. Auch die Nazis haben mich immer gehaßt. Ich bin eben so ein Mensch, der derart Leuten unerträglich ist – instinktiv. Und da diese Herrschaften den Nazis zumindest innerlich verwandt sind, war völlig klar, daß sie mir nicht wohlwollend begegnen würden. Ich habe nichts anderes erwartet.

Bisweilen wird behauptet, ein besonders kreatives Leben sei auch eine Folge besonders tief empfundener Enttäuschungen. Und wenn das wirklich so sein sollte: Wie überwinden Sie Enttäuschungen?

Enttäuschungen kann doch nur erleiden, wer etwas erwartet hat, das dann nicht eintrifft. Ursprünglich, als ganz junger Mann, habe ich doch nie gedacht, daß ich Deutschland jemals verlassen muß. Ich dachte, vor mir läge eine ganz angenehme Laufbahn – so als dritter Hilfsredakteur bei Ullstein. Mein Schuldirektor in Berlin hatte die Erziehungsredaktion bei Ullstein, und als ich bei ihm mein Abitur machte – in Berlin an der Schliemannschule, nicht in Chemnitz –, deutete er an, daß ich hinterher bei Ullstein anfangen könnte, als Reporter. Und ich dachte mir, du wirst dich da langsam hochdienen und ein ruhiges, aber doch ziemlich interessantes Leben haben. So ist es nicht gekommen. Ganz im Gegenteil – das Leben hat mich immer ein bißchen herumgeschleudert; man hatte schon Glück, wenn man es einigermaßen heil überstand.

In der Mitte der fünfziger Jahre haben Sie gesagt, Sie seien froh darüber, daß es in der DDR keine Zensur gibt, der Schriftsteller sei bei der Entscheidung darüber, was richtig, was wahr und was unwahr ist, völlig allein. Sie mußten späterhin erleben, daß die Entwicklung in der DDR, mit der Sie sicherlich Hoffnungen verbanden, einen anderen Weg nahm. War das keine Enttäuschung?

Ja, das war eine Enttäuschung. Aber auch eine Herausforderung. Denn ich meinte zu wissen, daß die Idee eines sozialistischen Deutschlands in der Anlage gut war, daß sie nur von gewissen Leuten verballhornt, verbockt, zerstört wurde. Durch Besserwisserei, starre Haltung und Doktrinarismus. Ich habe aber auch stets gespürt, daß das, was ich sagte, mit einer Art von widerspenstigem Interesse zur Kenntnis genommen und daß ich eigentlich respektiert wurde. Immer, wenn ich mit einem von denen eine Konversation hatte, wurde mir das bewußt.

Es muß ein angenehmes Gefühl sein, wenn man wahrgenommen wird.

Nun ja, manchmal ist es auch unbehaglich. Ich bin immer wahrgenommen worden, selbst von Herrn Kohl, als er da saß und seine Hände auf den Bauch legte. Sagen wir einmal, man fühlt sich dann nicht wie ein Würstchen, während viele Leute sich als solches empfinden und sich auch so betragen – weil sie ihren Job behalten möchten und dies noch und jenes noch haben möchten und deshalb auf gutem Fuße stehen müssen mit den Mächten, die da sind. In Deutschland wird das ja mit besonderem Eifer betrieben.

Mit Verlaub – wir möchten noch einmal zu Enttäuschungen zurückkehren. Sie haben 1989 und 1990 vor Unbedachtheit, Gier und leichtfertigen Entscheidungen gewarnt...

Ich erinnere mich, daß mir jemand am Abend des Wahltages, an dem die Leute in der DDR mehrheitlich die CDU gewählt hatten, sagte: »Die haben die Bananen gewählt.« Genau das war es. Glauben Sie doch nicht, daß die Menschen lange überlegt haben, was sie außer den höchst primitiven, aber wichtigen Dingen – Obst, Reisen, harte Währung – eigentlich haben wollten. Sie vergaßen absichtlich, was ihnen berichtet worden war – leider von Leuten berichtet worden war, die sie sowieso nicht mochten. Den Kapitalismus haben die meisten DDR-Bürger nie selbst erlebt. Wenn sie ihre Verwandten aus dem Westen öfter gesehen hätten und die klügere Leute gewesen wären, dann hätten sie manches erfahren und sich anders verhalten. So aber dachten sie, da drüben ist das Paradies, da müssen wir unbedingt hinein. Jetzt sind sie im Paradies – das voller Schlangen ist.

Weisen solche Vorgänge nicht auf die besondere Verantwortung der Intellektuellen hin – immerfort aufzuklären, zu warnen? Vor dem, was – um im Bild zu bleiben – nach dem Obst kommt, nach der Reise?

Warum soll den Intellektuellen solche Verantwortung zukommen, warum nicht den Schornsteinfegern? Das sind doch auch Menschen, die mitten im Leben stehen.

Aus demokratischer Sicht ist das völlig richtig. Doch Intellektuelle besitzen nun einmal die Macht des Wortes; sie können schreiben, reden, sich mitteilen.

Es ist doch wohl so, daß eines der Hauptmittel zur Meinungsbildung der Stammtisch ist. Die Leute, die da sitzen, haben einen sehr großen Einfluß – das vergessen wir immer. Auch die Parteifunktionäre – wenn sie über eine einigermaßen brauchbare Partei verfügen – üben einigen Einfluß aus. Warum gerade die Schriftsteller? Nur weil sie eine hübsche Erzählung oder eine Komödie schreiben können?

Ich gebe Ihnen zu: Wir sind zum Denken gezwungen. Andere sind nur gezwungen, sich zu verschaffen, was sie konsumieren möchten.

Es gibt da Beispiele, Fernsehsendungen mit Ihnen...

Im West- oder Ostfernsehen? Das Ostfernsehen ist erst im Winter '89 richtig wirksam geworden. Aber am Anfang des DDR-Fernsehens war ich schon dabei. Ich war der erste Weihnachtsmann der Republik! Das glauben Sie nicht? Ich habe die Weihnachtsansprache gehalten. Die haben mich gebeten, das zu tun. Ich erinnere mich noch, wie ich auf einem Stuhl saß, der nach vorn und nach hinten gerollt wurde, damit es ein bißchen so aussah, als ob ich lebendig wäre.

Da habe ich also eine hübsche Weihnachtsansprache gehalten – aber doch nicht, weil ich Schriftsteller, sondern weil ich Stefan Heym war. Die Leute kannten mich aus verschiedenen Büchern. Warum immer diese Kategorie? Ich kenne viele dumme Schriftsteller. Und wenn ich sagen würde, die Schriftsteller sind Leute, die man ihres Berufes wegen anhören muß, dann wäre das schädlich. Ich würde lieber einen großen Teil der Schriftsteller nicht anhören müssen, geschweige denn ihre Meinung zu meiner machen. Wissen Sie, ich habe großen Respekt vor Bankern; die haben Geld und kontrollieren Geld – etwas, das alle Menschen brauchen. Und ich hielte es für viel gescheiter, wenn man die soziale Funktion, die Sie hier den Schriftstellern zuschreiben, einmal im Hinblick auf die Banker betrachten würde. Dann träten die Banker auch endlich aus der Anonymität heraus.

Wir nehmen den Hinweis, in einem folgenden Interview einen Banker über sein Verhältnis zu Macht und Vernunft zu befragen, dankbar an. In der Tat stimmt die Vorstellung von einer besonderen Verantwortung der Künstler und Intellektuellen, die mit ungewöhnlicher Erkenntnisfähigkeit und der Gabe der Mitteilsamkeit begründet wird, zuweilen unbehaglich. So heißt es bei Schiller in der Vorrede zum »Fiesco«: »...Der Künster wählt für das kurze Gesicht der Menschheit, die er belehren will, nicht für die scharfsichtige Allmacht, von der er lernt.«

Schauen Sie, der Schiller war ein romantischer junger Mann, der sich etwas auf sich selbst einbildete. Wenn sich einmal ein Psychiater mit der Untersuchung der Schillerschen Psyche beschäftigen würde, dann würden Sie verstehen, warum der das gesagt hat. Goethe war wohl weniger eingebildet. Ich habe gerade einen Band seiner Briefe gelesen... Da spürt man, daß er den Schiller nicht für voll nimmt, ihm aber mit großen Worten um den Bart geht... Schiller war ganz zweifellos ein bedeutender Mann, doch nicht so einflußreich, wie er geglaubt hat. Die meisten Schriftsteller sind nicht so einflußreich, wie sie glauben.

Andere sind weniger anspruchsvoll. Ich habe Böll gekannt – das war ein ganz bescheidener Mensch.

Bitte erlauben Sie uns abschließend die Frage nach Ihrer Meinung über die Rede von Martin Walser anläßlich der Verleihung des Friedenspreises des Börsenvereins und über die Diskussion, die jene Rede hervorrief.

Ich habe die Debatte, die Walser in Gang gesetzt hat, eingehend verfolgt. Zu sagen wäre, daß Herr Walser sich damit einen Haufen Publicity verschafft hat, aber die hätte er sowieso bekommen. Walser war immer einer, den sie hochgespielt haben. Mit Recht übrigens, weil er gesagt hat, was die Majorität der Bevölkerung denkt.

So ist es auch mit seiner Rede. Die Mehrheit der Bevölkerung ist der Meinung, daß man nie mit der Diskussion über die verfluchten Juden hätte beginnen sollen. Nun haben die Deutschen die schon umgebracht und müssen immer noch darüber reden und sagen, wie leid es ihnen tut. Es tut ihnen aber nicht leid, und je weniger darüber geredet wird, desto angenehmer ist es für sie. Und das hat Walser nun öffentlich gesagt. Damit hat er natürlich den Herrn Bubis verärgert, denn Bubis liebt es auch, wenn man über ihn und seinesgleichen redet. Das scheint mir die Lage zu sein. Ich glaube nicht, daß Walser ein großes politisches Licht ist, aber man macht ihn dazu: die Leute, die die Preise verleihen und die Möglichkeiten, sich da zu äußern.

Dazu gesellen sich die Auseinandersetzungen um das Denkmal in Berlin...

An dem Denkmal werden sich sowieso nur Hunde erleichtern – das ist nur ein Haufen von Steinen, der sich dafür eignet. Ich finde den Gedanken gescheiter, dort eine Art College zu schaffen, in dem diese Thematik gelehrt und diskutiert wird. Das wäre ein besseres Denkmal. Und wenn schon ein steinernes Denkmal, dann sollte man sich das von dem Hrdlicka in Wien ansehen – das ist gut, menschlich... Aber Hrdlicka ist ja in einer ähnlichen Situation wie ich.

Interview: Karl-Friedrich Wessel, P. Werner Lange

Wir wollen auch unsern Kaiser wieder

Der »Tagesspiegel«, 28. Februar 1999

Jeder wohlmeinende und rechtlich denkende Bürger dieses Landes und seiner in neuer Pracht erstehenden Hauptstadt Berlin wird eine tiefe innere Genugtuung über die Bemerkung unseres Bundeskanzlers empfunden haben, der Wiederaufbau des Schlosses sei schon deshalb zu wünschen, damit sein, des Kanzlers, Blick durch das Fenster seines provisorischen Berliner Büros im früheren Staatsratsgebäude nicht länger auf die hässliche hohle Schale des weiland Palasts der Republik falle, sondern eben auf ein richtiges schönes Schloß mit echt nachgeahmter Fassade. Nun könnte man einwenden, dass es billiger wäre, G. Schröder zöge den provisorischen Vorhang an seinem provisorischen Bürofenster zu, statt gleich ein neues Schloss vis à vis hinzusetzen, besonders da das Provisorium, unter dem er leidet, sowieso nur bis zum Moment seines Umzugs in seinen endgültigen, wie man so hübsch sagt, Amtssitz dauern würde; aber wer bin ich, dem Regierungschef Ratschläge zu geben, wie er dem Steuerzahler vielleicht ein paar Groschen ersparen könnte.

Also her mit dem Schloß! Dabei ist natürlich zu bedenken, dass dieses Schloß nicht nur Kulisse sein kann für etwaige Betrachter von gegenüber; schließlich enthält ein Schloß, wie andere Gebäude auch, Zimmer und andere Räumlichkeiten, und was soll da hineinkommen, wie dekorieren wir das alles, sodaß die eventuellen Bewohner des Schlosses sich auch wirklich wohlfühlen darin; wie sollen die Wandbehänge aussehen und das Mobiliar, besonders die Betten für die nächtlichen Spiele und die morgendliche Levée der Hoheiten, und die Sessel und Kanapees, und wie die Kronleuchter und die Toilettenbecken und mögliche Kunstgegenstände, und wer eigentlich sollen diese Bewohner denn sein, die sich's da wohl sein lassen werden, vom Schloßherrn und dessen Gattin bis hinab zum letzten Adjutanten und Stallburschen und zur letzten Hofdame samt deren Kammerzofe? Und woher nehmen wir dies ganze Personal, welches unser Schloß zum Leben erwecken soll aus seinem gewaltsam herbeigeführten Dornröschenschlaf, nachdem wir das Problem des Ausblicks auf eine angenehme Fassade, eine angenehmere jedenfalls als die auf den früheren Palast der Republik, gelöst haben?

Wenn die Erinnerung nicht trügt, war der letzte, der das Schloß zu seinem und der Allgemeinheit Wohl benutzte, Karl Liebknecht – aber der gebrauchte nur einen kleinen Teil davon, nämlich den Balkon, um von dort aus seine feurige Botschaft zu verkünden. Aber seit wir Fernsehen haben, brauchen wir keine Balkons mehr, um mit den Massen zu kommunizieren, und sowieso gehören Leute wie Liebknecht nicht in Schlösser, sondern es gehören Majestäten da hinein und deren Angehörige, und wer in Berlin Schloß sagt, muss auch König von Preußen sagen oder gar Kaiser von Deutschland, und wenn ich mir die Herren und Damen betrachte, die dem Wiederaufbau des Schlosses das Wort reden – ausgenommen natürlich reine Ästhetiker wie unsern jetzigen Bundeskanzler –, so scheint diesen der Gedanke an eine derartige Belegschaft des Hauses gar nicht so fernzuliegen.

Zusammenfassend: Wir wollen nicht nur unser Schloß, wir wollen auch unsern Kaiser wieder!

Die wahre Schönheit der Idee wird erkennbar, wenn man

sich die künftige Aussicht vorstellt von dem Fenster her, durch welches einst Erich Honecker in die Weite blickte und zuletzt Gerhard Schröder hinausgeschaut hat auf den Ex-Palast der Deutschen Demokratischen Republik; wie sich das Schloßtor auftut und die Wachen ihre Hacken knallen lassen, und herausgeritten kommen Majestät, die Enden des Schnurrbarts spitz nach oben gezwirbelt, den Helm mit der goldenen Pike stramm auf dem Schädel, und schräg hinter ihm die Schar der Prinzen, ein jeder in anderer Uniform, eine immer bunter als die andere, und dann die Karossen mit Ihrer Majestät der Kaiserin und dero Hofstaat, und das Ganze paradiert entlang des edlen königlich preußischen Hauptpostamt-Barocks der Schloßfront, und nicht etwa der schlecht imitierten Bauhausfront des Palasts, bis hin zu den Linden und weiter am alten Fritzen vorbei und zum Brandenburger Tor, durch das schon so viele falsche Sieger gezogen sind – wes Herz schlüge da nicht schneller, wes Knie zuckte da nicht im Takte zum Hufschlag der kaiserlich-königlichen Kavalkade? Und nicht nur um des touristischen Werts unsrer stolzen Geschichte willen wäre das wiedererbaute Schloß attraktiv inklusive seiner Inwohner, nein, auch kommerziell gesehen brächten diese uns Nutzen: nicht länger brauchte die Welt das Fürstenhaus von Monaco in Anspruch zu nehmen, wenn irgendwo heiratsfähige Prinzessinnen vonnöten sind – nein, wir produzierten unsre eigenen, mit denen man den Bedarf sämtlicher Monarchien sowie des niederen Adels mehr als versorgen könnte.

Ich gestehe gern, dass ich nicht immer so dachte; doch jetzt, nachdem ich mir die anfangs zitierten Worte G. Schröders habe durch den Kopf gehen lassen, stimme ich ihm aus voller Seele bei: Ja, gebt uns das Schloß wieder – *und* unseren Kaiser!

Der 4. November

August 1999

Das Wort, das aus den tieferen Schichten meines Bewußtseins immer wieder auftauchte, lautete, »Unmöglich!«. Das konnte doch nicht sein, Hunderttausende von Menschen auf der riesigen Freifläche, dicht an dicht, mit Fahnen und Transparenten, und ich und noch ein halbes Dutzend von meist jüngeren Leuten auf dem Ladeteil eines Lkw, über den ein paar Bretter gelegt worden waren, eine primitive Plattform, darauf ein Mikrophon – und all das provisorisch, um nicht zu sagen dilettantisch: vor drei oder vier Tagen hatte mich eine junge Schauspielerin angerufen, sie und mehrere ihrer Kolleginnen hätten zu einer Demonstration aufgerufen, am 4. November, auf dem Alexanderplatz; ob ich hinkommen und zu den Versammelten sprechen würde.

Ich fragte nicht, wer das genehmigt hätte; ich nahm an, dass eine Genehmigung vorläge, schließlich lebten wir in der DDR; ich wunderte mich nur, daß ausgerechnet ich als Redner auftreten sollte; meine Haltung zu den Machthabern in der Republik und meine politischen Anschauungen waren bekannt: DDR und Sozialismus ja, aber ein Sozialismus, in dem die wirtschaftliche Vernunft regierte, und ein Staat, in dem die Menschen das Sagen hatten. Oder sollte soviel von dem unterirdischen Beben, das vielerorts im Lande spürbar, die Leute oben derart verschreckt haben, daß sie, statt offenen Konflikt zu riskieren, es vorzogen, Toleranz zu mimen und gleichzeitig zu versuchen, die nicht mehr zu verhindernde Großveranstaltung durch den Einsatz von Parteikadern und Stasipersonal in ihrem Sinne umzufunktionieren?

Die Redner trafen sich in einem Café nahebei, eine junge Dame stellte sich mir vor, sie sei es, die mich angerufen habe neulich Abend, und sie habe in der letzten Nacht kaum geschlafen vor Angst, es könnte niemand zu der Demonstration kommen, und nun, siehe da, fast eine Million ihrer Schätzung nach, und fast ohne Ordner, diese wundervolle Disziplin der Berliner, und eine Stimmung! Ich begegnete Christa Wolf und Heiner Müller und noch einigen Bekannten, man sprach miteinander, nichts Bedeutendes, jeder schien mit seinen eigenen Gedanken beschäftigt zu sein angesichts einer Situation, in welcher draußen auf dem Platz ein Atem von Weltgeschichte zu spüren war.

Dann, es muss gegen Mittag gewesen sein, wurde ich auf die improvisierte Rednertribüne geholt. Und ich sah die Masse von Menschen vor mir, Kopf an Kopf, und hörte ihre Rufe: »Wir sind das Volk!«, und ich war froh, daß ich mir ein paar Notizen gemacht hatte und nicht nach Worten zu suchen brauchte angesichts dieser Menge, und ich begann: »Es ist, als habe einer die Fenster aufgestoßen nach all den Jahren von Dumpfheit und Mief, von Phrasengewäsch und bürokratischer Willkür, von amtlicher Blindheit und Taubheit«, und ich fühlte, wie ein Kontakt sich herstellte zwischen mir und den Menschen, und ich sprach von Redefreiheit und aufrechtem Gang, daß wir aber auch lernen müßten, uns selber zu regieren, und schloß: »Sozialismus, nicht der stalinsche, der richtige, ist nicht denkbar ohne Demokratie. Demokratie aber, ein griechisches Wort, heißt Herrschaft des Volkes. Freunde! Mitbürger! Übernehmt die Herrschaft!«

Und wieder riefen die Menschen: »Wir sind das Volk!«

Und ich war euphorisch, daß ich meine Meinung vor so vielen mitten in Berlin hatte sagen können, und daß man mich angehört hatte, und daß die ganze Demonstration bisher ohne Zwischenfälle verlaufen war, und ich war voller Hoffnung für die Zukunft. Erst Wochen später überlegte ich mir, ob ich nicht, nachdem ich zur Übernahme der Herrschaft aufgerufen hatte, auch sofort zum Marsch auf das Amt des Ministerpräsidenten hätte auffordern sollen, das nur ein paar Ecken entfernt war, und zur Besetzung von Rundfunk und Fernsehen, und der Zeitungsdruckereien, um so die Macht auch konkret in die Hände zu nehmen; aber Derartiges hatte vor diesem 4. November niemand mit mir besprochen, und in meinem Kopf stellten sich die alten Bilder von Budapest und Prag wieder ein und von den Sowjetpanzern, die da angerollt gekommen waren, und ich überlegte, ob nicht an dem Tag genügend Truppen von Polizei und Staatssicherheit in den Nebenstraßen des Alexanderplatzes gestanden haben mochten, um einzugreifen gegen allzu gefährliche Aktionen, und ein paar Kalaschnikows und Maschinengewehre hätten genügt, die Hunderttausende auf dem Platz in Panik zu versetzen und blutig auseinanderzutreiben. Nur wußte damals, glaube ich, keiner von den Rednern und Veranstaltern der Demonstration, daß Gorbatschow die DDR längst abgeschrieben und dem Kanzler Kohl freie Hand gegeben hatte, statt »Wir sind *das* Volk!«, »Wir sind *ein* Volk!« proklamieren zu lassen und Ostberlin und die Republik mit schwarz-rot-goldenen Fahnen als Ersatz für die roten der Arbeiter zu überschwemmen; und statt einer Konföderation zweier gleichberechtigter deutscher Staaten kam es zur Übernahme des einen durch den anderen.

Doch die Erinnerung bleibt an den 4. November des Jahres 1989, ein Saatkorn für die Zukunft.

4. November 1989 – Zehn Jahre danach
Interview »Freitag«

8. Oktober 1999

Hatten Sie am 4. November 1989 in Berlin dieses Gefühl des Erwachsengewordenseins: »Wir sind d a s Volk« oder ahnten Sie, daß es bald heißen würde: »Wir sind ein Volk?«

Ich persönlich hatte natürlich den Wunsch, daß aus der DDR, sagen wir mal, ein vernünftiger sozialistischer Staat entstehen würde. Ohne die bekannten Mängel. Ein Kollege aus dem Westen, der bei der Demo dabei war, Rolf Hochhuth, fragte, warum denn keiner von der Einheit rede. Und die Christa Wolf erwiderte ihm: Das steht doch gar nicht auf der Tagesordnung. Und tatsächlich: Das stand es ja auch nicht. Das wurde meiner Meinung nach bewußt hineinmanipuliert in den Tagen nach dem 4. November. Ich glaube nicht, daß dieses *ein* Volk von sich aus entstanden ist, sondern daß da Leute dahinterstanden, die etwas von psychologischer Kriegsführung verstanden.

War nicht eher die dann folgende rasche Grenzöffnung eine Ursache dafür, daß die Emanzipation der Ostmenschen nicht weiter voranschritt?

Es war eine Frage von Bananen und Reisen. Aber die Leute, die damals am 4. November sich zusammentaten und die Mehrheit der Redner stellten, die haben fühlbar werden lassen: Wir wollten eine andere DDR, nicht *ein* Deutschland. Aber wenn ein Deutschland, dann sollte dieses Deutschland aus zwei gleichberechtigten Teilen zusammengesetzt sein und nicht so, daß der Größere und Mächtigere den Kleineren verschluckte.

Was vielen vor Jahren noch unvorstellbar schien: Sie haben schon während eines Schriftstellertreffens 1982 eine Vereinigung für möglich gehalten.

Ich glaubte an die Chancen der Einheit. Das deutsche Volk ist immerhin über lange Jahrhunderte ein Volk gewesen. So etwas wirkt sich natürlich aus. Aber nach 1945 ergab sich dann in einem Teil dieses Deutschlands die Möglichkeit, etwas Neues zu schaffen, eben diesen sogenannten Sozialismus. Und die Frage war, wenn man die Einheit wieder herstellte: Wie sollte dann die staatliche und die wirtschaftliche Organisation des Landes sein? Und sollte man die Formen des einen Staates auch auf den anderen Staat übertragen, oder sollte man zu einer Kombination kommen? Die hätte durchaus nicht künstlich sein müssen.

Wie hätte eine solche Kombination aussehen können?

Meine Vorstellung wäre gewesen: In der Form demokratisch, und wirtschaftlich gesehen eine Kombination von sozialistischen und kapitalistischen Elementen. Im einzelnen hätte man sich darüber natürlich unterhalten müssen.

Was war für Sie die schönste, aufregendste Zeit in ihrem Leben?

Das war 1945. Der Sieg über Hitler. Ich glaubte damals, daß die Welt von da an Frieden haben würde.

Mit welchen Erwartungen sind Sie nach dem Krieg aus den USA zurückgekehrt in den östlichen Teil von Deutschland?

Mit der Erwartung, daß sich Demokratie und Sozialismus durchsetzen lassen würden.

Schon bald aber gerieten Sie in Widerstreit mit den Mächtigen der DDR. Warum nur fürchteten die Ihre Bücher so?

Arbeiter hatten eigentlich immer Respekt vor Büchern, vor der Literatur. Ihre ersten Führer waren Schriftsteller: Marx, Lassalle, Engels. Die Regierenden in der DDR wünschten sich also, daß die Schriftsteller auf ihrer Seite stünden und so schrieben, wie sie es sich vorstellten. Wenn einige Schriftsteller aber anderer Meinung waren und das auch zum Ausdruck brachten, so war das natürlich peinlich, weil man annahm, daß diese Schriftsteller, allein durch die Tatsache, daß sie Schriftsteller waren, eine Wirkung hatten. Die Menschen haben in Büchern gesucht, was sie im Alltag nicht fanden.

Heute ist der Büchermarkt für viele unüberschaubar geworden. Läßt auch die Wirkung von Literatur nach?

Ich glaube, daß man anfänglich schon die Möglichkeiten der Wirkung von Büchern überschätzte. Ich habe immer gefunden, daß einzelne Bücher auf einzelne Menschen gewirkt haben, auf andere gar nicht, jedenfalls wirkten sie auf ganz verschiedene Art. Bücher und Literatur sind kein Agit-Prop, sind auch nicht gleichzusetzen der heutigen Reklame für Zigaretten oder Parfums. Aber in den regierenden Kreisen der DDR glaubte man tatsächlich, daß, wenn ein Schriftsteller einen bestimmten vorbildhaften Typ beschrieb, die Leser dann die Eigenschaften dieses vorbildhaften Typen für sich adaptieren würden. Ich habe das mal sehr drastisch beschrieben: In Mark Twains »Huckleberry Finn« werden irgendwelche Heringe gestohlen. Das bedeutet doch nicht, daß nun alle DDR-Knaben im Alter von elf Jahren Heringe klauen oder Kaugummi. Bloß, weil es im »Huckleberry Finn« gestanden hat. Aber indem man an die Vorbildwirkung der Literatur glaubt, erlegt man sich selbst den Zwang auf zur Zensur.

Sie haben zwei Diktaturen in Deutschland überlebt.
Ich habe Glück gehabt. Im »Pargfrider«, meinem im vergangenen Jahr veröffentlichten Roman, beschrieb ich es so: Wenn mich einer fragte, was ich als die größte Leistung eines Menschen unseres Jahrhunderts betrachte, würde ich sagen: daß er es fertiggebracht hat, bis dato zu überleben.

Die beiden Diktaturen werden nicht selten miteinander verglichen. Wie sieht das ein jüdischer Schriftsteller?
Ich bin nie auf den Gedanken gekommen, die beiden in einen Topf zu werfen. Die Nazis hatten die selbstgeschaffene Funktion, den Kapitalismus zu schützen, ihn auch zu benutzen, jedenfalls, sie waren verheiratet mit ihm. Die Kommunisten dagegen wollten eine andere wirtschaftliche und finanzielle Ordnung. Also, sie waren das genaue Gegenteil.

Und wie reagieren Sie, wenn andere dennoch ein Gleichheitszeichen daraus machen wollen?
Ich kann mich doch nicht jedesmal aufregen, wenn Leute Dummheiten reden. Daß es gewisse Methoden der beiden Diktaturen gegeben hat, die einander ähnelten, hat seine historischen Wurzeln. Da muss man nur die Entstehungsgeschichte der russischen Revolution ein bißchen erforschen, um festzustellen, daß es von vornherein deutsch-russische Verbindungen gegeben hat. Ich habe das in dem Roman »Radek« getan.

Warum sind Sie eigentlich nie auf die Idee gekommen, dem Staat DDR für immer den Rücken zu kehren?
Ich habe darüber öfter geschrieben: Wieso sollte ich gehen? Ich hegte schon sozialistische Gedanken, als ein Großteil der Leute, die später dann angeblich den Sozialismus verfochten, noch ganz etwas anderes dachten. Also, wenn jemand aus dem Land gehen sollte, dann die und nicht ich.

Außerdem war ich der Meinung, daß man dem wirklichen Sozialismus nicht hilft, wenn man wegläuft. Die große Mehrzahl der Leute, die in den Westen gegangen sind, haben sich doch selber von der Entwicklung ausgeschlossen. Und wenn ich also durchaus in den Kapitalismus wollte, dann brauchte ich ja nur hier in Grünau zu sitzen und zu warten, bis er herkommt, nicht?

Haben Sie gewußt, daß er kommt?
Das nicht, aber die Gefahr bestand immer.

Vor fast genau zehn Jahren protokollierten Sie gemeinsam mit Ihrer Frau Inge »Flüchtlingsgespräche« in einem Aufnahmelager in Gießen. »Wofür lebst du hier?« hatte einer der Flüchtlinge selbstvergessen gefragt. Was würden Sie heute antworten, was ist unentbehrlich für ein erfülltes Leben?
Es gibt keine generelle Antwort. Für mich sind es die Liebe und die Arbeit. Ich habe eine sehr liebe, schöne und treue Frau, die mir viel geholfen hat, besonders jetzt, als ich so krank war. Und meine Arbeit kennen Sie ja.

Ihre Phantasie und Energie scheinen unerschöpflich. Sie sind sehr produktiv.
Andere Schriftsteller produzieren viel mehr als ich. Ich versuche, so viel wie möglich zu schaffen. Manchmal fühlt man sich besser, manchmal schlechter. Manchmal fällt einem was ein, manchmal fällt einem nichts ein.

Nach der Wende gehörten Sie zu den Initiatoren des Aufrufs »Für unser Land«. Manche werfen Ihnen vor, Sie schleppten die DDR immer noch mit sich herum.
Also, das ist totaler Unsinn. Ich denke oft an die DDR zurück und frage mich, ob man nicht viele Dinge hätte besser oder anders machen können. Vielleicht ging manches

beim besten Willen nicht. Die Abhängigkeit von der Sowjetunion war gegeben. Als sie nicht mehr mitspielte, war die Sache ja kaum mehr zu halten. Da hätte man lange vorher für seine Unabhängigkeit mehr tun müssen. Es fehlte auch Mut. Mut zur Selbständigkeit, zum selbständigen Denken. Mut, Dinge auszusprechen, die man für richtig hielt. Mut, Dinge zu kritisieren, die man hätte abschaffen müssen. Die DDR war eben ein Stück Deutschland mit nicht nur den guten, sondern auch mit den schlechten deutschen Eigenschaften.

Sie zogen 1994 für die PDS in den Deutschen Bundestag ein. Bereuten Sie es, angesichts der Stasi-Diffamierungen und der versteinerten Gesichter jener, die Sie vor Jahren als Dissidenten der DDR feierten?

Ich bin gar nicht der geeignete Mann dafür, gefeiert oder hofiert zu werden. Sehen Sie, ich habe mich nie benutzen lassen. Weder von denen hier, noch von denen drüben.

Und die Stasi-Anwürfe?

Ich bin so viel beschimpft worden in meinem Leben, und ich hatte doch die Gelegenheit, es zurückzuweisen, konnte nachweisen, daß diese Vorwürfe aus nichts als Lügen und falschen Konstruktionen bestanden.

Was haben Sie empfunden, während Sie als Alterspräsident des Bundestages die Eröffnungsrede hielten?

Es war ein sehr interessantes und nicht unangenehmes Gefühl. Ich hatte da etwas, was man im Englischen als captive audience bezeichnet. Captive heißt gefangen. Audience heißt Zuhörerschaft. Also ich hatte ein Publikum, das mir ausgeliefert war. Es konnte nicht ausreißen. So ein Publikum zu haben, ist immer angenehm. Daß sie eigentlich hätten aufstehen sollen und klatschen, das habe ich gar nicht gewußt, daß das eine ungeschriebene Regel war im Bundestag, daß man den Alterspräsidenten auf solche Art begrüßte. Ich habe also gar nicht vermißt, daß sie es nicht taten. Ich war schon froh, daß sie mich nicht ausgebuht haben, nicht geschrien haben »Raus« oder mich gar mit antisemitischen Rufen begrüßten. Immerhin haben sie schön still gesessen.

Sie haben Ihr Mandat bald darauf zurückgegeben.
Mit der PDS hatte das nichts zu tun, ich habe die auch nicht gefragt. Ich fand, daß eine Schar von Leuten, die nichts Besseres zu tun hatten, als sich selber ihre Gehälter zu erhöhen, denn dazu hatten sie die Macht, und in die Taschen des Volkes zu greifen, daß dies nicht die Leute sind, an deren Spitze ich in einer repräsentativen Funktion zu stehen wünschte. Da ich aber nicht als Alterspräsident zurücktreten konnte, weil ich ja der älteste Mann im Bundestag blieb, war ich gezwungen, als Abgeordneter zurückzutreten. Aber es tut mir leid zu sagen: Es hat nichts genützt. Die haben sich in keiner Weise geniert und doch ihre Gehälter erhöht, die eigentlich schon hoch genug waren. Ich habe auf dieses Gehalt dann verzichtet.

Haben Sie die Hoffnung, es könnte noch einmal jemand in Deutschland ein Fenster aufstoßen?
Damals, am 4. November vor zehn Jahren, habe ich mich so gefühlt, als hätte jemand ein Fenster aufgestoßen. Aber deshalb kann ich nicht dauernd die Fenster aufstoßen und mich in die Zugluft setzen. Auf der anderen Seite aber braucht man Luft zum Atmen.

Und wenn es wieder zu stickig wird: Sehen Sie eine Alternative?
Die Welt bleibt doch nicht stehen. Was kommen wird oder wie es sich entwickeln wird, kann man nicht voraus-

sagen. Da wirken viel zu viele Kräfte zusammen, und man weiß nicht, welche das Übergewicht gewinnen werden. Es hat Zeiten gegeben, in denen man annahm, dieser Kapitalismus sei längst erledigt. Aber dafür ist er noch ganz schön lebendig. Wenn auch zum größten Teil auf höchst schauderhafte Art.

Haben also auch Sie die Utopien begraben?
Wissen Sie, das ist so ein Schlagwort. Ich habe Jahrzehnte meines Lebens damit verbracht, daß ich nie von Utopien geredet habe. Das Wort haben dann wohl irgendwelche Zeitungsleute erfunden. Natürlich gibt es so etwas wie eine Utopie. Aber jeder hat seine.

Glauben Sie noch an einen Sozialismus mit menschlichem Antlitz?
Wenn es Sozialismus geben soll, dann muß er so sein, daß die Menschen dafür sein können mit gutem Gewissen.

Interview: Ida Kretzschmar

Zehn Jahre später

»Frankfurter Rundschau«, 18. Oktober 1999

Nachher ist man klüger. Das ist ein alter Spruch, der auf den einzelnen zutrifft ebenso wie auf ein Drittel eines Volkes.

Was wußten wir alles nicht am 4. November des Jahres 1989? Wir wußten nicht, zum Beispiel, daß der Genosse Gorbatschow die Deutsche Demokratische Republik schon abgeschrieben hatte und bereit war, den westlichen Außenposten seines Imperiums für ein Linsengericht zu verkaufen, und daß er so töricht war, nicht vorauszusehen, daß er ohne diese Deutsche Demokratische Republik sein ganzes Imperium verlieren würde.

Wir wußten nicht, daß den Großmächtigen an der Spitze von Partei und Regierung der Republik das Herz, oder was sie statt dessen in ihrem Busen trugen, in die Hose gefallen war und daß sie die Republik nicht verteidigen würden, weder durch Gewalt noch durch gescheitere, friedliche Mittel.

Wir wußten nicht, daß im höchsten Gremium der Partei, dem Politbüro, Analphabeten saßen, die nicht einmal die eigne Handschrift auf von ihnen selber geschriebenen Notizzetteln lesen konnten und so eine Panik auslösten, durch welche die Grenzpolizei in völlige Verwirrung geraten und ihr antifaschistischer Schutzwall kollabieren würde.

Wir wußten nicht, daß wir keine Frist mehr haben würden, und auch nicht die Kräfte dafür, um aus dieser Republik einen sozialistischen deutschen Staat zu machen, mit dem die Mehrheit seiner Bewohner sich identifizieren konnte. Wir glaubten, der Ruf »Wir sind *das* Volk!« sei der Anfang dieser Identifikation und wußten nicht, daß durch einen Taschenspielertrick dieser Ruf in »Wir sind *ein* Volk!« verwandelt werden könnte und in den Ausbruch der Massen zu Aldi und den anderen Vorteilen der kapitalistischen Welt.

Und wir wußten nicht, mit welch durchdachter Gründlichkeit die neuen Herren die so billig gewonnene Macht über die Deutsche Demokratische Republik zu ihrem eigenen Vorteil ausbeuten und eine Welt ohne soziale Alternativen schaffen würden.

Hätten wir auch nur einen Teil von diesem allen gewußt, zumindest der eine oder andere Redner auf der improvisierten Tribüne auf dem Alexanderplatz hätte neben seinen freudigen auch warnende Worte gesprochen oder zumindest versucht, aus der deutlich spürbaren optimistischen, ja, fast heroischen Stimmung der Hunderttausende auf dem Platz konkrete Handlungen zu erzeugen und unwiderrufliche Tatsachen zu schaffen.

An dem Tag lag die Macht über die Deutsche Demokratische Republik auf der Straße. Aber allein der Herr Dr. Kohl hat das erkannt und ist kurz danach dementsprechend verfahren.

Über den Roman »Die Architekten« und den
Untergang des Kommunismus
Interview »Rheinischer Merkur«

45/2000

Herr Heym, zehn Jahre nach dem Ende der DDR erscheint Ihr Roman »Die Architekten« als eine Art Untergangsepos des »ersten deutschen Arbeiter-und-Bauernstaates«. Aber als solches war der Roman nicht gedacht, als Sie das Manuskript 1966 fertigstellten. Was wollten Sie mit Ihrem Roman bezwecken?

Die Frage nach dem Zweck eines Romans ist schon irgendwie »sozialistisch-realistisch«. Ich erzähle einfach von Menschen in all ihren Dimensionen, ihrem Denken und ihrem Handeln. Sicher wäre das Thema Architekten in einem quasi sozialistischen Land, wenn das Buch hätte erscheinen können, von allgemeinem Interesse gewesen. Daß es jetzt immer noch Interesse erregt, ist eine Genugtuung für mich. Denn natürlich ist es ein Risiko, einen historischen Roman vorzustellen, der im Ursprung gar kein historischer Roman sein sollte. Als ich ihn aus dem Englischen übersetzte, war ich selbst überrascht. Da konnte ich nun nachlesen, wieso dieser Staat zugrunde gehen mußte. Das hatte ich damals nur instinktiv gesehen, ohne es in seinen ganzen Konsequenzen zu erkennen. So liefert uns das Buch heute einen Schlüssel zu den geschichtlichen Ereignissen von damals.

1952 kamen Sie in die DDR. Wann begannen sich in Ihnen die ersten Zweifel an diesem System zu regen?

Eines der ersten nachdrücklichen Erlebnisse waren für mich die Ereignisse im Juni 1953. Sie haben mich so beeindruckt, daß ich einen dicken Roman mit dem Titel »5 Tage im Juni« darüber schrieb, der jedoch ebenfalls 30 Jahre nicht veröffentlicht werden konnte.

Und in den sechziger Jahren stand Ihnen das Ende der DDR bereits deutlich vor Augen?

Ich hatte Angst, daß der Versuch, in Deutschland einen sozialistischen Staat zu begründen, mißlingen könnte. Meine Bemühungen aber richteten sich bis zum Ende darauf hin, die DDR zu erhalten, allerdings eine andere DDR. Damit geriet ich wieder in eine isolierte Position. Denn die Bürgerrechtler wollten ja keine DDR. Sie wollten nichts wie raus aus der DDR, entweder persönlich raus oder eben die ganze DDR weghaben. Ich aber wollte die sozialen Entwicklungen der DDR, die ja im Grunde richtig waren, erhalten wissen. Zugleich wollte ich die individuellen Möglichkeiten, die schöpferischen Kräfte der Bürger entwickelt sehen. Mehr als einmal hatte ich gesagt: Wir müssen einen Zustand erreichen, wo der Westen die Mauer baut, damit ihm die Menschen nicht weglaufen. Das ist jedoch nie gelungen.

Worin sehen Sie den Hauptgrund für das in Ihrem Roman vorweggenommene klägliche Ende der DDR?

In der Unterdrückung der Kritik, die gleichzeitig die Unterdrückung der schöpferischen Bestrebungen und schöpferischen Kräfte im Lande war. Da man alles regulierte und nach dem Muster 08/15 – sozialistisches 08/15 – ordnete, konnte nichts reüssieren. Die Wirtschaft, die Wissenschaft, die Literatur – sie alle gerieten ins Hintertreffen. Man war nicht mehr fähig zu konkurrieren. Daraus ergab sich die Überlegenheit des Kapitalismus. Alles, was im Kapitalismus schlecht und nachteilig war, ist natürlich geblieben. Aber er hatte den großen Vorteil, daß er den Menschen die Freiheit gab, ihre Ellenbogen zu benützen und ihr Gehirn. Damit hat er den Wettstreit zwischen den beiden Systemen gewonnen.

Erstaunlicherweise stellen Sie in Ihrem Roman die stalinistische Unterdrückung sogar mit dem nationalsozialistischen Terror gleich...

Gleichstellung möchte ich nicht sagen. Ich sehe ähnliche Züge, die daher kommen, daß bei beiden Systemen gewisse äußerliche Methoden ähnlich waren: Gefängnisse, Zuchthäuser, Lager und so weiter. Das wirkt sich natürlich auch auf das Geistige und die Kunst aus. Es bestehen Ähnlichkeiten in den Kunstformen, die ich ursprünglich nicht wahrhaben wollte, die ich aber besonders auf dem Gebiet der Architektur entdeckte. Wie sie in der Sowjetunion gemalt haben, so haben sie zum Teil auch im nationalsozialistischen Deutschland gemalt. Wenn man Helden malen will, muß man Heldenbrüste malen. So war das in beiden Systemen eine Malerei von Heldenbrüsten.

Ihr Roman spielt nach der offiziellen Entstalinisierung...

Eine offizielle, systemisch durchgeführte Entstalinisierung in diesem Sinne gab es nie. Auf dem XX. Parteikongreß der KPdSU 1956 hielt Chruschtschow seine berühmte »Geheimrede«, in der er die Verbrechen Stalins offiziell »enthüllte«. Diese Rede zeitigte in einigen Ländern des sozialistischen Lagers gewisse Folgen. Besonders in der DDR aber fuhr man ganz bequem mit den alten stalinistischen Methoden. Denn es ist immer bequemer, durch Gewalt zu herrschen als durch Überzeugung.

Würden Sie sagen, daß die DDR bis zu ihrem Ende stalinistisch war?

Nein. Es gab schon Veränderungen. Wäre die DDR bis zum Ende wirklich stalinistisch gewesen, dann hätten diese ganzen Bürgerrechtler es überhaupt nicht gewagt, aufzutreten. Das waren ja keine kühnen Seelen. Die haben ein bißchen was riskiert, mehr nicht. Aber auch ich hätte unter einem stur stalinistischen Regime kaum tun und sagen können, was ich getan und gesagt habe. »Ja, Herr Heym, Sie können sich das leisten«, sagte man immer wieder zu mir und war dann sehr erstaunt, wenn ich antwortete: »Sie können sich das auch leisten. Sie müssen nur ein wenig Courage haben.« Die meisten Menschen hierzulande, aber auch in anderen sozialistischen Ländern und im Kapitalismus, haben nicht den Mut aufzustehen und zu sagen, wie sie wirklich denken. Es überwiegt der Wunsch, bequem zu sein, auf bequeme Art sein Geld zu verdienen und in ordentlichen Verhältnissen ordentlich zu leben. Das trifft besonders auf Deutschland zu. Im Augenblick allerdings ist dies alles sehr bedroht, und ich habe die Befürchtung, daß es in diesem Staat noch zu bösen Entwicklungen kommt.

Welche Gefahren befürchten Sie?
Wenn eine Gruppe betrunkener Jugendlicher einen Rollstuhlfahrer straffrei verprügeln und ins Gesicht treten kann – das sind Zustände, die nicht einmal in den wildesten Ländern üblich sind.

Diese Verrohung der Gesellschaft ist aber kein deutsches Phänomen.
Das stimmt. Aber was Deutschland betrifft, ist man nach den Erfahrungen von früher besonders empfindlich. Wir hatten die SA und die SS, wir hatten die Bücherverbrennungen und die Zerstörung der Synagogen und schließlich Millionen Tote. Dieses zu verändern war eine Aufgabe, an der auch ich mich mit dem Gewehr in der Hand betei-

ligt habe. Noch mal kann ich so etwas nicht. Dafür bin ich zu alt. Aber ich möchte es meinem Sohn und meinen Enkeln ersparen, daß sie es noch mal tun müssen.

Halten Sie die Initiativen der Politik gegen diese Umtriebe für unzulänglich?
Wie es zur Zeit gehandhabt wird, scheint es mir ungenügend. Ich werde mich jetzt nicht darüber auslassen, was man tun könnte und müßte. Das weiß man ja. Noch vor einigen Jahren hat die Polizei sehr wohl gewußt, wie sie Terroristen bekämpfen kann. Das weiß sie auch heute noch. Aber sie tut es nicht. Und wie man solche Leute bestraft, daß es wirkt, das weiß man ebenfalls. Aber man tut es nicht unter dem Mäntelchen der Demokratie. Demonstrationsfreiheit! Nein, für diese Leute keine! Für die, die die Freiheit der anderen unterdrücken wollen, darf es keine Freiheit geben. Das habe ich gelernt, und das wissen andere auch. Und wenn trotzdem nichts geschieht, dann handelt es sich um eine bewußte Passivität und eine bewußte Förderung dieser schlimmen Umtriebe.

Nehmen wir an, Ihr Roman »Die Architekten« hätte Ende der sechziger Jahre noch in der DDR erscheinen können...
... dann hätten wir eine andere Regierung bekommen. Ein Erscheinen des Buches wäre nicht möglich gewesen, ohne Veränderungen auszulösen. Genauso wie mein Roman »5 Tage im Juni« in der DDR nicht hätte veröffentlicht werden können, ohne politische Folgen zu zeitigen.

Überschätzen Sie damit nicht den Einfluß von Literatur?
Aber nein, umgekehrt: Nur eine Regierung, die so etwas dulden könnte, hätte zugelassen, daß der Roman veröffentlicht wird.

Sehen Sie in der Beteiligung an gesellschaftlichen Veränderungen ein Grundelement Ihrer schriftstellerischen Tätigkeit?

Als Schriftsteller habe ich eine bessere Gelegenheit dazu. Aber ich glaube nicht, daß dem Schriftsteller eine besondere Rolle zukommt. Auch wenn ich Ingenieur wäre, würde ich versuchen, meine Anschauungen zum Ausdruck zu bringen. Jeder Konditor und jeder Schornsteinfeger hat die bürgerliche Pflicht mitzuhelfen, das Leben und die Gesellschaft zu verbessern.

Muß diese von Ihnen immer wieder entworfene Vision einer gerechten und sozialen Gesellschaftsordnung nicht letztlich für immer Utopie bleiben?

Denken Sie an das Christentum. Die Christen haben auch ein Ideal und Illusionen, und dennoch haben sie in 2000 Jahren die Welt verändert. Glauben Sie nicht, daß Jesus Christus vor Ihnen sitzt. Hier sitzt ein armer, alter Schriftsteller. Aber ich habe gewisse Vorstellungen, wie man die Welt ein bißchen verbessern könnte, und ich habe versucht, das mit meinen Büchern darzustellen.

Was in Ihrem Roman besonders deutlich wird, das ist der Machtwille, dem alle Ideale geopfert werden.

Aber Sie sehen doch, daß Arnold Sundstrom, der Architekt und einer der Protagonisten in meinem Roman, nicht der Sieger der Geschichte ist. Schon eine kleine Veränderung bedeutet für ihn eine Tragödie. Anders dagegen seine Frau Julia. Man hat mir immer wieder vorgeworfen, in meinen Büchern würden Männer eine wichtigere Rolle spielen als Frauen. Das trifft auf »Die Architekten« bestimmt nicht zu. Julia kommt in diesem Roman eine ganz entscheidende Rolle zu. In ihrer Entwicklung spiegeln sich die Veränderungen der Geschichte wider. Sie findet einen anderen Mann und für ihren kleinen Jungen vielleicht eine bessere Zukunft. Auch wenn die Macht siegt, ist sie doch nicht imstande, alles zu unterdrücken. Die Geschichte hat sich verändert. *Panta rhei* – alles fließt – das ist das Thema meiner Bücher.

Welche Haltung nehmen Sie heute gegenüber den Idealen Ihres Lebens ein?

Ich kann nicht leugnen, daß es auch bei mir Brüche gab. An gewissen Punkten sieht man, daß man Illusionen und falsche Auffassungen hatte. Wenn ich versuche, die Welt dialektisch zu sehen, muß ich auch mich selbst dialektisch sehen. Grundsätzlich aber halte ich weiter fest an meinen Idealen, obwohl ich weiß, daß ich sie nie vollständig erreichen werde. Etwas habe ich dennoch erreicht. Daß ich am 4. November 1989 auf dem Berliner Alexanderplatz vor den dort versammelten Demonstranten über den neuen, den besseren Sozialismus in der DDR sprechen und später als Alterspräsident die Eröffnungsrede des 13. Bundestages halten konnte - allein die Tatsache, daß einer wie ich, mit diesem Hintergrund und mit dieser persönlichen Geschichte, es fertigbrachte, im Bundestag zu reden, das war ein Erlebnis.

Überwog, alles in allem genommen, nicht dennoch die Enttäuschung über die Wirkungslosigkeit politischen Handelns?

Aber nein! Sehen Sie doch: Ich war gegen die Hitlerei. Wo ist Hitler? Ich bin noch da. Ich war gegen die stalinistische Herrschaft. Wo sind die Stalinisten? Ich bin noch da. Und nicht nur ich, sondern all die Leute, die auf meiner Seite standen und mir folgten. Natürlich haben die Kapitalisten heute eine viel größere Macht als je zuvor. Aber werden sie ein gerechtes Leben schaffen für alle? Ich meine doch, daß Marx und Engels ganz kluge Gedanken hatten und daß man daraus hätte etwas machen können. Aber vielleicht kommt noch eine Zeit, da man wieder auf ihre Ideen zurückgreift.

Interview: Adelbert Reif

Leitkultur

»Super-Illu-Magazin«, 16. November 2000

Ja, ich kenne eine Leitwährung, auch eine Leitidee, und schließlich sogar einen Leithammel, welcher seinem Bählamm oder auch mehreren dieser voranschreitet auf dem Weg zur Weide oder zum Stall, je nachdem – aber eine Leitkultur? Ist Kultur nicht genug, deutsche oder europäische oder welche auch immer – muss es gleich eine Spitzen- oder Führer- oder Leitkultur sein, möglichst mit EK eins auf der Brust oder Verdienstorden am schwarz-rot-goldenen Band um den verfetteten Hals?

Hatten wir das nicht alles schon, diese Leitkultur, die anfing mit den Bücherverbrennungen in der Mitte der Hauptstadt und endete mit ganzen verbrannten Städten, im Lande und außerhalb von dessen Grenzen?

Wenn's um Kultur geht, genügt mir schon eine gewöhnliche, in der ein Goethe dichten konnte und ein Beethoven Musik schreiben und ein Liebermann malen und eine Marlene Dietrich singen, ohne daß unsereins deshalb laut loskrähen mußte und sich auf die Schulter klopfen: Seht, was für tolle Kerle wir sind – unsere Kriege verlieren wir zwar, und unsere Währung verschenken wir, aber kulturell! Kulturell sind wir unschlagbar mit unserer Leitkultur, da sollen die Untermenschen erst mal dagegen anstinken, die jüdischen und die türkischen und die Neger und die anderen Multikultis!

Das will nicht heißen, daß es nicht ein paar Regeln gibt, die jeder Fremdling befolgen sollte, der in einem Lande, gleich wo es liegt und wie es heißt, leben möchte. Er sollte sich bemühen, die Sprache dieses Landes sprechen, lesen und schreiben zu lernen, schon damit er Arbeit finden und sich ernähren kann; und er sollte sich mit den Gesetzen und Gebräuchen und der Geschichte des Landes vertraut machen, schon um Mißverständnisse zu vermeiden und sich das Leben nicht unnötig zu erschweren.

Und was nun Deutschland betrifft, sollte dieser Fremdling wissen, daß viele seiner Bewohner und deren Väter und Urväter von altersher unterdrückt waren, aber, anders als ihre Nachbarn, anders als Franzosen, Engländer, Amerikaner und Russen, keine erfolgreiche eigene Revolution zustande brachten – vor allem gegen Hitler nicht –, und daher mit einem nationalen Minderwertigkeitskomplex herumlaufen, den sie loszuwerden suchen, indem sie ihr bißchen Kraft an noch Schwächeren auslassen: an Krüppeln im Rollstuhl, an Greisen, Obdachlosen, Farbigen und Juden; an solchen also, von denen sie meinen, diese seien der deutschen Leitkultur unwert.

Judentum, jüdische Identität und
sozialistische Bewegung

*Gespräch mit Barbara Sørensen, Institut für
Germanistik, Universität Kopenhagen, 7. Mai 2001*

Herr Heym, 1982 haben Sie in einer Rede gesagt: »Ich bekenne, es war eine meiner großen Hoffnungen, daß mit der Ankunft des Sozialismus der Antisemitismus verschwinden und die neue, klassenlose Gesellschaft Schluß machen würde mit jeder wie immer gearteten Diskriminierung; nicht länger würde man Juden und Nichtjuden voneinander scheiden, sondern sie einfach als Menschen betrachten, vereint in dem einen großen Bemühen: der Schaffung einer Welt sozialer Gerechtigkeit für jedermann.«
Richtig!

In einem Nachsatz sagen Sie: »Darauf warte ich noch immer.« Warum ist Ihrer Meinung nach der Versuch des Sozialismus, die »jüdische Frage« zu lösen gescheitert?
Weil der gesamte Sozialismus gescheitert ist, dieser »real existierende«.

Wie war Ihrer Meinung nach das Verhältnis der DDR zu den Juden?
Es hat hier offiziell keinen Antisemitismus gegeben – im Gegensatz zur Bundesrepublik, wo es ja Antisemitismus und antisemitische Parteien gegeben hat. Aber unter der Oberfläche, sowohl in der Partei als auch außerhalb der SED, hat es natürlich antisemitische Tendenzen gegeben, antisemiti-

sche Gefühle und politische Verhaltensweisen, die das zeigten. Es hat hier keine Prozesse gegeben wie in der Tschechoslowakei, in Polen oder in der Sowjetunion, aus denen sich Antisemitismus klar ergeben hatte. Das gab es nicht in der DDR. Das gab es nicht, weil sozusagen dafür keine Gelegenheit war. Man hat ja etwas machen wollen, aber man hat es sich dann doch verkniffen.

Sie denken zum Beispiel an den Prozeß gegen Paul Merker.
Richtig. Merker war ja kein Jude. Aber der Prozeß, den man gegen ihn geplant hatte, war antisemitisch. Da spielt sicher auch das Judentum eine gewisse Rolle.

Juden wurden in der DDR weitgehend als Opfer des Nationalsozialismus, kaum aber als Opfer des Verhaltens der Bevölkerungsmehrheit dargestellt.
Das ist wahr, das hat man nicht getan. Man hat ja in der DDR überhaupt sich offiziell identifiziert mit den Gegnern des Nationalsozialismus. Man war ja auch gegen den Nationalsozialismus. Man konnte deshalb auch keinen Antisemitismus offiziell fördern.

Die Schuldzuweisung für die NS-Verbrechen an eine kleine Gruppe nationalsozialistischer Funktionäre und Kriegsverbrecher sprach ja die Bevölkerung frei.
Ja, wissen Sie, ich glaube nicht, daß man sich allzu viele Gedanken über dieses Problem gemacht hat. Ich glaube eher, daß man sich mit diesen Dingen gar nicht erst beschäftigte, um einer Debatte darüber zu entgehen. Das wenigstens ist mein Gefühl.

Sie meinen, diese Erscheinung war ein ungewollter Nebeneffekt?

Das war keine politische Richtung. Man hat es vorgezogen, sich nicht mit dem Thema zu befassen.

Wie ist Ihr Verhältnis zu Israel gewesen? Welche Haltung hatten Sie bei der Gründung des Staates Israel und später?

Ich habe mich natürlich mit der Frage Israel beschäftigt. Das geht aus meinem literarischen Schaffen hervor. Meine Haltung dazu war, daß die Juden irgendwo eine Heimstatt gesucht haben, und daß sie auf Palästina kamen, auf das alte Israel, lag auch in der Natur der Dinge. Wir dürfen nicht vergessen, die jüdische Religion beruht auf der Bibel, auf dem Alten Testament. Das Alte Testament ist die Geschichte Israels. Aber inzwischen war ja das Land von anderen Leuten besiedelt, und zwar von Arabern. Die Juden in Israel waren also eine Minderheit im Verhältnis zu der arabischen Welt, in der sie sich niedergelassen hatten. Eine ganz geringe Minderheit, die nur bestehen konnte, weil sie wehrhaft war, weil sie eine Armee hatte, die eine gute und disziplinierte Armee war. Aber das bedeutete auch, daß der Staat Israel auf Gewalt beruhte. Und meine Theorie, mein Gedanke war immer gewesen, daß eine Ordnung der Dinge, die auf Gewalt beruht, natürlich nur unter Schwierigkeiten, sehr großen Schwierigkeiten bestehen konnte. Und das sehen Sie auch heute erst recht.

Israel ist eine Folge von Hitler.

Wenn es Hitler nicht gegeben hätte, hätte es keine solch dringende Notwendigkeit gegeben für einen jüdischen Staat, für eine jüdische Heimstatt.

Gibt es das jüdische Volk, die jüdische Nationalität?

Die Frage, was die Juden eigentlich sind, die Sie hier stellen, kann ich nur beantworten, indem ich sage: Die Juden sind eine Gemeinschaft. Das ist mehr als ein Volk, zugleich auch weniger. Es ist eine religiöse, eine kulturelle und eine durch die Historie gewachsene Gemeinschaft, die in der ganzen Welt existiert, in verschiedenen Sprachen denkt und spricht und doch etwas Gemeinsames hat. Das ist einzigartig auf der Welt. So etwas gibt es nicht wieder. Und wir müssen eben anerkennen, daß es einzigartig ist. Und die Juden müssen sich dementsprechend verhalten. Sie müssen wissen, was sie sind und nicht so tun, als ob sie etwas anderes wären.

Bedeutet das eine Kritik an denjenigen, die sich nicht dazu bekennen?
Nein. Das ist einfach eine Feststellung, keine Kritik. Ob der einzelne Jude sich so oder so verhält, sich so oder so fühlt, ist eine andere Frage. Ich fühle mich dieser Gemeinschaft zugehörig – obwohl ich ein Staatsbürger dieses Landes bin.

War das immer so oder hat sich das im Laufe Ihres Lebens geändert?
Es hat Zeiten in meinem Leben gegeben, wo mein Jüdischsein nicht erstrangige Frage war. Heute glaube ich, daß natürlich die Tatsache, daß ich Jude bin, eine Rolle in meinem Leben gespielt hat und noch spielt. Dabei bin ich kein Orthodoxer; ich folge nicht dem Ritus, ich esse nicht koscher, sondern ich sage nur: Jawohl, Leute, ich bin Jude. Ich wurde geboren, und mein Kopf arbeitet. Mein Gehirn arbeitet eben wie ein jüdisches Gehirn.

Sie haben einen jüdischen Humor.
Das kann man sagen, wenn es einen speziell jüdischen Humor überhaupt gibt.

Zurück zur DDR. In der Nachkriegszeit wurden die Verfolgten des Nationalsozialismus in der SBZ und späteren DDR in Kämpfer gegen den Nationalsozialismus und in Opfer des Nationalsozialismus eingeteilt. Was hielten Sie von dieser Aufteilung?

Ich habe mich mit der Frage nicht beschäftigt. Ich habe diese strikte Einteilung nie selber befolgt. Ein Jude ist ein Jude. Er wurde verfolgt, und einige Juden haben sich aufgerafft und haben sich verteidigt und haben gekämpft. Andere sind nicht dazu gekommen. Aus persönlichen Gründen und aus historischen Gründen, oder weil sich die Gelegenheit nicht ergeben hat. Es gibt keine Regeln, um mechanisch die Juden einzuteilen in solche, die nur Opfer waren und solche, die gekämpft haben. Das halte ich für falsch und unsinnig.

Wie wurden Sie selbst eingestuft?

Ich gehörte zu den Kämpfern. Ich habe mit der Waffe in der Hand gegen die Nazis gekämpft. Ich war ja Soldat. Ich war amerikanischer Offizier.

Es gab in der DDR eine Zeit, in der man sich den sogenannten Westemigranten gegenüber skeptisch verhielt.

Das war die sowjetische Politik. Man hatte die Sorge, daß die aus der Westemigration sich anders verhalten würden, als die aus dem Osten. Und das stimmte ja auch.

Die Westemigranten waren kritischer.

Sie haben die Autorität von Stalin nicht so anerkannt. Und die Stalinisten hatten natürlich mit Recht Sorgen, daß diese Leute ihnen Schwierigkeiten machen würden. Wenn ich mir mein Leben und meine schriftlichen Arbeiten betrachte, so muß ich feststellen, daß ich ihnen ja auch Schwierigkeiten gemacht habe. Aber nicht, weil ich Westemigrant bin, sondern weil ich einfach einen kritischen Geist habe, vielleicht einen jüdischen Geist.

Hier eine Klischeefrage – ich stelle sie trotzdem. Bereuen Sie es heute, nach 1945 nach Deutschland zurückgekehrt zu sein?

Ich bin nach 1945 in die DDR zurückgekehrt und nicht so sehr nach Deutschland, obwohl die DDR ein Teil von Deutschland war und dort Deutsche gelebt haben. Und in der ersten Zeit hier habe ich mich manchmal gefragt, wenn ich mit der S-Bahn gefahren bin oder in einen Laden getreten bin: Ist der Mann, mit dem ich hier jetzt rede oder neben dem ich sitze vielleicht der Mörder eines Mitglieds meiner Familie gewesen? Aber mit der Zeit gewöhnt man sich daran und stellt diese Frage nicht mehr so oft. Aber natürlich habe ich auch aufgepaßt und darauf geachtet, ob ich mit einem Menschen redete, der unter der Oberfläche Antisemit ist und ein Feind des Judentums und habe mich dementsprechend verhalten.

Ich möchte Sie noch einmal zitieren. 1982 haben Sie gesagt: »Es wird Ihnen ja nicht neu sein, daß eine unverhältnismäßig hohe Anzahl von Juden sich der frühen sozialistischen Bewegung anschloß, selber Angehörige einer unterdrückten Minderheit, glaubten sie, daß die Befreiung des Proletariats auch ihre eigene Befreiung bedeuten würde.«

Richtig, das glaube ich auch heute. Das ist auch heute noch richtig.

Sie nennen Namen wie Karl Marx, Lassalle, Heine, Rosa Luxemburg, Trotzki. Man könnte Karl Radek hinzufügen. Sie alle glaubten, durch eine Verbindung mit der aufkommenden Klasse ihr Stigma als Juden abschütteln zu können. Bedeutet das Scheitern der sozialistischen Bewegung heute auch das Scheitern des Emanzipationsversuches der Juden?

Nicht aller Emanzipationsversuche. Aber dieser besondere Emanzipationsversuch auf dem Umweg über die sozialistische Revolution, der ist gescheitert.

Sie meinen, es gibt einen direkten Weg?
Man muß einen anderen Weg gehen. Man kann ja den Antisemitismus nicht hinnehmen. Man kann ja die Neonazis nicht akzeptieren.

Würden Sie wieder diesen Weg gehen, über einen Sozialismus, über einen anderen?
Ja, wenn es einen anderen geben würde, würde ich mich freuen. Dann würde ich auch annehmen, daß in diesem neuen, etwas besseren Sozialismus der Antisemitismus bekämpft werden kann.

Sie würden dann die Qualität des neuen Sozialismus davon abhängig machen?
Nicht davon abhängig machen, aber ich würde das als einen Teil des neuen Sozialismus betrachten.

Manche sagen, man habe heute in Deutschland eine ähnliche Situation, wie zu Beginn der 30er Jahre. Was sagen Sie dazu?
Jetzt, in diesem wiedervereinigten Deutschland, habe ich manchmal das Gefühl, daß die Verhältnisse sind wie kurz vor der Machtergreifung Hitlers 1933. Wenn ich mir ansehe: die Justiz – wie die Nazis unter Polizeischutz demonstrierend durch die Straßen und Plätze der großen Städte ziehen, dafür aber werden die Linken verprügelt –, dann kann ich nur sagen: Das sind Verhältnisse, die ganz denen von vor 1933 entsprechen.

Sie denken an die jüngsten Ereignisse hier in Berlin am 1. Mai?

Ja, das war ein einziger Skandal. Die Justiz und die Regierung haben sich so verhalten, daß man nur sagen kann: Es grenzt an Verbrechen.

Woran liegt es Ihrer Meinung nach, daß man die Neonazis schützt?
Das liegt an einem Mißverständnis des Begriffs Demokratie. Demokratie bedeutet nicht Freiheit für die, die die Freiheit abschaffen wollen, nicht Freiheit für die Feinde der Freiheit. Aber genau das ist anscheinend das Prinzip dieser Justiz und dieser Regierung.

In Dänemark hat man die Haltung, daß die Neonazis, von denen es nicht viele gibt, durch ein Verbot in die Illegalität gehen würden und damit viel gefährlicher wären.
Wenn man sie frei agieren läßt, dann werden sie nur noch wichtiger, noch größer. Hier marschieren sie immer in diesen Kampfuniformen. Ich bin dafür, daß man ihnen diese Stiefel auszieht und sie in Socken nach Hause schickt. Dann werden sie sich gleich etwas kleiner fühlen.

Wieder ein Zitat von Ihnen. »Die Juden blieben Juden, weil man Juden brauchte, ... um ihnen die Schuld zuzuschieben für alles Übel auf Erden...« Waren Juden im Sozialismus Sündenböcke?
In der Sowjetunion hat es das gegeben. Das hat sich auch an den Prozessen gezeigt. Man hat ja diese ganzen zusammengestoppelten, falschen Prozesse geführt, und die Angeklagten waren sehr oft Juden oder mit Juden verwandt. Es war eine Minderheit, es war leicht zu machen. Und das ist im Sozialismus natürlich eigentlich nicht zulässig. Aber was wollen Sie machen? Es war kein richtiger Sozialismus, wie sich herausgestellt hat, und seine endliche Niederlage hat ja bewiesen, daß diese Methode nicht gut war.

Herr Heym, Sie sagten 1982: »Assimilierung, mit allem was sich damit verbindet, ist eine alte Sache für die Juden, und ich bezweifle sehr, ob von einer Flüssigkeit, die sich als jüdisches Blut bezeichnen ließe, überhaupt die Rede sein kann.«

Das sage ich auch heute noch, das ist immer noch richtig. Es gibt schwarze Juden, es gibt Juden in der ganzen Welt, die sehr verschiedener Rasse sind. Ich sagte, die Juden sind eine Gemeinschaft, kein Volk, keine Rasse.

Gibt es eine jüdische Identität?

Ich weiß nicht, was Sie unter jüdischer Identität verstehen. Ich kann nur sagen, wenn mich jemand fragt: »Sind Sie Jude?«, dann sage ich: »Ja.« Wenn das also die Identität ist, dann bitte sehr. Juden sind eine Gemeinschaft, in der Religion eine Rolle spielt. Vieles andere auch, eine gemeinsame Geschichte, eine Geschichte der Unterdrückung, des Unterdrücktseins.

Sie meinen aber nicht, daß jüdische Identität ein ausschließlich von außen bestimmtes Stigma ist?

Identität ist ein Gefühl. Das kann nicht ausschließlich von außen bestimmt sein, sondern das spürt man. Das hat man.

In Ihrem Roman »Radek« wird die Hauptperson Karl Radek als Revolutionär geschildert. Seine jüdische Herkunft scheint ganz schwach durch. Im Roman sagt Radek: »Die Juden sind verurteilt zu leiden, ob in Revolutionen oder Konterrevolutionen oder was immer, bis der Messias wird geritten kommen an der Spitze der Roten Armee wie unser Budjonny, nur wird der Messias weniger trinken und fluchen und wird ein schönerer Mann sein als unser Budjonny, mit Augen, die leuchten werden wie die Kerzen, welche meine Mutter, Gott hab sie selig, hat angezündet am heiligen Sabbat.«

Ist das als eine ironische Bemerkung zu verstehen?
Nicht ganz.

Es liegt auch etwas Wahrheit darin.
Insofern ist der Karl Radek ein Jude. Er empfindet sich als Jude, und er ist auch behandelt worden als Jude, von Stalin.

Radek bezeichnet sich ja selbst am Ende des Romans als Stalins Hofjude. Er verfaßt eine Hymne auf Stalin, die er als Parodie, als Übertreibung formuliert, und er hofft damit...
... ihn ad absurdum zu führen.

Aber keiner versteht ihn.
Doch, es gibt schon Leute, die ihn verstanden haben. Zum Beispiel ich.

Nun, die Romanfigur des Radek ist Ihre persönliche Auslegung.
Ja, natürlich. Ich bin ja der Schriftsteller, der Dichter. Ich darf ja meine Charaktere so darstellen, wie ich sie will.

Steht Radek am Ende als Opportunist da oder als ein Überlegener, dessen intellektuellen Streich nur keiner verstanden hat?
Das sehen Sie doch heute ganz klar. Die Sowjetunion – Stalins Sowjetunion – ist zerbrochen, nicht Radeks.

Sie haben gesagt, daß man sich zu seiner jüdischen Herkunft bekennen sollte.
Ja. Ich tue das.

Radek hat es meiner Meinung nach nicht getan.
Er hat es getan. In seinem ganzen Leben. Man muß das Buch richtig lesen.

Man vernimmt es, aber es ist nicht eindeutig. Er schließt sich ja der Revolution an, weil er glaubt, dadurch ausbrechen zu können. Oder habe ich den Roman falsch gelesen?

Ich glaube nicht, daß Sie den Roman falsch gelesen haben. Schon, daß Sie das Problem sehen, zeigt, daß Sie ihn richtig gelesen haben. Aber es ist eines meiner wichtigsten Bücher, weil ich eben gerade dieses Problem behandle.

War es Ihrer Meinung nach legitim, die starke jüdische Arbeiterbewegung in Rußland in die bolschewistische Bewegung zu zwingen? Lag nicht da die Wurzel der Unterdrückung?

In dieser Sowjetunion hat man so viele Dinge unterdrückt, so viele selbständige Gedanken unterdrückt und vernichtet, daß sich dadurch sehr böse Folgen ergeben haben. Ich bin der Meinung, wenn man eine besondere jüdische Arbeiterbewegung hätte bestehen lassen, dann hätte es wahrscheinlich gewisse Fehler nicht gegeben, die man dann gemacht hat. Aber das ist, was der alte Präsident Roosevelt als eine If-if-Frage bezeichnet hat, eine Wenn-Frage.

Radek repräsentiert einen bestimmten Typus Revolutionär, den des jüdischen Intellektuellen, der seine jüdische Identität aufgibt zugunsten der Revolution.

Er hat sie doch nicht aufgegeben. Er hat immer gesagt, er ist Jude. Er hat nicht an eine besondere jüdische Revolution geglaubt, sondern an eine russische Revolution, an eine Weltrevolution.

Wenn man zu Marx, zu seinem Aufsatz »Zur Judenfrage« zurückgeht, dann verschwindet ja da das Judentum in der neuen, angestrebten Gesellschaft.

Das hat Marx sich ausgedacht. Ich habe das ja auch erwartet. Wenn also die Revolution wirklich siegt, die proletarische Revolution, daß dann auch der Antisemitismus verschwindet. Es hat sich herausgestellt, daß das nicht geschehen ist, *nicht* geschehen ist.

In Ihrem Roman »Ahasver« greift Ahasver in das Geschehen im Warschauer Ghetto ein. Obwohl der Warschauer Ghettoaufstand scheitert, führt er die dort eingepferchten Juden aus ihrer Opferrolle heraus.
Was bedeutet der jüdische Widerstand für die Identität der Überlebenden?

Mit dem Warschauer Aufstand fängt der erste wirkliche offene Widerstand an. Von da an sind die Juden nicht nur Opfer, sondern sie verteidigen sich. Es gelingt ihnen sogar, gegen die Nazis Widerstand zu leisten und sie zu schlagen, bis am Ende mit der großen Übermacht nichts mehr zu machen war. Es zeigt aber auch, daß die Juden von den Polen allein gelassen wurden, was auch wieder aus der polnischen Geschichte hervorgegangen ist.

In »Der Widerruf« schreibt Hans Mayer über das Verhältnis von Deutschen und Juden in der Geschichte und über den Bruch der deutsch-jüdischen Symbiose, der 1933 stattgefunden hat. Dieser Bruch ist für Hans Mayer unwiderruflich. Er schreibt: »Ich bin ein deutscher Universitätsprofessor und ein deutscher Schriftsteller. Deutscher bin ich nicht mehr und kann es auch nie wieder sein.«
Ist für Sie die deutsch-jüdische Symbiose unwiderruflich zerbrochen?

Wissen Sie, man kann dazu sehr wenig sagen, und zwar mangels Juden. Es gibt doch kaum noch Juden in Deutschland. Jetzt kommen ein paar russische dazu, die glauben, daß sie hier besser leben können als in Rußland. Die kommen doch nicht her, um die deutschen Juden zu verstärken, sondern damit sie ein bißchen Geld verdienen. Aber ein wirkliches deutsches Judentum, das ist ja vernichtet worden in Auschwitz. Das läßt sich nicht wieder rekonstruieren. Die Deutschen haben ihre Juden vernichtet. Das ist schlimm. Sie haben sich an der Menschheit versündigt.

Man vergißt wohl auch, daß die Juden ein Teil des Deutschen waren.
Genau. Sie waren ja ein Teil der deutschen Geschichte.

Auch für die Deutschen bedeutet es einen Verlust, für die deutsche Kultur und Geschichte.
Verlangen Sie aber nicht von mir, daß ich mir deshalb mein Herzblut vergieße darüber, daß die Deutschen was verloren haben. Die Deutschen haben es ermordet. Wenn ich jemanden morde, dann verliere ich ihn natürlich. Dann ist er weg.

Hans Mayer hat bis 1962 in der DDR gelebt. Er kam nach dem Krieg ganz bewußt in die SBZ und hat zu Beginn mit der DDR sympathisiert. Bald schon wurde er enttäuscht.
Ich habe versucht damals, ihm auszureden, daß er weggeht. Aber ich habe nicht gewußt, wie schäbig man ihn behandelt hat.

Ähnlich ist es Ernst Bloch ergangen.
Ja. Das ist die alte sektiererische Haltung dieser Stalinisten. Sie sind eine Sekte. Sie wissen ja, Sektengläubige lassen niemanden anderes gelten.

Worin besteht nach Auschwitz und nach dem Ende des Sozialismus die Aufgabe des Schriftstellers?
Der Schriftsteller muß doch schreiben auf der Grundlage dessen, was geschehen ist, auf der Grundlage der Geschichte. Auschwitz ist ein sehr entscheidender Teil der deutschen Ge-

schichte. Wenn ich also ein deutscher Schriftsteller bin, kann ich nicht schreiben, ohne mich an Auschwitz zu erinnern.

Besteht die Aufgabe auch darin, die Ursachen des Untergangs des Sozialismus zu beleuchten?
Ich habe kein solches Programm. Wenn ich ein Thema sehe, das ich für interessant halte und über das ich glaube, schreiben zu können, dann fange ich an, darüber zu schreiben. Aber verlangen Sie von mir nicht, daß ich mich nach irgendwelchen zehn Geboten richte.

In Ihrem Roman »Die Architekten« beschäftigen Sie sich mit der Rolle der Kunst in der Gesellschaft.
In dem Roman spielt die Kunst natürlich eine große Rolle, in diesem Fall die Architektur. Die Frage, die ich aufwerfe, ist: Wenn in einem sozialistischen Land eine Architektur gepflegt wird, die ähnlich der Naziarchitektur ist, gibt es da Gemeinsamkeiten zwischen der Geisteshaltung des Sozialismus und dem Nationalsozialismus? Diese Frage habe ich in dem Buch gestellt.

Erinnerungen an die Mutter
Interview »Allgemeine Jüdische Wochenzeitung«

5. Juli 2001

In allen biographischen Angaben über Sie steht zu lesen: Stefan Heym (eigentlich Helmut Flieg) wurde am 10. April 1913 als Sohn eines jüdischen Kaufmanns geboren. – Ich habe lange gebraucht, bis ich einen Hinweis auf Ihre Mutter gefunden habe.

Die Leute haben mich nie nach ihr gefragt. Meine Mutter ist 1967 gestorben, sie ist etwa 75 Jahre alt geworden. Im Erzgebirge ist sie geboren, in der kleinen Stadt Thum. Sie hatte keine Geschwister.

Eine orthodoxe Familie?
Nein.

Hat sie erzählt aus ihrer Kindheit?
Nein. Sie hat überhaupt wenig über sich gesprochen. Ich wußte, sie kam aus dieser kleinen Stadt, und mein Großvater hatte dort eine kleine Textilfirma. Die hatte er wiederum von seinem Schwiegervater übernommen. Dann heiratete mein Vater meine Mutter und ist dadurch auch in diese Firma gekommen. Das war dann schon in Chemnitz. Thum gehörte zum Umkreis von Chemnitz.

Und Sie sind in Chemnitz geboren?
Ja, Gott helfe mir.

Der zweite Sohn oder der erste?
Der erste. Bei meiner Geburt muß sie einundzwanzig Jahre alt gewesen sein. Ich hatte eine junge und schöne Mutter. Lieb sah sie aus, mit einem weichen Gesicht, und wunderbaren warmen Augen. Ich erinnere mich, wenn ich aus der Schule kam, wir wohnten damals im zweiten Stock eines Hauses am Kaiserplatz in Chemnitz, wenn ich die Treppe hinaufkam, stand sie oben in der Wohnungstür mit ausgebreiteten Armen, mit diesem herrlichen Lächeln, das sie hatte, und hat mich da empfangen. Das habe ich noch jetzt vor meinem geistigen Auge, diese Szene. Sie ist da und sie lebt für mich, meine Mutter. Sie war aber nicht das, was man als jiddische Mutter bezeichnete.

Wie wäre die denn?
Das ist etwas anderes, das ist immer mit Aufregungen verbunden. Meine Mutter war ruhig und einfach lieb.

Ihr Bruder kam...
...da war ich fünf Jahre. Ich bin 1913 geboren, er ist 1918 geboren. Ich glaube, ich war nicht sehr erfreut über den neuen Bruder. Wenn man ein Einzelkind ist, und plötzlich die Liebe der Mutter und des Vaters teilen muß, das ist ein kleiner Schock.

Haben Sie eine Vorstellung von dem Paar, das Ihre Eltern waren?
Ich glaube, die haben sich sehr geliebt, oder meine Mutter hat meinen Vater sehr geliebt. Mein Vater hat es nur nicht so häufig gezeigt, wenigstens nicht vor meinen Augen. Man war zurückhaltend. Mein Vater war der Chef in der Familie. Ich wuchs auf im Ersten Weltkrieg, wo es nicht so viel zu essen gab. Wenn es mal ein Ei gab, bekam der Vater das und nicht die Mutter und nicht der Sohn. Daran erinnere ich

mich. Mein Vater kam mittags nach Hause, fuhr mit der Straßenbahn, ruhte sich zu Hause eine halbe Stunde aus, ging dann wieder zurück...

...ins Comptoir.
...ins Comptoir, richtig.

Waren die Eltern streng? Gab es Schläge?
Ich kann mich nicht erinnern, daß ich geschlagen worden bin. Ich habe meinen kleinen Bruder geprügelt.

Wie hieß Ihr Bruder?
Werner.

Und Ihre Mutter?
Else und mein Vater Daniel.

Ein jüdischer Name.
Ein biblischer Name. Man ging zu den Feiertagen in die Synagoge.

Koscher essen?
Nein.

Ihre Mutter war Hausfrau, war sie auch berufstätig außer Haus?
Nein. Später dann in den USA. Mein Vater, Gott segne ihn, mein Vater beging in der Nazizeit Selbstmord. Meine Mutter hat ihn begraben und hat, weil sie das Grab dann nicht mehr pflegen konnte, einen Stein darauf gelegt, keine Blumen gepflanzt. Ich bin nach 1945 als amerikanischer Soldat im Jeep nach Chemnitz gefahren, obwohl das russisch besetzt war, und habe das Grab meines Vaters gesucht, habe es aber nicht gefunden. Erst später habe ich es gefunden.

Meine Mutter brachte ich 1941 nach Amerika, zuerst meinen Bruder und dann meine Mutter. Das war ja nicht einfach. Man mußte dieses elende Affidavit haben, und dafür mußte man Geld haben. Ein Konto mußte man haben, ein altes Konto, nicht neu auf die Bank gelegt. Ich hatte ein altes Konto, da waren zehn Dollar drauf. Dann habe ich mir Geld geborgt von Bekannten und hatte dann in dieser Woche eine größere Summe auf diesem Konto. Ich habe mir von der Bank eine Bestätigung geben lassen, damit ich ein Affidavit kriegen konnte, dann habe ich das Geld wieder zurückgezahlt. Meine Mutter kam nach Amerika auf dem letzten Schiff, das noch aus Deutschland herausging.

Ihre Mutter fuhr allein.
Ja, sie fuhr allein. Sie hatte vorher gelernt, in Deutschland noch, solchen Schmuck zu machen, wie nennt man den? Nicht Talmi. Modeschmuck. Das hatte sie gelernt, und das verkaufte sie dann. Ich erinnere mich noch, wie sie mit ihrem Köfferchen durch New York gegangen ist und sich Kunden geworben hatte für ihre Waren, in solchen entsprechenden Läden, auch in Chinatown bei den Chinesen. Später nahm sie noch ähnliche Sachen von anderen mit, um sie zu verkaufen. Sie hatte binnen kurzer Zeit es fertiggebracht, sich selbst zu ernähren. Sie hat mich nicht beansprucht, weil ich ja kein Geld verdient hatte. Als Redakteur der deutschen antifaschistischen Zeitschrift »Deutsches Volksecho«, bekamen wir zwanzig Dollar im Monat. Sie hat sich also bemüht, nicht mir und auch meinem Bruder nicht zur Last zu fallen.

Was war mit der Sprache? Englisch?
Sie hat es gelernt, zuerst hatte sie natürlich Schwierigkeiten.

Konnte sie Jiddisch?
Sie konnte kein Jiddisch.

Aber wohl Sächsisch. Die Familie war assimiliert.
Sie war eine deutsche Familie.

Wo hat sie in New York gewohnt?
Meine Mutter hatte ein Zimmer, sie hat dort nicht bei mir gewohnt. Dort war sie sehr selbständig. Als ich dann zurückkam in die DDR war die Frage, bleibt sie dort in New York mit meinem Bruder oder kommt sie zu mir? Aber es war besser, daß sie nach hier gekommen ist, weil ich dann hier in der DDR doch etwas mehr durch meine Bücher verdient habe als in New York, obwohl ich auch dort schon Bestseller schrieb, aber damals kriegte man nicht so viel Geld für Bücher, auch heute kriegt man nicht so viel Geld für Bücher. Sie kam nach. Wieder allein zurück, 1953 oder 1954. Wir haben ihr ein Zimmer frei gemacht, und dann hat sie hier gelebt. Und ich habe versucht, ihr ein gutes Leben zu geben.

Hat sie Ihre Bücher gelesen?
Ja, sicher. Sie war auch sehr stolz auf mich.

Gibt es Frauenfiguren in Ihren Büchern, die etwas mit Ihrer Mutter zu tun haben?
Ich glaube, in allen Frauenfiguren in meinen Büchern steckt etwas von meiner Mutter. Frauen, die sich mit der Welt auseinandersetzen, zum Beispiel die Julia in ›Die Architekten‹. Das Verhältnis der Julia zu ihrem Kind. Meine Mutter hatte mir sehr geholfen, als die Nazis mich verhaften wollten 1933. Sie hat meinen Bruder nach Berlin geschickt, um mich zu warnen: Sofort raus aus Deutschland. Die wollen dich verhaften. Du kommst nicht wieder frei. Das hat diese Frau gespürt und hat entsprechend gehandelt. Sie hat

mir auf diese Weise das Leben gerettet. – Die haben meinen Vater verhaftet.

Hat Ihr Vater in der Haft Selbstmord gemacht?
Nach der Haft. Er war immer sehr ernst, und das Geschäft war auch keine reine Freude mehr. Er sah, daß ihm alles genommen werden würde. Da hat er Schluß gemacht. Muß furchtbar gewesen sein für meine Mutter. Die Mutter meiner Mutter hat auch Selbstmord begangen, auch in der Zeit. Kurz vor ihrem Tod hat mich meine Mutter gebeten, sie möchte neben meinem Vater liegen, aber nicht in Chemnitz. Ich habe meinen Vater umbetten lassen, sie liegen nun beide zusammen in Weißensee. Viel zu selten besuche ich sie. Sie ist im Krankenhaus gestorben, an einer falschen Diagnose. Ein Idiot von Arzt hat auf Krebs diagnostiziert, dabei hatte sie einen Blinddarmdurchbruch. Sie hätte noch ein paar Jahre leben können.

Gab es einen Lieblingssohn?
Das weiß ich nicht, meine Mutter war sehr gerecht und hat meinen kleinen Bruder genauso geliebt, vielleicht sogar mehr als mich. Ich hatte das Gefühl, daß sie mich liebt, und etwas von meinem Gefühl für meine Mutter ist auch jetzt in meinem Gefühl zu meiner Frau.

War Ihre Mutter hier so selbständig wie in den USA?
Sie hat ihre eigenen Freundinnen gehabt. Ich erinnere mich, eine davon war die Mutter von dem Schriftsteller Peter Edel. Viele Freundinnen hatte sie nicht. Sie hat sich auch hier große Sorgen um mich gemacht. In ihren letzten Tagen, als wir schon wußten, daß sie sterben wird, war ich an ihrem Bett im Krankenhaus, plötzlich hat sie sich zu mir umgedreht und gesagt: Kannst du dich nicht versöhnen mit dem Ulbricht? Sie hat Angst gehabt um mich. Damals waren

die Herren mir nicht gerade günstig gesinnt, und sie hat gedacht, das könnte man in Ordnung bringen. Nebbich. Und ich habe ihr gesagt, ja, ich werde das versuchen. Mach dir keine Sorgen. Das waren ihre letzten Gedanken. – Es hat mich irgendwie sehr mitgenommen, über meine Mutter zu sprechen. Glauben Sie denn, man wird sich wiedersehen, da drüben? – Wissen Sie auch nicht. Solange noch jemand an den Toten denkt, ist der nicht tot. Erst dann, wenn wirklich alles weg ist. Insofern haben Schriftsteller einen gewissen Vorteil. Sie lassen ihre Bücher zurück. Aber auch die werden vergessen. Wieviel Bücher werden denn noch gelesen? Ich meine Bücher von Toten.

Ich lese oft Bücher von Autoren, die nicht mehr leben. Tucholsky, Arendt, Mann, Feuchtwanger. Wen lesen Sie?
  Im Augenblick habe ich Heym gelesen, »Radek«. Das Buch kann ich Ihnen sehr empfehlen. Es handelt von Juden.

Interview: Viola Roggenkamp

Rede zum 100. Jahrestag des
Nobelpreises
Konferenz »War and Peace«

Tromsø, September 2001

In den sechziger Jahren des vorletzten Jahrhunderts erfand ein schwedischer Chemiker, Alfred Nobel, das stärkste Sprengmittel jener Zeit: das Dynamit, und gründete ein ganzes Wirtschaftsimperium darauf. Was aber veranlaßte denn diesen Multimillionär, dessen Einkünfte aus immer größeren, immer grausameren Kriegen stammten, die Vorteile des Friedens zu entdecken, die Ethik des Friedens, den Kampf für den Frieden? Was trieb ihn, seine Stiftung zu gründen und, vor etwa hundert Jahren, seinen Preis zu stiften – oder seine Preise, darunter einen Friedenspreis, welcher helfen sollte, den Gedanken des Weltfriedens zu verbreiten und diejenigen zu belohnen, die sich in besonderem Maße für Frieden eingesetzt hatten? Verfolgte ihn, der eines der wirkungsvollsten Mordwerkzeuge geschaffen hatte, sein Gewissen etwa? Oder war da einfach ein früher Publicity Agent gewesen, welcher ihn überredete, er werde seine Unsterblichkeit besser durch einen solchen Preis fördern als selbst durch das schönste Sprengmittel?

Wie auch immer, der Fall Alfred Nobel beweist, daß der Mensch sich verändern kann, aus einem Industriellen und Kriegsgewinnler zu einem Humanisten und höchst großzügigen und prominenten Friedensadvokaten werden und sich von einer Macht über das Üble in eine Kraft für das Gute wandeln, und daß wir nicht völlig an unsern Mitmenschen verzweifeln müssen, obwohl wir die Welt Tag für Tag von einem Abgrund zum nächsten taumeln sehen und erleben müssen, wie ihre Bewohner einander zu Haufen erstechen und erdrosseln. Nicht, daß nun ein jeder Nobelpreis dem Glück der Menschheit gedient hätte – es gab ja auch Preise, die weniger hervorragenden Leuten überreicht wurden –, insgesamt jedoch haben die Preise Wissenschaft und Künste vorangebracht, und der eine oder andere Preis hat Menschen sogar zum Nachdenken und Umdenken veranlaßt, und zum Handeln.

Ich selber habe einen Nobelpreisträger gekannt, der sterben mußte, weil er dem Verbot der damaligen Regierung seines Landes zum Trotz den Preis akzeptierte – Carl von Ossietzky. Als ganz junger Mann in Berlin brachte ich ihm ein paar Verse, die ich geschrieben hatte, und er war freundlich genug sie zu lesen und in seiner Zeitschrift *Weltbühne* zu veröffentlichen. Nie in meinem Leben bin ich einem liebenswürdigeren, weiseren oder empfindsameren Mann begegnet, oder einem, der die Faschisten und deren Wehrmacht in schärferer Form verurteilt hätte. Nachdem die Justiz der angeblich demokratischen Weimarer Deutschen Republik Ossietzky wegen angeblichen Landesverrats ins Gefängnis gesteckt hatte, steckten die Nazis ihn zusätzlich noch in eines ihrer Konzentrationslager, und als das Nobelkomitee verkündete, man werde ihm den Friedenspreis verleihen, wurde er von den Henkersknechten des Adolf Hitler gefoltert und ermordet. Eigentlich ist es unvorstellbar, daß ein großer Teil des deutschen Volkes so tief sinken konnte, solches zu dulden, und man kann nur hoffen, daß eine Wiederholung des Phänomens sich vermeiden läßt; Carl von Ossietzky jedenfalls starb aus diesen Gründen und auf diese Weise, und niemals sollten wir das vergessen – ebensowenig wie den Mann selber.

Ich habe den größten Teil des vergangenen Jahrhunderts,

des zwanzigsten, während dessen der Nobelpreis bestand, mit wachem Bewußtsein durchlebt. Trotz dieses Preises, und trotz der Friedensbemühungen vieler anderer wohlmeinender Männer und Frauen, war das zwanzigste ein Jahrhundert der Kriege: zwei Weltkriege darunter, in deren Verlauf zahllose Millionen Menschen umkamen. Soldaten und Zivilisten, durch Kampfhandlungen wie durch Seuchen, Hunger und willkürliche Gewalt, einschließlich atomarer. Und neben diesen zwei Weltkriegen gab es die zahllosen anderen, kleineren Kriege, von welchen in früheren Jahrhunderten jeder einzelne ebenfalls als eine Weltkatastrophe gegolten hätte, und welche sich ebenso tief in das Leben der Völker einkerbten wie die Kreuzzüge seinerzeit oder die Feldzüge Napoleons.

Meiner Meinung nach ist der Grund für das Mißlingen der edlen Ziele und Zwecke Nobels die Tatsache, daß während des größten Teils des Jahrhunderts, dessen Zeitgenossen wir waren, die Welt in zwei Lager gespalten war, die einander entweder in offener Schlacht oder durch List und Tücke bekämpften, einander mit Bomben bewarfen oder mit deren Abwurf bedrohten, und daß ein jedes dieser Lager von dem jeweils andern überwältigt zu werden und die Kontrolle über seine Gebiete, Schätze und Arbeitskräfte zu verlieren fürchtete. Schließlich erwies sich auch Alfred Nobels Schreckenswaffe als ungenügend für diese modernen Konflikte. Als man entdeckte, daß immer größere Mengen Dynamit zu der ursprünglichen Ladung hinzugefügt werden mußten, je größer die Städte und die Landstriche wurden, die man auszuradieren wünschte, mußte man ein effizienteres Sprengmittel finden als Nobels Pulver; man fand es auch: ein Mittel, das sich selbst fortpflanzte und ausbreitete im Raum: das Uranium-Atom, mit etwas Plutonium dazu, und ans Ziel gebracht per Rakete – ganz zu schweigen von charmanten Kleinigkeiten wie Napalm, das, auf Menschen gesprüht, deren Haut bei lebendigem Leib verbrannte.

Derart ausgestattet standen die zwei Lager gegen Ende des vorigen Jahrhunderts einander gegenüber, das eine, das dem Namen nach sozialistische, mit seinen täglichen Aufrufen an seine Leute und einem gelegentlichen kurzen Peitschenknall; die Insassen des anderen Lagers getrieben von der Gier nach persönlichem Gewinn und der berühmten Shareholder Power – bis der Muskel des einen Streiters riß und sein Atem versagte, und das sogenannte sozialistische Lager zerbrach und sich in seine Bestandteile auflöste und so das ganze Feld freigab für die ungehemmte Expansion der ökonomischen und politischen Formen des U.S.-Kapitalismus und seiner Hilfsmächte. Nicht länger müssen nun die großen Finanzherren und deren Regierungschefs und Heerführer sich durch die bedrohlichen Voraussagen des Karl Marx und des Vladimir Iljitsch Lenin beängstigt fühlen; die berühmten Prophezeiungen des Marxismus über die Entwicklung der Zukunft der Welt haben sich als nicht voll zutreffend erwiesen – aber gibt es nicht auch Schwachstellen im Denken der zur Zeit siegreichen Seite, ihrer Propheten, Philosophen und Kolumnisten? Und ist der große Traum des Erfinders des Dynamit, ist Friede auf Erden etwas näher zur Hand jetzt, da nur noch eine wirkliche Großmacht existiert?

Dieses zu beurteilen muß ich meinen Hörern überlassen. Ich persönlich befürchte, daß wir den Friedenspreis und die andern Nobelpreise auch in diesem 21. Jahrhundert noch brauchen werden, um den menschlichen Fortschritt und überhaupt ein jedes Unternehmen zu stützen, das den Frieden verbreiten könnte zwischen Völkern und Staaten und Ethnien und Stämmen, und Gruppen von Einwanderern und von Daheimgebliebenen, und zwischen mir und jedem anderen, der sich in den Kopf gesetzt haben mag zu glauben, er sei besser als sein Nächster und könne lauter schreien als jener und verdiene daher ein größeres Stück von dem Kuchen, den zu backen und gerecht zu verteilen die

Mühen von allen Bewohnern des Globus erfordert – des einzigen Globus übrigens, den wir haben, und den wir jedesmal gefährden, wenn wir die Warnungen und Herzenswünsche jenes Mannes mißachten, der vor nunmehr einhundert Jahren den Preis schuf, welchen wir heute feiern.

Der falsche Krieg

»Neues Deutschland«, 15. November 2001

Der Krieg, der erklärtermaßen jetzt gegen Afghanistan geführt wird, ist ein falscher Krieg, mit falschen Fronten, und trifft zumeist die falschen Leute.

Was sind die Fakten? Tatsache ist, daß am 11. September des Jahres 2001 etwa zur gleichen Zeit mehrere Passagiermaschinen amerikanischer Fluglinien, mitsamt ihren Fluggästen, entführt und in die oberen Etagen der zwei Türme des World Trade Centers in New York hineingesteuert wurden und diese zum Einsturz brachten; ungezählte Menschen, in den Flugzeugen wie in den Gebäuden, kamen dabei ums Leben. Und wenn man die Video-Erklärung eines gewissen Osama bin Laden, der seine Genugtuung über die Tat äußerte, nicht als Bekenntnis eines Täters werten will, gibt es niemanden, kein Individuum, keine Organisation, welche zugestanden hätten: Ich war's, keine Gruppe von Terroristen, die, sich selber auf die Schulter klopfend, erklärte: Seht, welch perfekte Logistik, welch famose Technik wir beherrschen, daß wir drei oder gar vier Maschinen zur selben Stunde auf verschiedenen Flügen ihren Piloten entreißen und sie dann mit tödlichem Effekt ins gleiche Ziel steuern konnten.

Nur die amerikanische Regierung, die vor Jahren, als die inzwischen dahingegangene Sowjetunion sich in Afghanistan verbissen hatte, dort den gleichen Osama bin Laden und dessen al-Qaida geheißenes Agentennetz finanzierte, nennt aus dieser ihrer Kenntnis heraus bin Laden & Co als Urheber des gigantischen Terrorakts. Und sie eröffnete, da die in Afghanistan herrschenden, als Taliban bezeichneten Koranschüler sich weigerten, die von den Amerikanern selber gegründete Kumpanei an sie auszuliefern, zu Luft und zu Lande einen Krieg gegen das Land, für den sie von anderen Regierungen, westlichen wie östlichen, Solidarität heischt.

Mr. Brzezinski, zu seiner Zeit Sicherheitsberater der U.S.-Regierung, erklärte kürzlich, in Washington habe man damals die Wahl zwischen zwei Übeln gehabt, zwischen den Sowjets und den Taliban, und habe die radikalen Studenten des Korans als das kleinere dieser Übel empfunden; und die Weltgeschichte, die im Gefolge jenes ersten Afghanistan-Krieges die Sowjetunion auslöschte, habe Washington Recht gegeben.

Aber ist das arme, seit Jahrzehnten durch Stammeskriege und Dürre ausgesetzte Afghanistan wirklich der Gegner? Oder wurzelt der neue Terror nicht in einem viel größeren Feld, dem Islam, dessen Grenzen von den Philippinen bis nach Westafrika reichen und dessen religiöse Ideen seit Jahrhunderten seine Gläubigen leiten? Und was ist mit dem Öl unter dem Boden dieses Bereichs? Wem gehört es, wer darf es aus der Erde pumpen und Rohrleitungen am Orte bauen und sichern, durch die es zu seinen Nutzern fließen soll? Wer zahlt an wen? Wer streicht die Profite ein? Und ist nicht jede Medresse, jede Koranschule, ein Rekrutierungszentrum für immer neue Gruppen von sogenannten Schläfern, die auf den Ruf eines Scheichs oder Imams, oder sogar des Mannes bin Laden selber, erwachen und tätig werden? Die Anfänge des Ganzen sind sichtbar, halbwegs, aber wo wird das Ende sein im Konflikt mit Menschen, denen ihre Priester versichern, sie stiegen direkt auf ins Paradies, wenn sie sich selber und dazu zwei Dutzend oder zwei Tausend

Ungläubige, Männer, Weiber, Kinder, in die Luft sprengten? Krieg wird hier nicht geführt, wie üblich, von Staat zu Staat, sei der eine auch noch so schurkisch, sondern gegen eine Ideologie aus der Feudalzeit, die von Stämmen und Clans tradiert wird und die Instinkte von Millionen erhitzt und aufputscht gegen die globale Herrschaft des jetzt von niemandem mehr gehemmten Kapitalismus – außer gehemmt eben von diesem Terror, welcher, so sehr rückwärtsgewandt seine Motive auch sind, sich der modernsten Techniken bedient und moderne Ängste brütet. Worauf lassen die Amerikaner, plus ihre uneingeschränkten Solidargenossen, sich da ein, und auf welche Zeiträume, fünf Jahre, fünfzig, oder wie viele? Und mit welchen Mitteln? Streubomben überallhin wo sie potentielle Terroristen vermuten? Auf St. Pauli, Oklahoma? Kabul? Der neue Gegner, mit seinen neuen Strategien, verbirgt sich in den Höhlen der Gebirge und den Slums der Städte, in Garagenlabors und in Universitäten – er führt einen Geheimkrieg, der offenbar wird nur in dem Moment, da er zuschlägt, aus dem Grauen des Morgens, oder während der Kaffeepause nachmittags: unerwartet, unverhofft, unsichtbar und unhörbar bis zur grausamen Tat. Was nützen Kanonen und Kalaschnikows, wo kein Ziel ins Visier kommt? Nur wo Stellungen sind, lassen sich Stellungen bombardieren; ein einzelner Fanatiker, der sich seinen Bart abrasiert hat und gekleidet ist in Tweed und sportlicher Hose, wie soll man ihn erkennen als das mörderische Geschoß, das er in eigener Person ist? Luftflotten sind impotent gegen ein paar junge Männer, die mit gültigen Tickets eine Passagiermaschine betreten und an der Stewardess vorbei ihre Sitze aufsuchen; Panzer sind wirkungslos gegen Grüppchen, die aus dem Hinterhalt operieren.

Insofern ist seit dem 11. September in der Tat nichts mehr so, wie es vorher gewesen. Zwar wird gebaut und gehandelt, spekuliert und gestohlen, umarmt und gesoffen wie eh und je, aber die alte Sicherheit ist nicht mehr, und wer morgens aufsteht aus seinem Bett weiß nicht, ob er des Nachts noch sich dort zur Ruhe legen wird, oder ob er verbrannt sein wird inzwischen zu ein paar Gramm übelriechender Asche oder zerfetzt liegen auf einem zerwühlten Stück Acker oder erstickt sein wird in seinem Büro oder seiner Wohnung. Oder ob er einen Brief geöffnet haben wird mit Giftpartikeln darin, die sich an seine Schleimhäute geheftet haben, oder ob irgendwo ein Ölmillionär sich Zutritt verschafft haben wird zu einer kleinen Atombombe und zu dem Transportmittel, welches diese an das gewünschte Ziel bringt.

Dies ist der neue Krieg, wie er sich gezeigt hat am Anfang des laufenden Jahrtausends. Und dies ist sein Gesicht, soweit bisher erkennbar. Aber was tun?

Wir hatten Gelegenheit – das allgegenwärtige Fernsehen sei gepriesen –, das Mienenspiel der Männer zu beobachten, welche die Abwehr gegen den neuen Terror zu inspirieren und leiten vorgeben und deren Grinsen wohl ihre Rat- und Konzeptlosigkeit verbergen soll. Würden Sie bei diesen Herren einen Gebrauchtwagen kaufen? Oder von ihnen Ihren Sohn in eine Aktion schicken lassen, die den Jungen das Leben kosten kann?

Aber gut, nach dem 11. September ist alles anders geworden, und es mögen sich inzwischen an die wirklich entscheidenden Stellen Personen gestellt haben, die das Vertrauen ihrer, und unserer, Mitbürger rechtfertigen könnten. Trotzdem bedeuten Luftbombardements und schwere Artillerie gegen Leute, die im Untergrund operieren, eine verfehlte Taktik. Und hungernde Kinder, die über Sanddünen stolpern, erzeugen ganz andere Gefühle im Fernsehpublikum, besonders im islamischen, als die von den westlichen Kriegsherren erwünschten, und so wie der Krieg jetzt geführt wird von den USA und ihren Alliierten, erzeugt er Haß eher als Sympathie für die Amerikaner, und neue Rekruten für Osama bin Ladens Truppe.

Noch einmal: Was tun? Hätte ich ein Erfolgsrezept, ich würde mir ein Copyright darauf geben lassen und es an den Meistbietenden verhökern. Aber ich habe keines. Ich weiß nur, im Kampf gegen Organisationen, die im Geheimen operieren, kann man allein Mittel einsetzen, die sich auch im Geheimen nutzen lassen und bewährt haben: von Täuschung, Spionage, psychologischer Beeinflussung bis hin zum Kauf von Menschen, Meuchelmord und anderem Gegenterror – die Beispiele gehen zurück bis ins Altertum und gewiß bis in die Zeit des Propheten Mohammed, der auf diesem Gebiete gewiß kein Unschuldsengel gewesen. Und vor allem wäre zu beachten: Da wir so wenig wissen über die Gedankengänge in den islamischen Hirnen, dürfte das Element der Überraschung in neunzig von hundert Fällen nicht auf seiten der Amerikaner und ihrer uneingeschränkten Bundesgenossen sein.

Also – deutsche Soldaten, auf deutschen Panzern, mitten im Winter in die Wüsteneien Zentralasiens? In jedem Krieg, auch dem neuartigsten, gilt das Gesetz der Verhältnismäßigkeit von Einsatz und möglichem Erfolg.

Rede über Heine

New York, 15. Januar 1950
Internationale Konferenz in Jerusalem,
13. Dezember 2001

Während meiner letzten Reise nach Europa besuchte ich Heinrich Heine. Man findet ihn an jedem Wochentag, auch Sonntags, auf dem Montmartre-Friedhof in Paris; den Kopf leicht gesenkt, die Lippen geschürzt zu dem berühmten ironischen Lächeln, blickt er auf den Besucher herab von einer mit Schmierereien bedeckten steinernen Säule. Einen Moment lang fürchtet man die Schänder so vieler Gräber, die Nazis, könnten ihre antisemitischen Gemeinheiten auch auf diesem Grab hinterlassen haben – aber bei näherem Hinsehen erkennt man etwas anderes.

Es sind nämlich Namen, welche auf dieser ganzen Säule geschrieben stehen – Namen stammend aus Polen, aus Deutschland, Frankreich, aus ganz Europa; und ein paar Zitate aus Heines Dichtungen, wie: »Ich bin das Schwert, ich bin die Flamme«. Die steinerne Säule auf dem Grab ist das Gästebuch der Unterdrückten, Verfolgten und Heimatlosen, die durch Paris kamen auf ihrem Weg aus den Konzentrations- und Discplaced-Persons-Lagern zu andern Ländern, und die hier innehielten, um ihren Respekt dem Dichter zu zollen, dessen Worte und Geist ihnen halfen, die dunklen Jahre des Nazismus zu überleben. Und Heinrich Heine, der über acht Jahre lang sterbend in seinem Bett lag, und der manches Mal klagte, daß die Zahl seiner Besucher so traurig zusammengeschmolzen sei, und der stets ein geselliger Mensch war, Freunden und Unterhaltungen und Diskussionen zugeneigt, Heinrich Heine hat seine Besuchsstunden jetzt völlig ausgebucht.

Es ist ein merkwürdiges Phänomen, daß heute, fast einhundert Jahre nach seinem Tode, Heine lebendiger erscheint als je. Sein Name ist immer noch die Fahne, unter der die Beleidigten und Mißhandelten, die mit dem Weh im Herzen, und die eine bessere Welt ersehnen, sich sammeln können, und es auch tun. Seine Worte, in Prosa wie in Reim und Rhythmus, sprechen direkt zu uns; und wir können mit ihm lachen, so bitter wie er oft lachte, über die Dummheit der Herrschenden; und können mit ihm weinen, so bitter wie er geweint hat, über die verhinderten und doch immer wiederkehrenden Versuche der Beherrschten, sich zu befreien.

Er lebt, obwohl immer wieder versucht worden ist, ihn und sein Wort zu töten. Teile seines Werks sind übergegangen in den Schatz der Volksdichtung, und wenn die Nazis seine »Loreley« mit dem Zusatz *Autor Unbekannt* nachdruckten, zollten sie ihm in Wahrheit ein Kompliment – das gleiche Kompliment, das zum Ausdruck kam, als sie seine Bücher verbrannten. Nur Bücher, die eine Bedeutung haben für unsere Zeit, werden zensiert und verbrannt; Heines Bücher haben eine solche Bedeutung.

Und er hat das gewußt. Einmal schrieb er:

Wenn ich sterbe, wird die Zunge
Ausgeschnitten meiner Leiche,
Denn sie fürchten, redend käme ich
Wieder aus dem Schattenreiche –

Und aus dem Schattenreiche spricht er immer noch zu uns.

Wie kommt das? Wie kommt es, daß 1906, fünfzig Jahre nachdem Heine in Schmerz und Agonie aus dem Leben schied, eine Kreatur wie Herr Bartels, Professor der Deutschen Literatur und einer der Heiligen des deutschen Nationalismus und des Nazismus, in Frustration ausrief:

Nieder mit Heine! Da gibt es Leute, die diesen Dichter unserer Zukunft aufzwingen wollen – diesen Dichter, dessen Einfluß auf die breiten Massen stets übel gewesen ist und übel sein wird. Das können wir nicht tolerieren, solange wir noch einen Rest Gefühl haben für die Würde unseres Volkes und für unsre persönliche Würde!

Niemand zwingt Heine irgend jemanden auf. Es ist Heine, der sich den Menschen aufzwingt, wie auch des Menschen eigenes Gewissen es tut, sosehr es einer auch zum Schweigen zu bringen sucht. Keiner, nicht einmal ein Deutscher, kann sich seines Gewissens entledigen. Er mag dieses sein Gewissen hassen, mag es tot und begraben wünschen, das Gewissen wird auferstehen aus dem Grabe und ihn verfolgen.

Und Heine als Gewissen hat eine teuflisch schlaue Art mit den Menschen. Seine Worte sind klar, scharf, einfach, leicht eingängig; kaum ein anderer Schriftsteller seiner Generation – und äußerst wenige können heute sich da mit ihm messen. Die deutsche Sprache, mit ihrer Tendenz sich zu verwickeln, mit ihrer komplizierten Grammatik und ihrem dunklen Wortschatz, erfordert einen wahren Meister, um zu erreichen, was Heine erreichte.

Er besaß diese Gabe von Anfang an. Einer der ersten Berichterstatter über Heines erstes, noch dünnes Bändchen Dichtung, welcher in der Rheinisch-Westphälischen Zeitung seine Besprechung nur mit den Buchstaben »Schm.« zeichnete, betonte genau das.

»Dieses Buch«, sagte Schm., »besteht ausschließlich aus Verbrechen gegen die Poesie.« Und ließ auf diese Erklärung sofort folgen:

Wir geben zu, daß wir wenigstens nicht gelangweilt waren von seinen Versen, wie es bei anderen Poeten so oft der

Fall ist. Die innere Wahrheit seiner Leidenschaft, die Kühnheit seines Ausdrucks, erschütterte uns zutiefst. Aber ist Erschütterung, ist dieser galvanische Schock, der Zweck der Dichtung? Bestimmt nicht. Dichtung sollte sein wie Religion, sie sollte stärken und heilen und die zerrissene Seele erheben. Wir vermissen in Heines Gedichten den Geist des Friedens. Wir finden darin einen wilden Geist der Zerstörung, der alle Blumen aus dem Leben reißt und der Friedenspalme nicht gestatten will zu sprießen. Heine ist der Dichter des tiers état.

Und zu jener Zeit war der *tiers état,* der Dritte Stand, das Synonym für all jene, die nicht zu den herrschenden Klassen gehörten, das Synonym für Das Volk.

Mit Schm.s Besprechung war die Kontroverse über Heine eröffnet, und diese hat bis heute gedauert.

Heine riß die Poesie, riß das Wort, aus den dämmrigen Regionen der Klassik und der Romantik und pflanzte sie in die Mitte des Lebens. Ich glaube, er war der erste wahrhaft moderne deutsche Schriftsteller, verwurzelt in seiner Zeit und doch Jahrzehnte, Jahrhunderte dieser voraus. Dies Leben, spürte er, kann nicht getrennt betrachtet werden von dem sozialen Kampf und den politischen Auseinandersetzungen. In seinem Werk schuf Heine, der Dichter des tiers état, eine Synthese zwischen Leben und Kunst, und er tat das unter den schwierigsten, quälendsten Bedingungen: der Metternich-Reaktion in Deutschland, den Zwängen des Exils, und seines Judentums, der Zugehörigkeit zu einer Minderheit, die damals so wie heute unterdrückt wurde. Die Zwänge, unter denen er arbeiten mußte, waren aber auch der Ansporn seines schöpferischen Geistes, und da diese Zwänge, nur leicht verändert, bis heute gelten, tragen sie dazu bei, sein Werk so erschreckend aktuell zu halten und ihm Gültigkeit zu verleihen auch für jetzt.

Wie klingt Ihnen das?

Da die leidigen Zustände mich zwingen, alle Gedichte auszulassen, die politisch interpretiert werden könnten, und in dieser Sammlung zumeist erotisches Material zu verwenden, ist das Bändchen ziemlich dünn geworden.

Das könnte auch 1939 geschrieben worden sein, oder sogar 1950 – aber es stammt aus dem Jahr 1821, aus einem Brief an F. A. Brockhaus in Leipzig, als Heine dem Verleger seinen ersten Lyrikband zur Veröffentlichung anbot. Und trotzdem wurde das Büchlein von Brockhaus abgelehnt.

Der Kampf gegen die Zensur, gegen die Unterdrückung, für Redefreiheit und für Freiheit des Volkes, gegen den falschen, überlauten und käuflichen Super-Patriotismus, aus dem später der Nazismus wurde – dieser Kampf läuft wie ein roter Faden durch Heines Leben und seine schöpferische Arbeit. Vom Anfang seiner Laufbahn als Schriftsteller an war er, auf allen Ebenen, der Unterdrückung ausgesetzt. Lassen Sie mich Ihnen aus einer zeitgenössischen Zeitung einen Bericht über die Erstaufführung seines Stücks *Almansor* in einem Theater in Braunschweig lesen.

Während der Vorhang über der Schlußszene aufging, begann ein Rohling, ein Herr H., Besitzer eines örtlichen Pferdestalls, Witze zu machen über die Situation auf der Bühne und fragte laut, wer der Autor des Stückes wäre. »Der Jude Heine«, flüsterte ihm jemand zu. »Was?«, antwortete H. »Und wir müssen diesen jüdischen Unsinn ertragen? Wir lassen uns das nicht gefallen. Buhen wir das Zeug von der Bühne herunter!« Und begann mit den Füßen zu stampfen und zu pfeifen, und ein großer Teil des Publikums schloß sich ihm an.

Und wenn Sie ein hübsches Beispiel zu haben wünschen dafür, wie eine Regierung Druck ausübt um zu verhindern, daß ein Autor veröffentlicht wird, lassen Sie mich Ihnen aus einem Brief vorlesen, der im April 1832 von Friedrich von Gentz geschrieben wurde, der so etwas wie der literarische Experte der Metternich'schen Geheimpolizei war, einem Brief an Cotta, den Verleger der Augsburger Allgemeinen Zeitung, als deren Pariser Korrespondent Heine damals gerade arbeitete.

Was dieser verachtenswerte Abenteurer Heine – ich liebe ihn jedoch als Lyriker – zu erreichen sucht, indem er die gegenwärtige französische Regierung herabsetzt, will ich gar nicht untersuchen, obwohl ich es mir denken kann. Ich hoffe, daß die unbegrenzte Verachtung, mit der übelgesinnte Charaktere wie Heine die angesehensten Schichten unserer Mittelklassen behandeln, das rechte Ressentiment erzeugen wird bei jenen, die er anschwärzt. Ein Artikel in Ihrer Ausgabe vom 13. April beginnt mit der Erklärung: »Nie vorher, nicht einmal zu Zeiten der Pompadour und der Dubarry, ist Frankreich in den Augen der Welt so tief gesunken. Es sieht jetzt so aus, daß die Herrschaft der Konkubinen mehr Anstand zeigte, als wir heutzutage im Kontor eines Bankiers finden können.« Was, frage ich, wird ein aufgeklärter Kaufmann zu so etwas sagen? Wenn Premierminister Perier und seine Gefolgsleute, die Bankiers, die Angestellten mit ihren weißen Kragen, und die Landbesitzer und Geschäftsleute noch schlimmer verhöhnt werden als sogar die Prinzen, Grafen und Barone – wer soll dann die Regierung bilden? Vielleicht Radikale wie Heine?

In einem großen Teil der Welt ist die Frage, die Metternichs oberster Literaturexperte hier stellte, noch nicht beantwortet. Kein Wunder dann, daß der Boden in Deutschland bald zu heiß wurde für einen Mann von Heines Kaliber, der die Fähigkeit besaß, das, was er zu sagen hatte, scharf und konzis und gnadenlos auszusprechen, selbst wenn er über etwas scheinbar so Harmloses schrieb wie eine Wanderung durch den Harz. Nicht, daß er nicht versucht hätte, in Deutschland zu bleiben, eine Nische zu finden, wo er in vergleichbarer Sicherheit arbeiten und schreiben konnte.

Die Bestallung als Professor der Literatur in München, um die er sich bemühte, wurde vom katholischen Klerus blockiert, der ihn wegen seiner Hegelschen Häresien haßte, und wegen der Offenheit, mit der er die Kirche als die Verbündete der schwärzesten Reaktion attackierte. Und obwohl er sich taufen ließ, weil ihm, dem Juden, in Preußen verwehrt war, als Anwalt zu praktizieren, eröffnete er auch keine solche Praxis.

Die französische Revolution von 1830 führte zu einer Verschärfung der Feudalherrschaft über Deutschland. Was Heine keineswegs veranlaßte zu schweigen. Der Geist der Revolution war zu allen Zeiten auch sein eigener. Er beschreibt, was sich auf der Insel Helgoland ereignete, als er die Nachricht erhielt von den Ereignissen.

Ich küßte die dicke Zimmerwirtin, ich umarmte einen preußischen Staatsbeamten, der auch im Hause logierte und dessen Lippen nie das frostige Lächeln des Zweifels verließ. Ich umarmte sogar einen Holländer. Die Worte der Revolution waren wie flammende Sterne und glänzten wie Speere. Ich bin das Schwert und die Flamme. Selbst die Einwohner der Insel schienen zu spüren, was geschehen war. Ein armer Fischer sagte zu mir: »Die armen Leute haben gesiegt.« Ja, die armen Leute haben gesiegt. In allen Ländern werden die Menschen die Bedeutung dieser Juli-Tage verstehen.

Auch Heine konnte nicht umhin, sich festzulegen. Im April 1831 schrieb er an seinen Freund Varnhagen.

Als die Leute, die Freiheit riefen, leiser zu werden begannen, tat ich das nicht. Ich schrieb eine Einleitung zu einer Broschüre gegen den Adel, in welcher Du ein paar absichtliche und gar nicht vorsichtige Bemerkungen finden wirst... Aber jetzt glaube ich, daß ein neuer Rückschritt auf uns zukommt, und ich sehe schwarz... Selbst bei dem besten Willen haben wir keine Verwendung für die Weisheit unsrer Regierungen. Und alles was ich tun kann ist, mich gegen diese Dummheiten zu schützen. Du brauchst meinen Namen nicht auf Deinen Briefen an mich zu erwähnen – schicke sie einfach an meine Mutter, die sie an mich weiterleiten wird.

All das hat einen modernen, bekannten Klang. Und bald danach schrieb er aus Paris demselben Varnhagen:

Ich habe mich in Hamburg nicht sicher gefühlt, und da ich sowieso längst nach Paris fahren wollte, war ich rasch überzeugt, daß eine Schicksalshand mir zuwinkte. Natürlich wäre so eine Flucht viel leichter, wenn man nicht an seinen Schuhsohlen immer ein Stück Heimaterde mitschleppte.

Und so wurde er zu der tragischen Gestalt, dem Exilanten, und noch tragischer, dem Dichter im Exil. Er beschreibt das selber:

Sie können sich das vielleicht vorstellen, das physische Exil – aber den exilierten Intellektuellen kann sich nur ein deutscher Dichter vorstellen, der gezwungen ist, den ganzen Tag Französisch zu sprechen und zu schreiben und die ganze Nacht, am Herzen seiner Geliebten, auf Französisch zu seufzen.

Aber das Exil, besonders das Exil in Paris, hatte auch seine Vorteile. Er war heraus aus der drückenden deutschen Atmosphäre, die er, besser als jeder andere, so oft beschrieben hat.

Hamburg – hatte er geschrieben – *ist der Ort, wo Klopstock begraben liegt. Ich kenne keinen Ort, wo ein toter Dichter so angenehm liegen kann wie hier. Als ein lebender Dichter hier zu leben ist schon schwieriger.*

Und über Berlin:

Berlin liegt an der Spree; es hat 125 000 Einwohner und 25 Seelen.

Vernichtend, und in Anbetracht neuerer deutscher Geschichte, immer noch korrekt. Und doch liebte er Deutschland, das bessere, das unsterbliche Deutschland.

Mein Herz – sagt er – ist ein Archiv deutscher Gefühle, wie meine Bücher ein Archiv sind des deutschen Leids.
Aber hier in Paris läuft das Leben schneller.
Die Strömung hier – um ihn zu zitieren – ist zu stark für mich, um schöne Literatur zu schreiben. Ich sehe, wie vor meinen eigenen Augen Weltgeschichte gemacht wird, und wenn ich am Leben bleibe, werde ich ein großer Historiker sein. Ich bin sehr beschäftigt mit der Geschichte der französischen Revolution und dem Saint-Simonismus.
Er schreibt zwei Bände Korrespondenzen für die Augsburger Allgemeine Zeitung, die später unter den Titeln »Französische Zustände« und »Lutetia« veröffentlicht werden. Er ist der erste wirkliche Auslandskorrespondent. Viele heutige Auslandskorrespondenten könnten von Heine lernen – die Vielfalt der Geschehnisse, die er beschreibt, die Klarheit seiner Analysen, die Unbestechlichkeit seiner Berichte.
Politisch neigte er mehr und mehr zur Linken. Der Saint-Simonismus, eine naive, idealistische Art von Sozialismus, die eine Zurück-zum-Boden-Tendenz ganz ähnlich dem amerikanischen Transzendentalismus aufwies, konnte ihn nicht lange fesseln. Mehr und mehr betonte er die Wichtigkeit der Eigentumsverhältnisse. Das machte ihn natürlich weder bei den Behörden zu Hause noch bei der Regierung des Königs Louis Philippe beliebt. Heine spürte, was sich gegen ihn zusammenbraute.
Hier in Paris habe ich das ganze Juste Milieu (so nannte man damals das Regime Louis Philippes), *die Katholische Partei, und die Preußischen Spione auf dem Halse. Jeden Augenblick befürchte ich meine Verhaftung. Vielleicht wird mein nächster Brief Sie aus London erreichen.*
Was ihn nicht davon abhielt, Anweisungen höchst gefährlicher Art an seine politischen und literarischen Kontakte in Deutschland zu schicken. Diese sind sehr hübsch zu lesen.

Heine ist nun wie ein politischer Führer, der sich krampfhaft bemüht, seine Verbindungen mit der Heimat nicht zu verlieren. Im Juli 1833 schreibt er an seinen Freund Laube, der eine Schlüsselstellung hat als Redakteur einer beliebten Zeitschrift:

Sie sind klüger als all die andern, die nur die äußeren Formen der Revolution verstehen, nicht aber deren tiefe Fragen. Diese Fragen betreffen weder Formen noch Personen, weder die Errichtung einer Republik noch die Grenzen einer Monarchie, sie betreffen das materielle Wohlsein der Bevölkerung. Die geistigen Religionen, wie wir sie bis jetzt kannten, mögen heilsam und notwendig gewesen sein – solange der größere Teil des Volkes in Elend lebte und sich mit himmlischen Freuden trösten mußte. Aber seit der Fortschritt von Industrie und Wirtschaft ermöglicht hat, die Menschheit aus ihrem materiellen Elend zu befreien und ihnen den Himmel auf Erden zu schaffen – Sie verstehen. Und die Menschen werden uns ebenso verstehen, wenn wir ihnen sagen, daß sie nun jeden Tag Fleisch essen können statt nur Kartoffeln, und weniger arbeiten müssen und mehr tanzen werden. – Glauben Sie mir, das Volk ist gar nicht so dumm... Ich schreibe diese Zeilen im Bett, neben meiner hübschen und wohlgepolsterten Geliebten, die mich heut Nacht nicht mehr weggehen ließ, weil sie befürchtete, man könnte mich verhaften.

Er hatte einen feinen Sinn für Humor, und für Proportionen, und er mochte den tierischen Ernst nicht, der so deutsch ist und den die meisten seiner Mit-Exilanten in Paris beibehielten. Den Deutschen, der Ironie versteht, muß ich noch finden – und doch, hier ist Heine, der Meister der Ironie, und versucht für die gesamte deutsche Opposition zu sprechen. Natürlich entwickeln sich da bald Zusammenstöße, besonders mit dem anderen Führer des deutschen Liberalismus im Exil, Ludwig Börne. Verärgert ruft Börne aus:

Wie kann man einem Menschen glauben, der selber an nichts glaubt? Dieser verwöhnte, sinnliche Heine, dessen Schlaf durch den Fall eines Blatts einer Rose gestört werden kann – wie sollte er Ruhe finden können auf dem Bett der Freiheit, dessen Matratze so viele Höcker hat?

Heine wird nicht nur in Paris verleumdet, sondern auch zu Hause in Deutschland. Der schwache deutsche Liberalismus jener Jahre begibt sich auf einen neuen, opportunistischen Kurs. Statt die feudalistischen Regierungen zu bekämpfen, wählen seine sogenannten Führer einen leichteren Weg: sie beginnen ihre Agitation für ein vereintes Großdeutschland. Ihre Agitation wird unterstützt von der deutschen Bourgeoise, die ihre Vorteile in dieser Idee erkennt, geschäftliche Vorteile. Die Bewegung für deutsche Freiheit fängt an, sich zum Bismarckschen Imperialismus zu wandeln, und Teile ihres Schrifttums beginnen fast naziartig zu klingen.

Heine, dessen Bücher in Deutschland verboten waren zusammen mit den Schriften der Autoren, die sich um die Bewegung Jungdeutschland gruppierten, trennt sich jetzt von dieser Clique und besonders von ihrem Anführer, Gutzkow. Die Folgen sind bitter für Heine. Im November 1842 schreibt er an Laube:

Ich kann mir ein noch schlimmeres Schicksal ausmalen als nur vergessen zu werden, sobald ich jetzt anfange mich gegen den Phrasenpatriotismus und den schlechten Geschmack der neuen Zeit zu stellen. Gutzkow & Co. haben mit ihren feigen Lügen es bereits geschafft, Zweifel an meinen politischen Überzeugungen in die Welt zu setzen; und ich, wohl der schärfste aller Revolutionäre, der nie eines Fingers Breite abwich von der geraden Linie des Fortschritts – ich werde als Deserteur angegriffen, als servile Kreatur! Was wird erst geschehen, wenn ich in direkter Opposition hervortrete zu diesen Helden des großen Mauls, diesen Hurra-Patrioten und anderen Rettern des Vaterlandes?... Lieber

Freund, wir können es uns nicht leisten wie preußische Doktrinäre aufzutreten, wir müssen zusammenarbeiten mit der »Rheinischen Zeitung«, wir dürfen unsere politischen Sympathien und sozialen Antipathien niemals verbergen, wir müssen das Übel beim Namen nennen und ohne zu zaudern alles Gute und Anständige verteidigen – wir müssen wirklich sein was Herr Gutzkow zu sein nur vorgibt.

Es gab jedoch damals in Paris noch einen anderen Mann, der sich weigerte, auf den All-Deutschen Opportunismus und die billigen liberalistischen Phrasen einzugehen. Dies war der Ex-Redakteur der gerade erwähnten »Rheinischen Zeitung« und hieß Karl Marx. Heine und Marx bewegten sich ganz natürlich auf einander zu. Es kam zu einer Freundschaft, über welche eine von Marxens Töchtern schreibt:

Marx war ein großer Bewunderer Heines. Er liebte den Dichter und dessen Werke und betrachtete seine politischen Schwächen mit der größten Nachsicht. Dichter, pflegte er zu sagen, seien besondere Menschen, denen man gestatten müsse, eigene Wege zu gehen. Man könne sie nicht messen mit den Maßstäben anderer Menschen.

Dies ist die Periode, da Heine sein Gedicht über die Schlesischen Weber verfaßt. Die Idee kam ihm, als er von ihrer Revolte gegen die Textilherren erfuhr und von deren Unterdrückung durch die Preußische Polizei.

Dies ist die Periode, da er in seinem »Wintermärchen« schreibt,
Ein neues Lied, ein besseres Lied,
O Freunde, will ich Euch dichten!
Wir wollen hier auf Erden schon
Das Himmelreich errichten.

Ich glaube nicht, daß Heine der Gefolgsmann irgendeiner Parteidoktrin wurde oder sich irgendeiner Organisation anschloß. Aber in der Vorrede zu seiner »Lutetia« erklärt er, daß er durch seine Berichte aus Paris an die Augsburger Allgemeine Zeitung als Propagandist und Übermittler von Instruktionen für die junge Kommunistische Bewegung wirkte. Organisiert oder nicht, subversiv war er gewiß.

Dennoch scheute er stets vor den schrecklichen physischen Konsequenzen des revolutionären Kampfes zurück. Als er Weitling begegnete, dem Organisator der deutschen Schneidergesellen, hatte er gesehen, was die Polizei einem Menschen antun konnte: Weitlings Knöchel trugen die Narben der deutschen Gefängnisketten. Heine vergaß das nie. Aber er mochte auch diesen Anblick ertragen haben, wenn da nicht noch eine andere Furcht gewesen wäre, ein ehrlicher Zweifel, der Zweifel eines Intellektuellen, der dem Volk nur in seiner ärmsten und ausgebeutetsten Gestalt begegnet war. In seinen »Geständnissen« spricht er auf tragische Weise von seinem Dilemma. Seine Furcht vor dem brutal nackten Kommunismus, schreibt er, habe nichts gemein mit der Angst der glücklichen Reichen um ihr Kapital, der Ladenbesitzer um ihre Geschäfte... Besonders ein Dichter, meint er, müsse seine unsicheren Gefühle, ja, seinen Horror haben, wenn er bedenkt, daß der Kommunismus, dieser rohe Souverän, an die Macht gelangen könnte. Wir seien immer bereit gewesen, uns für das Volk zu opfern; Selbstaufopferung sei einer unserer raffiniertesten Genüsse. Und die Emanzipation der Massen sei unsre Lebensaufgabe seit je, und wir hätten dafür gekämpft und gelitten in der Heimat und im Ausland – aber die Natur des Dichters scheue zurück vor der persönlichen Nähe und Berührung mit dem Volke, und besonders vor dessen Liebesbezeugungen.

Ich meine wir müssen diese Befürchtungen des Dichters ehren und respektieren, die nur das Volk selber beseitigen kann durch eine neue Beziehung der Massen zu ihren Dichtern und Intellektuellen. Ich glaube auch, daß es diese Befürchtungen waren, die Heine veranlaßten, die Revolution von 1848 mit weniger Begeisterung zu begrüßen als er die

1830er begrüßt hatte. Er hatte erfahren, daß die Revolution allein noch nicht das Paradies auf Erden bedeutet. 1839 urteilt er in sehr bitteren Worten über die Ereignisse von 1830, das Volk habe damals für den Sieg der Bourgeoisie gekämpft, die auch nicht besser wäre als vorher der Adel.

Und jetzt, als die Kanonen im Februar 1848 ihr Feuer eröffnen und das Volk noch einmal auf die Barrikaden steigt, schreibt er einen letzten Brief an die »Ausburger Allgemeine«.

Wiederhole sich, fragt er, die Weltgeschichte, der große Autor? Das Drama, aufgeführt im Februar, wäre es nicht vor achtzehn Jahren bereits, und auch in Paris, schon aufgeführt worden, allerdings unter dem Titel »Die Julirevolution«? Aber ein gutes Stück könne man sich schon zweimal ansehen, und jedenfalls wäre es erweitert und verbessert worden, und besonders das Ende sei neu und mit großem Applaus begrüßt worden. Er selber, Heine, habe einen Logensitz dabeigehabt, mit einer Barrikade an beiden Enden der Straße, in der er wohne.

Möglich auch, daß Heine zu der Zeit schon zu krank war, um die Erfüllung mehrerer seiner eigenen Prophezeiungen richtig zu genießen. Fast sein ganzes Erwachsenenleben hindurch hatte er an schweren Kopfschmerzen gelitten. Und jetzt beginnt ein Großteil seiner Körperfunktionen zu versagen. Im Juni 1848 schreibt er seiner Schwester Charlotte:

Seit zwei Wochen bin ich so paralysiert, daß man mich herumtragen muß wie ein Kind; meine Beine sind wie aus Wachs. Meine Augen sind erschreckend schlecht. Aber mein Herz, mein Gehirn, mein Magen funktionieren noch...

Und ein paar Monate später, an seinen Bruder Maximilian, der Sanitätsoffizier am Zarenhof in St. Petersburg ist:

Die Ärzte hier sagen, sie wüßten nicht weiter. Soviel ist sicher: In den letzten drei Monaten habe ich mehr Qualen erlitten als die Spanische Inquisition sich hätte ausdenken können. Für mich gibt es keine schönen Berggipfel mehr zu besteigen, keine Frauenlippen mehr zu küssen, nicht einmal ein gutes Sirloin Steak... Meine Lippen sind so paralysiert wie meine Füße, mein Mund und mein Verdauungstrakt. Ich kann weder kauen noch die andere Sache erledigen; ich werde gefüttert wie ein Vögelchen... Selbst wenn ich noch eine Weile leben sollte, ist mir das Leben verloren – und ich habe dieses Leben mit solcher Leidenschaft geliebt!

Acht Jahre lang stirbt er. Mitunter beleben sich Teile von ihm ein wenig; er kann wieder essen, er kann diktieren, kann auch selber schreiben, langsam, und mit den größten Mühen. Eine Wunde an seinem Nacken wird offen gehalten, damit man ihm Opium einflößen und seine Schmerzen in den Grenzen des Erträglichen halten kann. Aber er wird seine »Matratzengruft« nie wieder verlassen, bis sie ihn zu seinem Grab tragen auf Montmartre.

Und doch fährt er fort zu arbeiten, und zu kämpfen! Und zu lieben. Er war verheiratet, er hatte eine gute, wenn auch etwas törichte französische Frau. Er liebte sie besonders, weil sie seine Arbeit nicht verstehen konnte und kein Interesse daran nahm und ihn eben darum um seiner selbst willen liebte und nicht wegen seines Ruhms. Und jetzt, in seinen letzten Tagen, bringt ihm ein junges Mädchen, die er »Mouche« nennt, ihm, dem Dichter der größten und besten Liebeslieder der deutschen Sprache, einen Abglanz seiner früheren Gefühle.

So war sein Leben. Es hätte auch heute gelebt werden können, und deshalb ist Heine ja auch heute noch lebendig – lebendiger, wage ich zu sagen, als jeder seiner Zeitgenossen, die Deutsch schrieben, sogar als Goethe und Schiller. Heine wird leben, solange Menschen um ihr Menschenrecht kämpfen, irgendwo auf Erden. Wenn dieser Kampf einst geendet hat, wird man ihm ein Denkmal setzen, ein größeres und besseres als jenes, das man einmal für ihn plante, und das nie erbaut wurde. Für jetzt hat er ein Denkmal in unseren Herzen.

Der große französische Schriftsteller Théophile Gautier schrieb einen Nachruf auf Heine, und darin sagt er in Bezug auf die letzten Jahre des Dichters:

In Heine konnten wir das Phänomen einer Seele beobachten, die ohne Leib existierte, eines Geistes, der die Materie überwunden hatte.

Es gibt zwei weitere Passagen, die ihm als Nachruf dienen könnten, und die er selber geschrieben hat. Die eine stammt aus seiner Vorrede zu den »Französischen Zuständen«:

Wenn wir es dahin bringen, daß die große Menge die Gegenwart versteht, so lassen die Völker sich nicht mehr von den Lohnschreibern der Aristokratie zu Haß und Krieg verhetzen, das große Völkerbündnis, die heilige Allianz der Nationen kommt zu Stande, wir brauchen aus wechselseitigem Mißtrauen keine stehenden Heere von vielen hunderttausend Mördern mehr zu füttern, wir benutzen zum Pflug ihre Schwerter und Rosse, und wir erlangen Friede und Wohlstand und Freiheit. Dieser Wirksamkeit bleibt mein Leben gewidmet; es ist mein Amt. Der Haß meiner Feinde darf als Bürgschaft gelten, daß ich dieses Amt bisher recht treu und ehrlich verwaltet...

Und die andere steht in einem seiner letzten Gedichte zu lesen:

Verlorener Posten in dem Freiheitskriege
Hielt ich seit dreißig Jahren treulich aus.
Ich kämpfte ohne Hoffnung, daß ich siege,
Ich wußte, nie komm ich gesund nach Haus...

Ein Posten ist vakant! – Die Wunden klaffen –
Der eine fällt, die andern rücken nach –
Doch fall ich unbesiegt, und meine Waffen
Sind nicht gebrochen – nur mein Herze brach.

Postskript
Unveröffentlichtes Manuskript aus
dem Nachlaß

3. Dezember 2001

Am besten, scheint mir, betrachtet man das Leben in seinen Zweiteilungen, in seiner Gegensätzlichkeit: dialektisch, wäre die geeignete Bezeichnung dafür. Auf diese Weise verliert sich das Flache, Graue, Gestaltlose, das da gewesen war am Anfang, und es erwächst daraus die Erde, auf der wir stehen, mit ihrem Licht und ihren Schatten; die Formen, die sich ertasten, die Ideen, die sich überprüfen, und die Götter, die sich verehren lassen – die ganze große Vielfalt des Schöpfungsakts, den wir jede Sekunde, die uns gegeben, immer wieder vollziehen. Aus Eins, geteilt, wird zwei; aus Zwei ergibt sich alles andere.

So, jedenfalls, denke ich mir's, wenn ich sehe: die große Organisation – Oben und Unten, Hell und Dunkel, Klug und Töricht, Männlich und Weiblich, Mächtig und Schwach, Reich und Arm, Drang und Geduld, und so fort, bis hin zu den Kategorien Gläubig und Ungläubig – und all das wirkt ständig auf einander ein, sich modifizierend, neu formend, in ewiger Unruhe, vom winzigsten Punkt bis zur gepanzerten Riesenechse. Leben eben.

Zuerst, als dies Leben noch vor mir lag, war ich nicht gläubig, obwohl mir die Probleme bereits sichtbar, auf die ich keine Antworten hatte – ich glaube nicht an den Plan, an die organisierende Hand, und daß da ein Platz zugeteilt sein müßte in diesem Plan dem Staubkorn, das ich nach allen gültigen Maßstäben war: warum sollte einer, der da, auf seinem Thron in der Höhe sitzend, ganz anderes, unvergleichlich Gewichtigeres zu erwägen hatte, auch nur den Schimmer eines Gedankens verschwenden auf einen wie mich – und warum sollte ich, derart eingeordnet von seiten des Höchsten, diesem zubilligen, daß es ihn gab und ich nicht mehr war als ein Stück Staub unter seiner Sohle?

Aber Not schafft Glauben; unser Seelchen, unser armes, hilfloses, ist immer auf der Suche nach Schutz, nach einem Gramm Wärme, einem Wort des Zuspruchs, und woher soll dieses kommen wenn nicht vom Unsichtbaren, Unbegreifbaren im All, dem der Mensch den Namen Gott gab und dem er alle Macht und alle Zauberkräfte zuschrieb, die er für sich selber erträumte? Gott, auf die ihm gefällige Art angegangen, brauchte nur den Finger zu rühren, und die Dinge gerieten in Bewegung und ordneten sich ein wie erwünscht und erbeten; die Drohungen, eben noch tödliche Zähne fletschend, wichen von mir, und ein gütiges Lächeln zeigte sich, von woher genau wüßte ich nicht zu sagen, aber da war es, in mildem Lichte, als würfe ein Lämpchen am Kinderbett seinen Schein auf das Gesicht des Vaters, der heimgekehrt war aus dem Kontor zur Seite seines kleinen Sohns.

Wann, wenn nicht in jenen frühen Lebensjahren, entstünden denn die Schichten des Bewußtseins, welche die Herren Psychiater seit Beginn ihrer Geometrie zu placieren suchen: Unter-, Un-, Zwischen-, Halb-? Wann, wenn nicht zu der Zeit im Leben des Kindes, bildeten sich denn die Gefühle, die den jungen Menschen umtrieben von einer selbsternannten Autorität zur anderen, von Magister zu Doktor zu Professor, von Kreis- zu Bezirks- zu Zentralvorstand, von Unter- zu Oberrabbiner, bis hinauf zum Kultursekretär? Und wenn, wie die einen behaupteten, es Ihn gab, den lieben Gott, wo residiert er, und wie erreicht man ihn?

Da war der pubertäre Trotz, der den Jungen aufmucken

ließ gegen die Gebote – Gebote des Vaters, der Schule, des Staats, am Ende selbst Gottes Gebote: ihm doch nicht, ihm konnte doch keiner vorschreiben, was zu tun und was nicht, was zu sagen und was nicht, und vor allem, was zu denken. Er sucht sich selber aus: die Bücher und Hefte, die er zu lesen, die ersten Radioprogramme, die er zu hören Lust hatte, die Menschen, denen er zu begegnen wünschte, im Haus und auf der Straße, auf den gestapelten Baumstämmen gegenüber dem Hause. Die andern lernten über Gott im kirchlichen Religionsunterricht, und über den Sohn, den dieser Gott hatte kreuzigen lassen, von den Römern, sagten die einen, von den Juden, sagten die andern. Ein Gott, der einen Sohn bekam von einer palästinensischen Jungfrau, erschien ihm von vornherein wenig wahrscheinlich; und da er selber Jude – er brauchte die Christenlehre, die der Pfarrer unterrichtete, nicht zu besuchen, dafür aber schickte man ihn zum jüdischen Religionsunterricht bei Rabbiner Fuchs am sonst schulfreien Mittwoch- und Sonnabend-Nachmittag, aber der Judengott, der seine Spuren im Alten Testament und in dessen Gesetzbüchern hinterlassen, und von dem der Rabbiner sprach, hatte solch offensichtliche Schwächen, daß es sinnlos schien, zu ihm aufzuschreien, wie Hiob es getan oder sogar Urvater Abraham bei mehr als einer Gelegenheit. Und hatte nicht auch die greise Sarah wenig Respekt gezeigt vor dem Judengott, als ein paar Engel von ihm bei ihr aufkreuzten mit der Nachricht, ihr Alter werde sie noch einmal schwängern: schließlich gab es Erfahrungswerte, gegen die selbst ein jüdischer Gott nicht verstoßen würde, wenn sich's vermeiden ließ.

Daß Isaak so spät im Leben seiner Eltern, und daß das Fortleben des Volkes Israel an einem so schwachen Faden gehangen – war doch Isaak erst Nr. 2 in der Vorväterreihe eines Stammes, der werden sollte wie Sand im Meer – diese Schrulle der Genealogie tröstete und bestärkte S. H. bei mehr als einer Gelegenheit. Wenn nicht hier, wo sonst, war der lebende Beweis für die Existenz des alten jüdischen Gottes und für dessen weitsichtige Planung; und diesen in Frage zu stellen, nur weil er in späteren Zeiten von dem Sand im Meer ein paar Millionen Körner durch seine Finger rinnen ließ, ohne sich darob zu bekümmern oder gar Entscheidendes gegen die Verluste zu unternehmen – welche Vorteile! Wenn man einen Gott brauchte – und wer bräuchte keinen? –, war es töricht, ein ganzes Arsenal von Gründen anzuhäufen dafür, daß es ihn nicht gab und geben konnte. Wo führt uns das hin? Die Schlaumeier, die den lieben Gott abzuschaffen gedachten, gerieten mit ihrem Atheismus ins Abseits – »Beweisen Sie, Herr Dr. Fuchs« – hört er sich selber noch rufen mit herausfordernd erhobener Hand – »beweisen Sie, daß es Gott gibt!« und sieht den Rabbi mit der Uhrkette spielen, die er vor seinem Bauche trägt.

»Und Sie behaupten, junger Mann, daß es ihn nicht gibt?«
»Behaupte ich.«
»Aber sämtliche Philosophen, die jüdischen wie die anderen, stimmen überein, daß sich nicht beweisen läßt, was es nicht gibt.«
Von dieser Regel, die sämtlichen Philosophen der Geschichte als Entschuldigung diente für ihre Mängel, hatte der junge S.H. schon gehört. »Also verlangen Sie von mir«, antwortete der dem Rabbiner, »daß ich glaube.«
»Sie werden Gott noch brauchen.«
Und wie er ihn brauchen würde! Er würde ihn brauchen, aber der Beweis fehlte, daß es ihn gab, und wie sollte einer zu Gott beten, wenn er nicht wußte, ob es ihn gab, und niemand, der Rabbi Fuchs nicht, noch Immanuel Kant, noch Heinrich Heine, noch sein Vater oder seine geliebte Mutter, konnten ihm irgendwelche Sicherheiten geben, daß dieser so sehr benötigte Gott irgendwo außerhalb von S.H. existierte. Nur Seine Schöpfung war da, sichtbarlich, mit ihm S.H., als

einem ihrer Teilchen, und wer, wenn nicht dieser Märchengott, konnte sie erschaffen haben in ihrer Größe und Vielfalt, und mit ihren vielen Fehlkonstruktionen?

Damals jedoch, mit einem, wie er annahm, noch endlos langem Leben vor sich, meinte er, sich seinen Atheismus leisten zu können, und ging leichten Sinns über das Werben des Rabbi hinweg. Erst als er in dem Eisenbahnzug saß, der ihn laut Fahrplan von Prag nach Frankreich bringen würde, ohne das Deutschland der Nazis zu berühren, der dann aber, angeblich wegen Lawinengefahr in den Alpen, umgeleitet werden sollte über die bayrische Strecke, wo jede Zugkontrolle ihm, dem politischen Flüchtling, zum Verhängnis werden konnte, überlegte er, es möchte sich lohnen, wenn er dem lieben Gott zumindest während dieser einen Fahrt die Chance einer Existenz gäbe, genügend lange, jedenfalls, um ein Stoßgebet zu ihm emporzuschicken um Hilfe in Not. Und Gott half. Die österreichische Bundesbahnverwaltung entschied schließlich, die Lawinen in dieser Nacht seien doch nicht genügend bedrohlich, um die Umleitung eines ganzen Zugs, mit zugehöriger internationaler Bürokratie, zu rechtfertigen, und er gelangte ohne weitere Gefährdung nach LeHavre und New York.

Für längere Jahre dann, bis man ihn zum Dienst in der U.S.-Armee verpflichtete in World War II, gab es keinerlei Situationen im Leben des S. H., welche die Existenz eines allmächtigen, allwissenden, alles Weitere regelnden Gottes erfordert hätte. Um so Prosaisches wie materielle Reichtümer, wissenschaftliche oder sexuelle Erfolge oder akademische Anstellungen zu erreichen, wäre es vermessen gewesen, ein entsprechendes göttliches Wesen anzusprechen, und selbst bei seinen Bemühungen um das U.S.-Immigrationsvisum für seine Mutter – immerhin eine Sache auf Leben und Tod – hatte er, ohne eine Höhere Macht als einen mitfühlenden Dollar-Millionär anzurufen, Glück gehabt.

Erst als er an der Reling des Schiffes stand, das, mit ihm und fünfzehntausend anderen amerikanischen Soldaten an Bord, vom Kai in Manhattan ablegte für die Fahrt nach Europa, und als er in das wirbelnde Wasser achtern blickte, und in seiner vorausschauenden Phantasie der kleine dürre Strich eines Periskops auftauchte aus der grauen Dünung des Ozeans, kehrte zugleich mit einem kurzen schmerzlichen Rühren die Erinnerung an den Gott seiner Kindheit zurück, und er bat Ihn flüsternd – warum nur flüsternd, wußte er selber nicht – um Schutz für sich und das Schiff. Nun war dieses Schiff, auf das die Armee ihn verladen hatte, zu wendig und zu schnell, um von einem deutschen U-Boot verfolgt und torpediert zu werden, und es blieb Gott ein direkter Eingriff zu S. H.s Gunsten erspart; doch später, während seines Wegs durch die Felder Frankreichs und über den Rhein ergaben sich Gelegenheiten, wenn auch nicht allzu häufig, da er sich veranlaßt fühlte, den da oben von einer Sekunde zur nächsten anzurufen, und obwohl es keinen ausgesprochenen Testfall gab für Erfolg oder Mißerfolg seiner Versuche, mit Ihm zu kommunizieren, erlaubte sich der Sergeant S. H., in seinen Nächten und höchst privatim, die Tatsache seines Überlebens als Zeichen einer von höchster Seite gnädig gewährten Gunst zu sehen. War die Nacht dann vorbei und die Anforderungen des Tages ihm wieder vor Augen und Sinn, vergaß er das Ganze: Sein Gott war und blieb ein Gott für Notfälle, meist nicht einmal seelischer Art, sondern recht praktische.

Ich glaube nicht, daß S. H. sich in diesem Punkt von der Mehrzahl des gemeinen Volkes unterschied. Selbst die, welche sich als religiös oder gläubig bezeichneten und die entsprechenden rituellen Übungen vollführten, um Gott recht gefällig zu sein, selbst diese waren, so scheint mir, die meiste Zeit doch zu sehr mit weltlichen Sorgen beschäftigt, um sich tiefere Gedanken um ihren Gott zu machen oder gar ein persönliches Verhältnis zu ihm zu entwickeln, so etwa, als säße besagter Gott neben mir auf einem Barhocker und ich stieße ihn an mit der Schulter und schöbe ihm ein Gläschen Pernod zu mit einem »Prost, Alter!«, und Gott, freundlich zwinkernd, erwiderte, »Auf dein Wohl, Kleiner, und meines, wir können's wohl brauchen!«, wobei Ihm, vielleicht, ein paar Engelchen mit goldenen Flügelchen um die göttlichen Füße flatterten.

Ah, diese Füße, auf denen der gesamte Kosmos ruhte! Höher als bis zu deren Knöchel blickte S. H. nur selten; meistens schwebte das erhabene Antlitz zu weit oben, zu sehr über den Wolken, um jenes persönliche Verhältnis zu Ihm zu entwickeln, das in einem gemeinsamen Wirtshausbesuch gegipfelt hätte; denn wenn es Ihn gab – dieses, wie immer, vorausgesetzt – dann war Gott die meiste Zeit doch zu hoch angesiedelt, als daß man sich hätte mehrmals wöchentlich gemein machen können mit ihm. Da war es besser, man vergaß Ihn, wenn man Seiner nicht unbedingt bedurfte, und suchte die Verlegenheiten, in die das Leben einen immer wieder stieß, und die Mißhelligkeiten, die sich ergaben, aus eigenen Kräften zu meistern.

Aber die Vorstellung, daß Er doch irgendwo existierte und zur Verfügung stand, falls absolut unumgänglich, war gar keine so üble Sache, und S. H. bunkerte den Gedanken irgendwo im rückwärtigen Teil seines Gehirns und im Tiefsten seines Herzens, um Ihn, wenn Not an Gott war, hervorholen zu können: ein kleines Anderkonto, sozusagen, in einer unauffälligen Nebenstelle einer größeren Bank.

Gläubig – ungläubig. Mit den Jahren, die, in immer schnellerer Folge, an ihm vorbeistrichen, stellte dies widersprüchliche Begriffspaar mit ständig wachsender Dringlichkeit ihm die Frage: Was nun sollte es sein? Wo wollte er sich placieren, auf welcher Seite, bitte sehr? Und soviel Zeit blieb ihm auch nicht mehr, daß er noch lange hätte weitermachen können mit seinem System der sporadischen Kontakte mit der Höheren Stelle, und die große Frage hätte abtun können mit einem leichten Zucken der Schulter und der Vertröstung: ein andermal, bitte. Irgendwo stand da einer und hob seinen knochigen Finger. Der Finger ließ sich nicht übersehen; der Finger bedeutete: Also, mein Junge, wohin bitte willst du dich nun stellen, auf welche Seite? Zu deinem alten jüdischen Gott? Oder auf die andere?

Und was würde geschehen, wenn er sich nun doch liierte mit Gott? Würde Der überhaupt merken, daß der Winzling unter Seiner Sohle, dieses lächerliche Staubkorn, Aufmerksamkeit von Ihm heischte, in Sachen seiner nebbich unsterblichen Seele? Wie er da schon angeschurrt kam, der Kleine, auf seinen blöden Füßen und mit dem hängenden Kopf, er, der immer so groß und gescheit dahergeredet hatte von Religion als der Schwippschwägerin des Aberglaubens, und von der Vertröstung aufs Jenseits statt einer ordentlichen Einkommenserhöhung auf Erden, und solcherlei Bösartigkeiten. Gut, nehmen wir an, es tat ihm jetzt leid im Angesicht der Ewigkeiten, um deren Ausgestaltung es schon sehr bald gehen würde, der Moment ließ sich voraussehen: was, um Gottes willen, sollte sein alter jüdischer Gott mit ihm anfangen? Sein Seelchen auf eine der zahlreichen Wolken da oben setzen, mit einer Harfe im Arm, und nun sing uns mal was zum Lobpreis des Herrn? Oder besagter Seele ein Yarmulke auf das Köpfchen setzen und einen Siddur, ein Gebetbuch, gedruckt auf Hebräisch, unter den Arm klemmen, mit der freundlichen Maßgabe, nun bete mal tüchtig; die passenden Segenssprüche findest du von Seite 217 an, geordnet nach täglichem Bedarf, und das 365 Tage im Jahr, Jahrmillionen Jahre; bete, zugleich mit Milliarden Milliarden anderer Seelchen, die sich angesammelt haben über die Äonen; weißt du überhaupt wie lang das ist: ein Äon? Ein Äon, was nichts ist als ein Wimpernschlag Gottes? Ein Wimpernschlag Gottes in dessen Verlauf wie viele Universa mit wie vielen Milchstraßen die ihnen verliehene Frist durchliefen vom ersten Urknall bis zum letzten schwarzen Loch? Wie lange soll einer das aushalten, diese Unendlichkeit? Ohne Bücher, Besuche, ohne ein Stück Musik hie und da, ohne Fernsehen, Schule, Dancing, Girls, jegliches Entertainment? Vielleicht wär's da besser, du befreundest dich mit dem Gedanken, die Gnade deines alten Jüdischen Gottes könnte darin bestehen, daß er dich absacken läßt nach deinem Tode ins Nichts, in das Nichts, das du doch warst unter der Sohle Seines Fußes, du elendes Stück Staub. Und wenn du Ihm schon vorschlägst, Er soll was übrig lassen von dir nach deinem Abgang, dann sag ihm wenigstens: Was, und wo Er deinen stinkenden Rest hinstecken soll in Seiner Schöpfung – Oben, Unten, Ost, West – auf welchen Möbeln du sitzen möchtest in Seiner erhabenen Präsenz, denn dein Biedermeier-Lehnstuhl dürfte ja längst schon zum Altwarenhändler gewandert sein.

Also – so einfach ist es nicht mit der Unsterblichkeit die du dir einhandeln willst für deinen Übertritt zu den Gläubigen in den letzten paar Monaten deines irdischen Lebens – selbst angenommen, dein alter jüdischer Gott wäre naiv genug, deine plötzliche Reue und Devotion für bare Münze zu nehmen. Vielleicht aber wird er dir sagen: Du bist doch ein kleiner Dreckskerl; redest groß daher von Unsterblichkeit und von Meinen Ewigkeiten, und in Wahrheit hast du nur Angst vor dem Tod und willst gar nicht ernsthaft nachdenken über das Nachher.

Und du antwortest, Lieber Gnädiger Gott, Gott Abrahams, Isaaks und Jakobs und aller Nachherigen, ich beuge mein Haupt in Scham und in Schande. Du hast ja so recht: wenn ich denk wie bald ich werd sterben, schrumpft alles in mir, Herz und Eingeweide, zusammen zu einer einzigen großen Furcht – wohin soll ich fliehen, Gott? Bleibt doch nur Einer, zu dem ich kann mich wenden, der Einzige, Ewige, Alte, Allgütige: Schma Jisroel, Adonaj Elohenu, Adonaj Echod – und Amen, sag ich, und halte Du mich, lieber alter jüdischer Gott, in Deinen wunderbaren sanften Händen im Moment meines Todes, daß ich mich nicht muß quälen wochenlang, tagelang, stundenlang oder wie lang auch, sondern nichts fühl als das weiche Wiegen der warmen Welle, die mich hinspült zu Dir, und keinen Schmerz spür, keine Krämpf, kein Ersticken, kein Bersten der Gefäße von Herz und von Hirn; Gnade, ich bitt Dich Gott, verlaß mich nicht in meiner schweren Stunde wie Du verlassen hast, hab ich zuverlässig gehört, Deinen eingeborenen Sohn, welcher dann hat aufgeschrien zu Dir, aber Du hast ihn hängen lassen an seinem Kreuz, wie Du hast hängen lassen so viele Jidden in Auschwitz und anderswo, ohne ein Zeichen von Dir und ohne jegliche Hilfe; sei, bittschön, lieber alter jüdischer Gott, gnädiger zu mir jetzt als Du gewesen bist zu den anderen, ich will ja auch, wie Du wirst gemerkt haben, an Dich glauben und will Dir dienen für alle Zeiten, so langweilig Deine Himmel auch sein mögen, ich werd's schon ertragen; nur für diesen einen Moment, Du hörst, Gott, Du bist doch der große Notfall-Gott, für diesen einen Moment wo ich sterb, für den Fall meiner größten Not, sei mir gnädig – für die Todesnot.

Ach, ich hör Dich schon, wie Du sagst: Hast Moire? Ja, ich hab Moire. Und ich hör Dein leises Lachen, Gott, das tief aus Deiner Brust kommt, Gott, und ich hör wie Du sagst: Ach, du dummer Mensch: so wie du geschrien hast bei deiner ersten Geburt, welche nichts war als der Übertritt von einer Art Leben in ein anderes, wirst du auch schreien bei deinem Tod, der auch nur wieder wie eine Geburt ist, ein Druck nur, ein letzter, kurzer, aus dem Leib Meiner Schöpfung, welcher dich befördert von einem Zustand in den nächsten, Kleiner, und das Weitere wirst du sehen.

Ja, ich hör Dich, Gott Allmächtiger, und ich glaub Dir ja, was soll ich sonst auch tun, nebbich? Ist doch kein anderer da außer Dir, der mir was sagt, kein Prophet, keine palästinensische Jungfrau, und meine Stammväter sind längst versammelt bei Dir und reden nur unter einander und schenken mir keine Beachtung. Gläubig – ungläubig... Also, ich werd mich entschließen zum Glauben, es ist wohl doch der bessere Pfad, ein wenig ausgetreten schon, wie sehr er ist ausgetreten, weißt Du selber am besten, aber die, welche Deinen Pfad gegangen sind vor mir, sind mir vertrauter als all die Postmodernen, mit ihren Computer-Programmen und ihrem Internet und ihren Verrenkungen, ihren geistigen, vertrauter als all die Ober-Chochems, die Superklugen, die jetzt versuchen, mit ihrer Klonerei Dir ins Handwerk zu pfuschen.

Bitte, ich weiß, je älter ich werd und je näher ich komm zu Dir, mein Gott, desto konservativer werd ich nach einem ganzen langen Leben als kritischer Mensch, als ein Unzufriedener, süchtig nach Veränderungen. Ist das, weil ich und meinesgleichen sind geschlagen worden und haben uns müssen zurückziehen auf die durchgelegenen Matratzen und unter die löchrigen Decken der Weltgeschichte? Ist es so weit bereits, daß ich mich fragen muß, wer wird mich pflegen, wenn ich schon nicht mehr aufstehn kann des Morgens, und wer bringt mir den Kaffee ans Bett und das Stück Toast, das ich gerade noch beißen kann mit meinen Zähnen, meinen künstlichen?

Gott, erbarme Dich meiner, lieber alter jüdischer Gott, das ist doch kein Zustand so alt und verfaulend bei lebendigem Leib! Dann doch lieber schon ein Verfließen ins Nichts, Bein zu Bein, Asche zu Asche. Oder, wie wäre das, als Möglichkeit nur, meine ich die Büchlein? Daß vielleicht eine Spur bleibt von den Gedanken, die man gedacht hat: Buchstaben, schwarze, auf weißem Papier, zu Worten geronnen. Ein paar Jahre wenigstens wären gewonnen auf diese Art, eine oder zwei oder drei Generationen Zeit; nicht, daß ich's selber könnt noch genießen, mit welchem Organ auch, wenn sie alle, Auge, Nerv, Hirn, dahin sind seit dem letzten rasselnden Atemzug; aber vorher vielleicht könnt man noch haben eine vorausschauende Freud, eine kleine, wenn man sie stehn sieht, die Büchlein, eins neben dem andern, auf dem Regal, und wenn ich mir vorstell, irgendein Enkel wird kommen und wird sich eins greifen und es aufschlagen, und ein Gedanke von meiner Person wird ausgehn von der Seite im Buch und erreichen des Enkels Bewußtsein, und auf einmal werd ich da sein, in dem Enkel, für einen Augenblick, einen flüchtigen, aber doch, Du hörst, Gott, es gibt sie – gibt sie! – die Unsterblichkeit, und ich dank Dir, alter jüdischer Gott, für Deine große Gnade.

Wie aber das zusammenbringen, das eine mit dem andern, den wortgewordenen Gedanken mit dem aufnahmebereiten Nachfahren, und wieso soll einer, der dichtet oder Melodien herstellt, oder Bildchen malt, möglichst originelle, einen Hauch von Unsterblichkeit zu spüren bekommen, und einer der Brot bäckt oder Schornsteine säubert, spurlos zurücktreten in das Nichts, aus dem er entstanden? In der Arche des Noah herrschte doch auch, gewissermaßen, eine Demokratie, und Gekreuch und Gefleuch hatten alle ihr Ticket; da sollte das große Jenseits reserviert worden sein für die mit dem bunteren Gefieder nur, das intellektuelle Volk?

Ich hab nichts gegen die Demokratie, ich hab mein leblang dafür geredet und geschrieben, daß jeder einmal herankommen soll an den großen Trog mit dem himmlischen Mannah drin und den gefilten Fisch, und alles koscher. Aber, wie ich schon anfangs gesagt, der Alte Jüdische Gott hat geschaffen die Welt geteilt in solche und solche; und solche, die Seine Welt vielleicht machen ein bissel schöner noch als Er sie geschaffen, daß einer sich wohler fühlen soll darin, der soll schon haben ein Kissen unter dem Hintern in all den Äonen, den künftigen, und am Schabbes ein Glasel anständigen Wein.

Und darum geht's mir, Du hörst, Gott? Ich will ja nichts Großes, ich bescheid mich mit meiner Rolle als ein Staubkorn unter Deiner Sohle, aber so ganz zertreten soll mich auch keiner, und ich weiß, ganz ohne Schmerz wird es auch nicht gehen, aber kein zu schwerer Schmerz, ich bitt Dich, mein alter jüdischer lieber Gott, kein Schmerz, der zu lang dauert und zu schwer ist zu ertragen, sondern hab ein Einsehn, ich bitt Dich, und nimm mich in Deine wunderbaren sanften Hände und leg mich wohin, wo es nicht zu kalt ist und nicht zu heiß und wo ein Lüftchen weht, ein leichtes, und wo es duftet ein bissel nach Frühling, Du weißt schon, Amen.

Dank und Quellennachweis

Herausgeber und Verlag danken den Gesprächspartnern Stefan Heyms, die sich freundlicherweise mit dem Abdruck ihrer Interviews in diesem Band einverstanden erklärt haben.

Foto S.175: Marco Limberg/G.A.F.F. Berlin
Text S. 175: »Gib's Ihnen, Helmut«: B. Hoffmeister, U. Naumann (Hg.), *Was die Republik bewegte. 50 Zeitgenossen erinnern sich.* Copyright © 1999 by Rowohlt Taschenbuch Verlag GmbH, Reinbek bei Hamburg.
Das Gespräch zwischen Stefan Heym und Viola Roggenkamp ist ebenfalls erschienen in: Elmar v. Balster (Hg.), *Tu mir eine Liebe. Meine Mamme. Jüdische Frauen und Männer in Deutschland sprechen von Ihrer Mutter.* Jüdische Presse, Berlin.
Das Gespräch zwischen Stefan Heym und Barbara Sørensen wird hier in einer gekürzten Fassung abgedruckt.

Stefan Heym bei btb

Der bittere Lorbeer 72349
Goldsborough 72350
Lenz oder die Freiheit 72351
Lassalle 72352
Die Augen der Vernunft 72353
Der Fall Glasenapp 72354
5 Tage im Juni 72355
Der König David Bericht 72356
Märchen für kluge Kinder 72357
Collin 72358
Gesammelte Erzählungen 72359
Wege und Umwege/Einmischung 72360
Ahasver 72361
Schwarzenberg 72362
Nachruf 72363
Auf Sand gebaut/Filz 72364
Radek 72365
Der Winter unseres Mißvergnügens 72366
Pargfrider 72648
Die Architekten 72968

btb